# सांस्कृतिक राष्ट्रवाद के पुरोधा
# भगवान श्रीराम

डॉ. राकेश कुमार आर्य



डायमंड बुक्स

www.diamondbook.in

**प्रकाशक** : **डायमंड पॉकेट बुक्स प्रा. लि.**
X-30, ओखला इंडस्ट्रियल एरिया, फैज-II
नई दिल्ली-110020
फोन : 011-40712200
ई-मेल : sales@dpb.in
वेबसाइट : www.diamondbook.in
संस्करण : 2021
मुद्रक : रेप्रो (इंडिया)

---

**SANSKRITIK RASHTRAVAD KE PURODHA BHAGWAN SHRIRAM**
*By : Dr. Rakesh Kumar Arya*

## लेखकीय निवेदन

श्रीराम हमारे लिए एक ऐसा व्यक्तित्व हैं जिन्हें हम भारतवासियों ने बहुत समय से भगवान के रूप में माना और समझा है। उनके दिव्याचरण, धर्मानुकूल मर्यादित व्यवहार और चरित्र के दिव्य गुणों के कारण हमने उन्हें इस प्रकार का सम्मान प्रदान किया है। इस पुस्तक में हमने जो सोचा है- उसे कर डालो, शासक का कठोर होना जरूरी, वनवास में भी पुरुषार्थ करते रहो, दिए गये वचन को पूरा करो, जीवनी शक्ति का करो सदुपयोग, राक्षसों के संहारक बनो, तुम्हें देखते ही देशद्रोही भाग खड़े हों, राक्षस को जीने का अधिकार नहीं, सदुपदेश पर करो अमल, अपनाओ श्रीराम के चरित्र को, राम भगवान क्यों बने? संपूर्ण भारत को बना दो श्री राम का मंदिर,अपना लो श्रीराम की उदारता, सिंहावलोकन : हमने क्या सीखा? नामक कुल 14 अध्यायों में 14 वर्ष वनवासी जीवन जीने वाले भगवान श्री राम के जीवन के आदर्शों को आज के भागमभाग और दौड़-धूप के जीवन में अपनाकर अपना जीवन कल्याण करने हेतु पुस्तक रूप में प्रस्तुत किया है। यदि इन अध्यायों के मर्म पर विचार किया जाए तो श्री राम आज भी हमारे व्यक्तित्व विकास में सहायक हो सकते हैं।

मेरा विचार है कि पाठक वृन्द और विशेष रूप से आज का युवा वर्ग यदि इस पुस्तक का इसी दृष्टिकोण से अध्ययन करेगा कि श्रीराम के जीवन से हम क्या शिक्षा ले सकते हैं या कैसे श्रीराम हमारे व्यक्तित्व विकास में सहायक हो सकते हैं? - तो निश्चय ही हमारे सांस्कृतिक राष्ट्रवाद के कण-कण में रमे श्री राम हमारा कदम-कदम पर मार्गदर्शन करते हुए दिखाई देंगे। मैं यह भी कहना चाहूंगा कि यदि हमने श्रीराम के चरित्र को हृदयंगम कर लिया तो निश्चित ही यह पुस्तक आज के युवा वर्ग के लिए बहुत ही लाभकारी सिद्ध होगी।

श्रीराम सदियों से नहीं, लाखों वर्ष से भारतीय राष्ट्रवाद की आत्मा का प्रतिनिधित्व करते आ रहे हैं। इतने युगों पूर्व होने वाले इस महान व्यक्तित्व ने भारत के साथ-साथ संसार के लोगों को भी सार्थक और प्रेरक जीवन जीने की प्रेरणा दी है। भारत में सांस्कृतिक राष्ट्रवाद के पुरोधा के रूप में श्री राम हर काल में स्वीकार्य रहे हैं।

निश्चित रूप से साधना व्यक्ति के जीवन को आदर्श और प्रेरक बनाती है। हमारे आदर्श और प्रेरणा स्रोत श्रीराम का जीवन ऐसी ही उच्च साधना से भरा हुआ था। उनकी वह उच्च साधना हम सबका आज तक मार्गदर्शन कर रही है।

भारत और भारतीय संस्कृति के विषय में कवि की कितनी सुंदर और सार्थक पंक्तियां हैं :-

**ज्ञान ही हमने दिया था ज्ञान का भंडार भारत।**
**आज के इस विश्व का भी है अमर आधार भारत।।**
**है अमित सामर्थ्य तुझमें मत किसी से याचना कर।**
**अरे साधक साधना कर! अरे साधक साधना कर।**
**चूमता था चरण वैभव भूलता है आज क्यों तू?**
**भग्न वीणा के स्वरों में आज फिर से तान भर तू।।**
**है अमित सामर्थ्य तुझमें मत किसी से याचना कर।**
**अरे साधक साधना कर! अरे साधक साधना कर।।**

भारत में पिछले कई दशक तक हमने श्री राम मंदिर निर्माण के लिए होने वाली न्यायिक लड़ाई को देखा है। जिसमें अंत में 'सत्यमेव जयते' की परंपरा में विश्वास रखने वाले श्री राम की जीत हुई। जिस दिन माननीय उच्च न्यायालय, इलाहाबाद की लखनऊ पीठ का निर्णय इस मामले में आया, उस दिन मैं स्वयं हिंदू महासभा की ओर से वहां उपस्थित था। उसके पश्चात जब सर्वोच्च न्यायालय का ऐतिहासिक फैसला आया तो उस दिन श्रीराम में आस्था रखने वाले भारत और भारत के बाहर के करोड़ों लोगों ने खुशी मनाई। लोगों को लगा कि जैसे उन्होंने बहुत बड़ी उपलब्धि प्राप्त कर ली है। उनकी खुशी समाये नहीं समा रही थी। कई लोगों ने न्याय की इस लड़ाई को हिंदू-मुस्लिम या मंदिर बनाम मस्जिद की लड़ाई के रूप में व्याख्यायित और स्थापित करने का प्रयास किया। वास्तव में यह लड़ाई भारत के सांस्कृतिक राष्ट्रवाद को मजबूत करने के लिए लड़ी जाने वाली लड़ाई थी। क्योंकि जिस देश

की आस्था के प्रतीक महानायक इतिहास पुरुष उसके हाथ से छूट जाते हैं, वह देश सभ्यताओं की प्रतियोगिता में कभी अपने आपको स्थापित करने में सफल नहीं हो पाता।

## भारत भूमि से आती है राम नाम की सुगंध

यही कारण था कि श्रीराम का मंदिर राष्ट्र मंदिर के रूप में अयोध्या में स्थापित होना चाहिए, ऐसी अपेक्षा हर भारतवासी की थी। इसका एक कारण यह भी था कि श्री राम ने अपने महान व्यक्तित्व और कृतित्व के माध्यम से भारतीय राष्ट्रवाद में समन्वय स्थापित करने का उल्लेखनीय प्रयास किया है। इस प्रयास से भारत के दिव्य और समन्वयवादी समाज का निर्माण हुआ। जिससे भारत की वैश्विक संस्कृति ने नया स्वरूप ग्रहण किया। उस स्वरूप का परिणाम यह हुआ कि भारत के इस महानायक का सम्मान न केवल भारत में बल्कि संसार के अन्य अनेकों देशों में भी आज तक यथावत बना हुआ है। भारत भूमि की मिट्टी में राम ऐसे रम गए कि हर कण में राम नाम की सुगंध आने लगी। हर जन को राम ने इतना प्रभावित किया कि वह उसके हृदय में वास करने लगे। भारत के राजनीतिक, सामाजिक, आर्थिक और धार्मिक प्रत्येक क्षेत्र को श्रीराम ने इतना अधिक प्रभावित किया कि वहां भी सर्वत्र राम की राष्ट्रवादी सोच, राष्ट्रवादी चिंतन और राष्ट्रवादी छवि साफ झलकने लगी। यह अलग बात है कि कुछ पाखंडी धूर्त्तों ने श्री राम के नाम का अपने निहित स्वार्थ में प्रयोग किया। राम भारत के कण-कण में इसलिए रम गए कि वे भारत की संस्कृति का एक अटूट भाग बन गए। यह पहचानना तक कठिन हो गया कि राम स्वयं एक संस्कृति हैं या भारत की संस्कृति राममय है।

राम वैदिक संस्कृति के प्रतीक हैं। राम परमपिता परमेश्वर के निराकार स्वरूप के उपासक रहे। वह सन्ध्या, हवन आदि करते थे। उन्होंने प्रत्येक क्षेत्र में वैदिक मर्यादाओं को बांधने का ऐसा प्रशंसनीय प्रयास किया। जिससे वे स्वयं और भारत की वैदिक संस्कृति एक-दूसरे के पूरक से दिखाई देने लगे।

## राम बने क्रांतिकारियों के प्रेरणा स्रोत

श्री राम के आदर्श राष्ट्रवादी स्वरूप ने भारत के अनेकों क्रांतिकारियों को प्रभावित किया। जैसे श्रीराम ने अपने समय में राक्षसों का संहार करना अपना जीवन

आदर्श बना लिया था, वैसे ही राक्षस, विदेशी शासकों का अंत कर भारत को स्वराज दिलाने का संकल्प लेकर हमारे अनेकों क्रांतिकारियों ने अपना सर्वोत्कृष्ट बलिदान दिया। राम के इस प्रेरक, अनुकरणीय और राष्ट्रवादी स्वरूप को नमन करते हुए हमारे संविधान निर्माताओं ने भी उन्हें उचित सम्मान दिया। संविधान की प्रथम प्रति में लंका विजय के बाद पुष्पक विमान में बैठकर जाने वाले श्रीराम, सीताजी व लक्ष्मण जी का चित्र दिया गया है।

यह एक आश्चर्यजनक और सुखद तथ्य है कि हमारी संविधान निर्मात्री सभा में सभी संप्रदायों के सदस्यों ने श्री राम के इस चित्र का स्वागत किया था। उस समय किसी को भी इस चित्र के संविधान की मूल प्रति में छपने से आपत्ति नहीं हुई थी। यह अलग बात है कि सांप्रदायिक सोच रखने वाले राष्ट्र विरोधी लोगों ने कालांतर में इस बात का विरोध किया और सरकार ने भी अगली प्रतियों में से श्री राम के इस चित्र को हटा दिया।

जब श्री राम का चित्र भारतीय संविधान की प्रतियों से हटाया गया तो यह वास्तव में भारत में सांप्रदायिक शक्तियों की जीत थी। उन लोगों की जीत थी जो भारत और भारतीयता में विश्वास नहीं रखते और उन्हें अपमानित करने का हर संभव प्रयास करते हैं।

हमारे संविधान की मूल प्रति में श्रीराम के साथ-साथ गीतोपदेश करते भगवान् श्रीकृष्ण, भगवान् बुद्ध, भगवान् महावीर आदि श्रेष्ठ पुरुषों के चित्र भी हैं। हमें गर्व है कि हमारे इन अनेकों इतिहास पुरुषों को हमारे संविधान की मूल प्रति में स्थान दिया गया। वास्तव में, इस प्रकार स्थान दिया जाना हमारी उस राष्ट्रवादी सोच का प्रतीक था जो हमें मौलिक रूप से अपने इतिहास नायकों के प्रति समर्पित होने का संकल्प दिलाती है।

हमारे इन सभी महापुरुषों ने किसी समय विशेष पर भारत के लोगों को विशेष रूप से प्रभावित किया है। श्री राम और श्री कृष्ण जी का व्यक्तित्व तो इतना विशाल है कि वह आज तक भारत सहित सारे विश्व के लोगों को प्रभावित और प्रेरित कर रहा है। जब भारत के संविधान निर्माता श्री राम और कृष्ण को भारत के संविधान की मूल प्रति में स्थान दे रहे थे तो उन्होंने यह कल्पना भी नहीं की होगी कि इन दोनों महापुरुषों को भी आने वाले समय में लोग सांप्रदायिकता के नाम पर संविधान की प्रति से बाहर कर देंगे। हमारा मानना है कि इन दोनों महापुरुषों के चित्र संविधान की आने वाली

हर प्रति में या प्रत्येक संस्करण में उपलब्ध रहने चाहिए थे। जिससे कि इनके महान व्यक्तित्व से आने वाली पीढ़ियां प्रेरणा लेती रहें। अपने देश के संविधान में यदि श्री राम का चित्र अंकित किया गया तो इसका अभिप्राय था कि हमारे देश के संविधान निर्माता, उन्हें राष्ट्रीय आदर्श के रूप में स्थापित करके देश की आने वाली पीढ़ियों के सामने प्रस्तुत करना चाहते थे। दुर्भाग्यवश देश की तथाकथित धर्मनिरपेक्षतावादी सरकारें संविधान के निर्माताओं की इस पवित्र भावना से खिलवाड़ करते हुए भारत की आत्मा को नीलाम कर गई और उन्होंने देश के संविधान से बिना किसी घोषणा के श्रीराम का फोटो हटा दिया।

## श्री राम संसार के पहले समाजवादी थे

यह एक दुखद तथ्य है कि आज के समाजवादी भारतीय संस्कृति के विरोधी होकर कम्युनिस्ट विचारधारा में रंग गए हैं। जबकि कम्युनिस्ट आंदोलन और समाजवाद दोनों अलग-अलग दिशा में सोचने वाली विचारधाराएं हैं। श्री राम के विषय में समाजवादी नेता राममनोहर लोहिया के बड़े पवित्र विचार थे। डॉ. राममनोहर लोहिया जी ने कहा है-''राम-कृष्ण-शिव हमारे आदर्श हैं। राम ने उत्तर-दक्षिण जोड़ा और कृष्ण ने पूर्व-पश्चिम जोड़ा। अपने जीवन के आदर्श इस दृष्टि से सारी जनता राम-कृष्ण-शिव की तरफ देखती है। राम मर्यादित जीवन का परमोत्कर्ष हैं, कृष्ण उन्मुक्त जीवन की सिद्धि हैं और शिव असीमित व्यक्तित्व की संपूर्णता हैं। हे भारत माता! हमें शिव की बुद्धि दो, कृष्ण का हृदय दो और राम की कर्मशक्ति, एकवचनता दो।''

आज के जिन तथाकथित समाजवादियों को श्रीराम के जीवन और आदर्शों से घृणा है या जो उनका नाम लेना तक सांप्रदायिकता मानते हैं, उन्हें अपने आदर्श नायक राम मनोहर लोहिया जी के उपरोक्त कथन से प्रेरणा लेनी चाहिए। उन्हें यह समझना चाहिए कि इस देश की आत्मा के प्रतिनिधि के रूप में श्री राम का सम्मान करना, भारत की उस मौलिक संस्कृति का सम्मान करना है जो सबको साथ लेकर चलने में विश्वास रखती हैं और वास्तविक समाजवाद को स्थापित करती है। समाजवाद का उद्देश्य है कि समाज को ऐसा परिवेश उपलब्ध कराया जाए जिसमें प्रत्येक व्यक्ति निर्भय होकर अपना जीवन यापन कर सके। जहां पर किसी भी प्रकार का उपद्रव, उत्पात और उग्रवाद ना हो। यदि इस दृष्टिकोण से विचार किया जाए तो श्रीराम विश्व के पहले समाजवादी थे जिन्होंने संसार को राक्षसों से और उग्रवादी या

आतंकवादियों से निर्भय होकर जीने के लिए परिवेश उपलब्ध कराया था। आज के समाजवादी जब कहीं आतंकवादियों, उग्रवादियों, समाजविरोधी या देशविरोधी लोगों का समर्थन करते देखे जाते हैं तो संसार के सबसे पहले समाजवादी श्रीराम और इन आधुनिक समाजवादियों की तुलना करके बहुत दु:ख होता है।

## यदि सरदार पटेल देश के पहले प्रधानमंत्री होते तो ...

यदि हमारे देश के प्रधानमंत्री पंडित जवाहरलाल नेहरु न होकर उनके स्थान पर सरदार पटेल होते तो बहुत संभव था कि जैसे उन्होंने न अपने जीवन काल में सोमनाथ के मंदिर का जीर्णोद्धार करा दिया था, वैसे ही वह बिना किसी न्यायिक लड़ाई के अयोध्या में श्री राम जन्मभूमि पर मंदिर बनाने का आदेश कर देते। सरदार पटेल जी के रहते यह भी संभव था कि तब वह स्वयं अयोध्या में जाकर श्री राम मंदिर निर्माण के लिए आधारशिला रखते।

हमारा ऐसा मानने का कारण यह है कि सरदार पटेल राष्ट्रबोध और इतिहासबोध को नेहरू और गांधी की अपेक्षा कहीं अधिक गहराई से समझते थे। वह इस बात को भली प्रकार जानते व समझते थे कि भारत को यदि वैश्विक सभ्यताओं के संघर्ष में प्रथम पंक्ति में खड़ा करना है तो इसके लिए उसे अपने इतिहास नायकों का सम्मान करना सीखना होगा। जब तक हम ऐसा नहीं कर पाएंगे, तब तक हम अपने आपको एक स्वाभिमानी राष्ट्र के रूप में संसार में स्थापित नहीं कर पाएंगे।

सरदार पटेल महान सोच और महान व्यक्तित्व के धनी थे। जब उन्होंने सोमनाथ मंदिर के जीर्णोद्धार का संकल्प लिया था तो उनके उस संकल्प का विरोध गांधीजी भी नहीं कर पाए थे। यहां तक कि नेहरू मंत्रिमंडल ने भी उसे संसद में पारित हो जाने दिया था। यद्यपि उस मन्त्रिमण्डल में मौलाना अबुल कलाम आजाद जैसे कट्टर मुस्लिम मंत्री भी सम्मिलित थे। उस समय सरकार ने सोमनाथ मंदिर के जीर्णोद्धार को राष्ट्रीय संकल्प की पूर्ति के रूप में देखा था और यह भी मान लिया था कि अब से पूर्व औरंगजेब सहित जिन-जिन मुस्लिम बादशाहों, सुल्तानों या आक्रमणकारियों ने भी इस मंदिर को तोड़ा, वह एक राष्ट्रीय अपराध था।

आजादी की सुप्रभात में लिए गए इस संकल्प की परंपरा को आगे बढ़ाने की आवश्यकता थी, परंतु वह बढ़ाई नहीं गई। उस समय सरदार पटेल के समक्ष सबकी बोलती बंद हो गई थी। इसी को तेजस्वी नेतृत्व और तेजस्वी राष्ट्रवाद कहते हैं।

जिसके समक्ष दोगली विचारधारा वाले दोगले लोग शांत हो जाएं और वह जो भी करना चाहता है, उसे करने दें। सरदार पटेल ने अपने जीवन काल में नेहरु जी को कभी भी अपना नेता नहीं माना। एक अवसर पर उन्होंने नेहरू जी से कड़े और स्पष्ट शब्दों में कह दिया था कि आप प्रधानमंत्री तो हैं पर इसका अभिप्राय यह नहीं कि आप सर्वोपरि हैं। इसका अभिप्राय मात्र इतना है कि आप बराबर वालों में प्रथम स्थान पर हैं, अर्थात् मंत्रिमंडल के सभी सदस्य बराबरी का स्थान और सम्मान रखते हैं। प्रधानमंत्री की हैसियत मात्र इतनी है कि वह इन सब मंत्रियों में प्रथम स्थान पर गिना जाता है।

## जब डॉ. राजेंद्र प्रसाद का विरोध किया था नेहरू ने

सरदार पटेल संसार से जल्दी चले गए थे। उनकी मृत्यु के लगभग 6 महीने पश्चात सोमनाथ मंदिर में 11 मई, 1951 को हमारे तत्कालीन राष्ट्रपति डॉ. राजेंद्र प्रसाद पहुंचे थे। नेहरू सहित अनेकों धर्मनिरपेक्षतावादी नेताओं ने उनके इस प्रकार वहां जाने का विरोध किया था। परंतु शांति की प्रतिमूर्ति डॉ. राजेंद्र प्रसाद पर उनके इस विरोध का कोई प्रभाव नहीं पड़ा था। सोमनाथ मंदिर में पहुंचे हमारे देश के तत्कालीन राष्ट्रपति डॉ. राजेंद्र प्रसाद ने अपना ओजस्वी वक्तव्य देते हुए कहा, ''सोमनाथ भारतीयों का श्रद्धा स्थान है। श्रद्धा के प्रतीक का किसी ने विध्वंस किया तो भी श्रद्धा का स्फूर्तिस्रोत नष्ट नहीं हो सकता। इस मंदिर के पुनर्निर्माण का हमारा सपना साकार हुआ। उसका आनन्द अवर्णनीय है।''

सोमनाथ मंदिर के बारे में महात्मा गांधी जी के भी विचार बड़े अच्छे थे। 25 दिसम्बर, 1947 को दिल्ली के बिरला हाउस में एक उर्दू समाचार पत्र में लेख आया था कि अगर सोमनाथ आएगा तो फिर से गजनी आयेगा। किसी मुस्लिम के द्वारा लिखे गए इस लेख से गांधीजी दुखी हो गए थे। उन्हें इस प्रकार का बोलना या लिखना अच्छा नहीं लगा था। तब उन्होंने अपने प्रवचनों में कहा था– "मोहम्मद गजनी ने जंगली, हीन काम किया। उसके बारे में यहां के मुसलमान गर्व का अनुभव करते हैं तो यह दुर्भाग्य का विषय है। इस्लामी राज में जो बुराइयाँ हुईं, उन्हें मुस्लिमों को समझना और कबूल करना चाहिए। अगर यहां के मुसलमान फिर से गजनी की भाषा बोलेंगे तो इसे यहां कोई बर्दाश्त नहीं करेगा।''

जैसी आस्था सोमनाथ के विषय में गांधी जी ने दिखाई वैसी ही आस्था उन्हें

श्री राम जन्मभूमि के प्रति भी दिखानी चाहिए थी। यदि वह ऐसा कर जाते तो निश्चय ही उनका देश पर यह भारी ऋण होता। यह बहुत ही दु:ख का विषय रहा कि सोमनाथ के प्रति आस्था रखने वाले और गजनी को विदेशी आक्रमणकारी मानकर उसकी निंदा करने वाले गांधीजी के अनुयायी तथाकथित धर्मनिरपेक्ष नेताओं और उनकी सरकारों ने श्री राम जन्मभूमि और राम मंदिर के विषय में अपनी सोच और नीति बदल दी। उन्हें भारत में श्रीराम का अस्तित्व या उनका मंदिर निर्माण किया जाना भी सांप्रदायिकता दिखाई देने लगा।

यही कारण रहा कि भारत में सांस्कृतिक राष्ट्रवाद की विचारधारा को भी इन धर्मनिरपेक्ष नेताओं की सरकारों के रहते घुन लगने लगा। हर क्षेत्र में दोगलापन और दोगली नीतियों को लागू किया जाने लगा। जिससे धीरे-धीरे राम, राम की आस्था, राम की संस्कृति, वेद और वैदिक अवधारणाओं की उपेक्षा होने लगी।

## हमारी वैचारिक गुलामी बनी रही

जबकि होना यह चाहिए था कि हम श्रीराम की वीरता और शौर्य को अपने सांस्कृतिक राष्ट्रवाद का आधार बनाकर एक सक्षम, समर्थ और मजबूत बलशाली भारत के निर्माण के लिए संकल्पित होकर आगे बढ़ते। यह संकल्प हमारी राष्ट्रीय चेतना का विषय बनना चाहिए था। जिसके लिए समग्र राष्ट्र समवेत स्वर से सामूहिक प्रयास करता। एक लक्ष्य निर्धारित किया जाता और उस लक्ष्य के प्रति समर्पण का भाव राष्ट्रीय घोष बनता। यदि ऐसा होता तो निश्चित रूप से भारत आज तक विश्व नेतृत्व करने की स्थिति को प्राप्त कर गया होता। यह तब और भी आवश्यक और अपेक्षित हो गया था जब हमारी स्वाधीनता प्राप्ति के पश्चात बनने वाली सरकारों ने यूरोप के कई देशों को अपने गुलामी के प्रतीकों को ध्वस्त करते हुए देखा।

अपने राष्ट्र के निर्माण में इन देशों के लोग सामूहिक चेतना शक्ति के साथ जुट गए। इतिहास का यह एक तथ्य है कि 1815 में रूस ने पोलैंड को जीता। तब रूस ने पोलैण्ड की राजधानी वारसा के एक चौराहे पर एक चर्च का निर्माण किया। 1918 में पोलैण्ड स्वतंत्र हुआ। स्वतंत्रता प्राप्ति के बाद पोलैण्ड की सरकार ने रूस निर्मित उस चर्च को अपनी गुलामी का प्रतीक माना। इसलिए पोलैंड की सरकार ने रूस निर्मित उस चर्च को गिरा दिया और वहां पर अपने द्वारा निर्मित चर्च स्थापित किया। जबकि हमारी सरकारों ने ब्रिटिश गुलामी के प्रतीक अनेकों स्थलों-भवनों को ज्यों का त्यों

बनाए रखा। यहां तक कि देश की वर्तमान संसद भी अंग्रेजों द्वारा निर्मित है। जिसे हम आज तक उसी रूप में प्रयोग कर रहे हैं। इसका अभिप्राय है कि हमारी वैचारिक गुलामी यथावत बनी रही।

## भारत के नेतृत्व ने इतिहास से शिक्षा नहीं ली

ऐसा नहीं है कि भारत में अपनी गुलामी के प्रतीकों को तोड़ने का पुरुषार्थी स्वभाव नहीं रहा। हमारे पूर्वजों ने ऐसी अनेकों मस्जिदों को भूमिसात कर फिर-फिर मंदिरों का निर्माण किया जिन्हें मुसलमानों ने मुगलों या तुर्कों के समय में समाप्त कर दिया था। छत्रपति शिवाजी ने ऐसे अनेकों मंदिरों का जीर्णोद्धार किया था जिन्हें औरंगजेब या उसके पूर्ववर्ती मुगलों ने भूमिसात कर दिया था। जब शिवाजी ऐसा कार्य कर रहे थे तो वह निसंदेह श्री राम के पुरुषार्थी व पराक्रमी व्यक्तित्व से ही प्रेरणा लेकर ऐसा कर रहे थे।

हमारा मानना है कि भारत में राष्ट्रीय चेतना के मुखरित होने का कारण श्री राम की अब से लाखों साल पहले की गई घोर साधना भी रही। जैसे मानव के शरीर में उसकी अंतर्मुखी शक्तियों अर्थात् उसकी रोग निरोधक क्षमता के मजबूत होने से उसे बाहरी चिकित्सक के द्वारा दी गई औषधि गुणकारी होती है, वैसे ही किसी राष्ट्र की भीतरी चेतना शक्ति के मजबूत होने से ही उसे बाहरी चेतना प्रज्वलित करने में सहायक होती है। पत्थर में यदि आग नहीं होगी तो बाहर से कितने ही रगड़ा लगा लेना, वह अग्नि पैदा नहीं कर पाएगा। यह बिलकुल वैसे ही है, जैसे किसी मनुष्य की भीतरी रोग निरोधक क्षमता समाप्त हो जाए या कमजोर पड़ जाए तो उसे किसी बाहरी चिकित्सक के द्वारा दी गई औषधि किसी काम की नहीं होती। राष्ट्र की भीतरी शक्ति को अथवा चेतना को अथवा रोग निरोधक क्षमता को उस देश के राष्ट्र निर्माता महापुरुष अपने व्यक्तित्व और कृतित्व से, कार्य नीति और सोच से मजबूत और प्रबल करते हैं।

## राम नाम का आकर्षण

श्री राम हमारे सांस्कृतिक राष्ट्रवाद के ऐसे ही पुरोधा हैं। भारतवासियों के लिए उनके नाम में ही एक ऐसा आकर्षण है जो हम सबको देश, धर्म और संस्कृति के प्रति समर्पित होकर रहने की शिक्षा देता है। राम इस देश के प्रत्येक नागरिक के पूर्वज

हैं। क्योंकि हम सभी एक ही मूल की शाखाएं हैं। हमारे मूल में श्री रामचंद्र जी का पुरुषार्थ है। उनका शौर्य और साहस है। उनकी नैतिकता, मर्यादा और आध्यात्मिक चेतना है। निसंदेह भारत ऋषियों का देश है। भारत देश उन प्रतापी शासकों का भी देश है जो इस देश की संस्कृति के लिए जिए। ऐसे प्रतापी महान शासकों में श्री राम का नाम सर्वोपरि है।

अपने व्यक्तित्व के महान गुणों के कारण श्री राम भारतवर्ष के हिंदू समाज में तो सम्मान और श्रद्धा के केंद्र हैं ही, वह भारत से बाहर भी कई देशों में सम्मान और श्रद्धा के केंद्र हैं। कई मुस्लिम देश भी ऐसे हैं जो श्रीराम को अपना महान पूर्वज स्वीकार करने में गर्व की अनुभूति करते हैं। सबसे अधिक जनसंख्या वाला मुस्लिम देश इंडोनेशिया इस प्रकार के देशों में सर्वोपरि स्थान रखता है। जिसमें आज भी रामलीला का मंचन होता है।

कंबोडिया, श्रीलंका, चीन, ईरान, नेपाल समेत संसार के कई देशों में राम का नाम बहुत ही श्रद्धा और सम्मान के साथ लिया जाता है। भारत के बाहर भी यदि दर्जनों देशों में श्री रामचंद्र जी का नाम श्रद्धा और सम्मान के साथ लिया जाता है तो मानना पड़ेगा कि उनका व्यक्तित्व अपने समय में अत्यंत विशाल था। श्री राम के नाम का आकर्षण सभी देशों के निवासियों को एक-दूसरे से अदृश्य रूप में बांधने जोड़ने का काम करता है। इस प्रकार आज भी श्री राम का नाम विश्व संयोजक के रूप में स्वीकार किया जाना कोई बुरी बात नहीं है। हमारा मानना है कि विश्व संयोजक के रूप में श्री राम को वैश्विक चेतना का प्रतीक स्वीकार किया जाना चाहिए।

## संपूर्ण भूमंडलवासियों के सम्मान के पात्र हैं श्री राम

संपूर्ण भूमंडल पर लोग उनका सम्मान करते थे, यह तभी संभव हो पाया था जब उन्होंने संपूर्ण वसुधा से राक्षस संस्कृति का विनाश कर देवताओं की वैदिक संस्कृति का प्रचार-प्रसार करना अपने जीवन का लक्ष्य बनाया था। संसार के लोग उनके प्रति इसलिए भी श्रद्धावान बने कि श्रीराम ने उस समय सभी देशों के लोगों को समान अधिकार देने का महान कार्य संपादित किया। वह सबके मौलिक अधिकारों के लिए लड़ते रहे और उन राक्षसों का संहार करते रहे जो लोगों के मौलिक अधिकारों का हनन कर रहे थे। आज के पाकिस्तान का लाहौर नामक नगर रामचंद्र जी के बेटे लव के नाम से ही बसाया गया था।

इसके अतिरिक्त श्री राम और रामायण काल से जुड़े अनेकों ऐतिहासिक स्थल

आज के पाकिस्तान में स्थित हैं। इतना ही नहीं, आज का ताशकन्द भरत के बेटे तक्ष के नाम से 'तक्षखंड' के रूप में स्थापित किया गया था। जिससे पता चलता है कि श्री राम का नाम वहां तक भी श्रद्धा और सम्मान के साथ लिया जाता था। हमारा पड़ोसी देश बर्मा भी रामचंद्र जी के प्रति आस्थावान रहा है। आज भी वहां अनेक लोकगीतों में रामलीला के नाटक खेले जाते हैं।

बर्मा में रामवती नगर राम नाम पर स्थापित हुआ था। वहां के अमरपुर के एक विहार में सीता-राम, लक्ष्मण और हनुमान जी के चित्र आज तक अंकित हैं।

## कई देशों में श्री राम को मिलता है सम्मान

जिस समय रामचंद्र जी का जन्म हुआ, उस समय रावण का राज्य विश्व के बड़े भूभाग पर था। आज का रूस, चीन, अमेरिका सहित विश्व के अन्य क्षेत्र भी रावण के राज्य के अधीन था। उसके राज्य में जनता बहुत पीड़ित थी। क्योंकि रावण के लोग लोकतांत्रिक ढंग से शासन न करके लोगों के मौलिक अधिकारों का शोषण व हनन कर रहे थे। विद्वानों का यह भी मानना है कि रावण का राज्य मेडागास्कर द्वीप से लेकर ऑस्ट्रेलिया तक के द्वीप समूहों पर भी था। जब रामचंद्र जी ने रावण का अंत कर दिया तो विश्व के जितने भूभाग पर रावण का राज्य था, वहां- वहां के लोगों ने रामचंद्र जी के इस महान कार्य पर प्रसन्नता व्यक्त की और उनकी महानता के गीत गाए। उस समय के विश्व की यह बहुत बड़ी घटना थी। जिसे रामचंद्र जी ने अपने 14 वर्ष के वनवास काल में बनाई गई अपनी विशेष और प्रभावकारी योजना के द्वारा मात्र 14 वर्ष में सफलतापूर्वक परिणति तक पहुंचाया था। उस समय लोगों को यह आशा नहीं थी कि कोई व्यक्ति रावण के राज्य का अंत कर, उन्हें लोकतांत्रिक अधिकार प्रदान करते हुए जीवन जीने के अवसर उपलब्ध कराएगा। बस, यही कारण था कि जब उन्हें असंभव कार्य संभव हुआ दिखाई दे गया तो उस असंभव को करने वाले श्री राम के प्रति वह श्रद्धा से नतमस्तक हो गए। तब लोगों ने श्रीराम को राष्ट्रपिता से भी ऊपर भगवान मानकर सम्मान दिया। आजकल हम महात्मा गांधी को राष्ट्रपिता कहते हुए लोगों को सुनते हैं। महात्मा गांधी जी के बारे में कह दिया जाता है कि उन्होंने ब्रिटिश शासकों को भारत से भगाया, पर इतिहास की साक्षी ऐसी नहीं है कि महात्मा गांधी के प्रयास से अंग्रेज भारत छोड़ गए थे।

यदि फिर भी एक बार यह मान लिया जाए कि अंग्रेजों ने भारत को गांधीजी के

प्रयास से छोड़ दिया था तो भी महात्मा गांधी श्रीराम जैसा महान और पवित्र कार्य कभी नहीं कर पाए कि उन्होंने राक्षसों का अंत संपूर्ण भूमंडल से ही कर दिया हो? इसके विपरीत गांधीजी राक्षसों के सामने झुकते हुए नजर आते हैं। राक्षसों और मानव जाति के लिए कलंक आतंकवादियों का अंत करना भी गांधी जी पाप समझते हैं। वे अपने जीवन के अधिकांश भाग में उन आतंकवादी अंग्रेजों का गुणगान करते रहे जिन्होंने संसार भर में मानव अधिकारों का हनन करने के कीर्तिमान स्थापित किए। इतना ही नहीं, गांधीजी जीवन भर अपना आदर्श औरंगजेब को भी मानते रहे।

## 'राष्ट्रपिता' के रूप में श्री राम

रामचंद्र जी यदि गांधी जी के स्थान पर होते तो निश्चित रूप से आतंकवादियों और पापियों को आतंकवादी और पापी ही कहकर संबोधित करते और उनके विनाश को अपना जीवन लक्ष्य बनाते। भारत की परंपरा में ऐसे किसी व्यक्ति को राष्ट्रपिता नहीं माना जा सकता जो राक्षसों के अंत को भी पाप समझता हो। भारत में तो उसी व्यक्ति को 'राष्ट्रपिता' या 'भगवान' माना जाता है जो संसार से पापों का नाश करे और साथ ही साथ पापियों को भी मौत की नींद सुलाने की क्षमता और सामर्थ्य रखता हो।

यद्यपि हम व्यक्तिगत रूप से किसी भी व्यक्ति को 'राष्ट्रपिता' नहीं मानते। क्योंकि वास्तविक राष्ट्रपिता तो वह परमपिता परमेश्वर है जो इस चराचर जगत का निर्माता, पालनकर्त्ता और संहारकर्त्ता है। फिर भी इस लौकिक संसार में परमपिता परमेश्वर की सृष्टि व्यवस्था के अनुकूल कार्यों को संपन्न करने वाले व्यक्ति को ऐसा सम्मान दिए जाने के हम विरोधी भी नहीं हैं। निस्संदेह, श्रीराम ने परमपिता परमेश्वर की सृष्टि व्यवस्था के अनुरूप कार्य करते हुए अपना जीवन यापन किया। इसीलिए वह संसार के महानतम व्यक्ति के रूप में स्थापित हुए।

जब श्रीराम ने रावण जैसे राक्षस का अंत किया तो उनकी कीर्ति संपूर्ण जगत में व्याप्त हो गई। यही कारण है कि अनेकों द्वीपों व देशों में उनके नाम की कीर्ति आज तक भी किसी न किसी रूप में मिलती है। कई स्थानों पर मुसलमान भी उन्हें अपना पूर्वज मानकर प्रसन्नता व्यक्त करते हैं और अपने नाम के साथ 'राम' शब्द जोड़कर अपने आत्मिक गौरव को प्रकट करते हैं। मलेशिया में रामकथा का प्रचार अभी तक है। वहां मुस्लिम भी अपने नाम के साथ 'राम-लक्ष्मण' और 'सीता' का नाम बड़े

गर्व के साथ जोड़ते हुए देखे जाते हैं। यहां रामायण को 'हिकायत सेरीराम' कहते हैं। ये लोग श्री राम को अपना पूर्वज और महान शासक मानकर उनका सम्मान करते हैं। उनकी मान्यता है कि श्रीराम एक पूर्ण पुरुष थे और उनमें एक भी दोष नहीं था।

## थाईलैंड का राज परिवार और श्री राम

थाईलैंड के राज परिवार में आज तक भी लोग अपने नाम के साथ राम जोड़कर प्रसन्न होते हैं। वे समझते हैं कि जैसे श्रीराम ने दैवीय शक्तियों के माध्यम से शासन किया था, वैसी ही दैवीय शक्तियां उनका भी साथ देती हैं और श्री राम स्वयं उनका मार्गदर्शन करते हैं। उनके प्रति सम्मान प्रकट करते हुए थाईलैंड का राजवंश आज भी उनकी चरण पादुकाओं को सिंहासन पर रखकर वैसे ही शासन करता है जैसे भरत ने श्रीराम के 14 वर्ष के वनवास काल में श्री राम की चरण पादुकाओं को सिंहासन पर विराजमान करके और अपने आपको श्रीराम का प्रतिनिधि बनाकर शासन किया था। इसका अभिप्राय है कि थाईलैंड का राजा अपने आपको श्रीराम का भक्त और प्रतिनिधि मानकर शासन करता है। यह बहुत ही दुःख का विषय है कि भारत में स्वाधीनता के पश्चात रामराज्य की कल्पना करने वाले गांधीजी के उत्तराधिकारियों ने अपने आपको राम का प्रतिनिधि न समझकर राम का 'प्रतियोगी' या 'प्रतिस्पर्धी' मान लिया और उन्हें देश व संसार से विदा करने का मानो प्रण ही कर लिया।

थाईलैंड कर राजवंश श्रीराम के प्रति इतनी श्रद्धा और भक्ति भावना रखता है कि वह स्वयं को श्री राम का वंशज मानता है। थाईलैंड में आज भी अजुधिया अर्थात् अयोध्या लवपुरी अर्थात् लाहौर और जनकपुर जैसे शहर हैं। यहां पर राम कथा को लोग बड़े चाव से सुनते हैं। जब यह कथाएं होती हैं तो उस समय श्रद्धा और सम्मान व्यक्त करते हुए लोग व्रत-उपवास भी रखते हैं। जिससे श्री राम प्रसन्न हों और उनकी भक्ति सफल हो जाए।

यहां के स्थानीय लोग राम कथा को 'राम कीरत' कहते हैं। यह भाषा का थोड़ा-सा अंतर है, जो कि स्वाभाविक भी है। यह शब्द राम की कीर्ति कथा को प्रकट करने वाला है। लोगों ने श्रीराम के प्रति अपनी श्रद्धा को व्यक्त करते हुए मंदिरों में रामकथा के अनेकों प्रसंगों को उत्तीर्ण कर लिया है। जिससे उन्हें रामकथा को सुरक्षित रखने और कंठस्थ करने में सुविधा होती है। इन लोगों का रहन-सहन वेशभूषा भी कुछ ऐसी ही दिखाई देती है जैसे यह आज भी रामायण काल में ही निवास करते

हों। सच ही है कि जैसा जिसका इष्ट देव होता है वैसा ही उसका जीवन बन जाता है। जैसे थाईलैंड और इंडोनेशिया में श्रीराम के प्रति श्रद्धा भाव प्रकट होता है वैसे ही कंबोडिया में भी लोग श्री राम के प्रति अपनी भक्ति भावना प्रकट करते हुए देखे जा सकते हैं। इंडोनेशिया के लोगों का तो यह भी मानना है कि यदि रामायण का पाठ किया जाए तो उन्हें एक उत्कृष्ट मानव अर्थात् आर्य बनने में सुविधा होगी। उनके आंतरिक जगत में आर्य बनने की यह उत्कृष्ट भावना भारत के 'कृण्वन्तो विश्वमार्यम्' के टूटे-फूटे स्वरूप को प्रकट करती है। जबकि संसार में रामायण के माध्यम से ही शांति स्थापित होने की उनकी भावना संपूर्ण संसार के प्रति 'वसुधैव कुटुंबकम' के पवित्र भाव की हमें याद दिलाती है। यह और भी सुखद आश्चर्य की बात है कि ऐसा मानने वालों में वहां के मुसलमान लोग भी सम्मिलित हैं। उनकी मान्यता है कि संसार में रहकर नेक इंसान अर्थात् आर्य बनने से ही सब लोगों का कल्याण होना संभव है।

## इंडोनेशिया और श्री राम

इंडोनेशिया और मलेशिया के जनजीवन को राम और रामायण ने बड़ी गहराई से प्रभावित किया है। यह बहुत ही प्रसन्नता का विषय है कि यहां के लोग युगों के गुजर जाने के बाद भी श्री राम और रामायण से जुड़े हुए हैं और उनका नाम लेकर प्रसन्न होते हैं। हिंदी के प्रसिद्ध विद्वान फादर कामिल बुल्के ने 1982 में अपने एक लेख में लिखा था, "35 साल पहले मेरे एक मित्र ने जावा के किसी गांव में एक मुस्लिम शिक्षक को रामायण पढ़ते देखकर पूछा था कि आप रामायण क्यों पढ़ते हैं?" उत्तर मिला था, "मैं और अच्छा मनुष्य बनने के लिए रामायण पढ़ता हूं।"

इससे जहां इंडोनेशिया के लोगों की श्री राम और रामायण के प्रति श्रद्धा भक्ति का पता चलता है, वहीं यह बात भी स्पष्ट होती है कि मानव चाहे कहीं का भी हो, वह आज भी बेहतर से बेहतर प्रदर्शन कर आर्य बनने की इच्छा रखता है। निश्चित रूप से उसकी यह इच्छा उसके भीतरी जगत की इच्छा है। आत्मिक जगत की इच्छा है। उसकी आत्मा की आवाज है। इसी को सुनकर और इसी के अनुसार आचरण करके हमारे ऋषि महान बना करते थे। आत्मा की आवाज से धर्म की अभिव्यक्ति होती है। जो लोग धर्म की इस अभिव्यक्ति को यथावत सुन लेते हैं, और उसके अनुसार जीवन बना लेते हैं, वह निश्चित रूप से अच्छे इंसान बन जाते हैं। वास्तव में यह भारतीय वैदिक संस्कृति का ही चमत्कार है कि उसने मनुष्य को अपने भीतरी जगत की इस

इच्छा को सुनने के लिए प्राचीन काल से प्रेरित किया है। इंडोनेशिया के लोग यदि आज भी ऐसा करने और बनने की इच्छा रखते हैं तो इससे पता चलता है कि वह मूल रूप में आर्य वैदिक संस्कृति के उपासक रहे हैं।

राम की महिमा जावा में भी गाई जाती है। वहां तो एक नदी का नाम भी सरयू रखा गया है। जावा के मंदिरों में वाल्मीकि रामायण के श्लोक हमें पढ़ने को मिल जाते हैं। इसी प्रकार बाली द्वीप में भी रामायण के प्रति अत्यधिक श्रद्धा भाव रखने वाले लोग आज भी देखे जा सकते हैं।

श्री राम जैसे आदर्श मर्यादा पुरुषोत्तम व्यक्तित्व के कारण भारत की महान संस्कृति की विदेशी विद्वानों ने भी मुक्त कंठ से प्रशंसा की है। डब्लू डी ब्राउन लिखते हैं- "सावधानीपूर्वक परीक्षण करने से एक निष्पक्ष व्यक्ति यह स्वीकार करेगा कि संसार के साहित्य तथा अध्यात्म के जन्मदाता हिंदू हैं। इसी समय भारत में सर्वत्र बोली जाने वाली संस्कृत भाषा के बारे में जिन मैक्समूलर जाकेल्यो, सर विलियम जॉन्स आदि विद्वानों ने जो शोध तथा अन्वेषण किया है, उनका कहना है कि कालांतर में प्रचार पाए धार्मिक विश्वासों का आदि मूल भारत के ग्रंथों में मिलता है। विचारशील अध्येताओं को इस बात के भी पक्के प्रमाण मिले हैं कि प्राचीन हिंदू न तो मूर्ति पूजा करते थे, न उन्हें कोई अनपढ़, असभ्य अथवा बर्बर जाति समझता था। इसके विपरीत वे ऐसे प्रेरणाशील व्यक्ति थे जिनसे अनेक दंभी और अहंकारी जातियां ईर्ष्या करेंगी। मुझे इसमें थोड़ा भी संदेह नहीं है कि हिंदू साहित्य के ये अनुवाद यह सिद्ध कर देंगे कि भारत की सभ्यता एक सुगंधिपूर्ण पुष्पगुच्छ है, जो अपनी मादक सुरभि को सर्वत्र प्रसारित कर रही है।"

भारत के विषय में ऐसे प्रशंसनीय शब्दों का प्रयोग करने वाले विदेशी विद्वान जब ऐसा कहते हैं तो समझ लो कि वे श्रीराम के भारत के बारे में ऐसा कह रहे हैं।

इस प्रकार राक्षसों के संहारक श्रीराम का विश्वव्यापी स्वरूप हमें देखने को मिलता है। जिससे उनकी महानता का बोध होता है।

इस पुस्तक में हमने भारत के सांस्कृतिक राष्ट्रवाद के पुरोधा के रूप में श्री राम को स्थापित करने का प्रयास किया है। जिन्होंने हमारी सांस्कृतिक चेतना को अपने महान कार्यों से बल प्रदान किया। उन्होंने अब से लाखों वर्ष पूर्व जिस परंपरा का श्रीगणेश किया, उसे भारत ने बड़ी गहराई से अपना लिया। यही कारण रहा कि कालांतर में जब-जब विदेशी आक्रमणकारी भारत में आए तो भारत के लोगों ने

उनका श्री राम की शैली में ही प्रत्युत्तर दिया। भारत ने प्रत्येक विदेशी आक्रमणकारी को अपनी एकता, अखंडता और संप्रभुता का शत्रु मानकर उसका प्रतिकार किया। जिससे भारत अपनी राष्ट्रीय एकता और अखंडता के साथ-साथ स्वाधीनता को बचाए रखने में सफल रहा।

पुस्तक प्रकाशन में डायमंड बुक्स के चेयरमैन श्री नरेंद्र वर्मा जी का विशेष सहयोग रहा है। जिन्होंने इसे यथाशीघ्र आपके कर कमलों तक पहुंचाने में अपनी उत्कृष्ट क्षमताओं का प्रदर्शन किया है। मैं उनका हृदय से आभार व्यक्त करता हूं और उन सभी दिव्य शक्तियों, सहयोगियों, बड़ों और अपने सहकर्मियों का भी हृदय से आभार और धन्यवाद ज्ञापित करता हूं जिनके शुभाशीर्वाद, सहयोग और प्रेम के चलते यह पुस्तक यथा समय आपके पास उपलब्ध हो सकी है।

अंत में ईश्वर की असीम अनुकंपा को सिर झुकाते हुए यह पुस्तक आप तक पहुंचाने में मुझे असीम प्रसन्नता की अनुभूति हो रही है। आशा है, आपको मेरा यह प्रयास सार्थक और समयानुकूल प्रतीत होगा। आपके आशीर्वाद की प्रतीक्षा में ....

**भवदीय**

डॉ. राकेश कुमार आर्य

**चलभाष :** 9911169917

**पत्राचार कार्यालय :** उगता भारत कार्यालय, शॉप नंबर 10 कृष्णा प्लाजा
मार्केट, तहसील कंपाउंड दादरी,
जनपद गौतम बुद्ध नगर

**पिन कोड :** 20 3207

# विषय सूची

अध्याय -1

# जो सोचा है - उसे कर डालो

भारत की पुण्य भूमि के विषय में अरबी कवि लवी बिन अख्तर बिन तुरफ़ा ईसा से 1700-1800 वर्ष पूर्व कहता है - "हे भारत की प्रशंसित धरती! तुम सचमुच सम्मान की पात्र हो। क्योंकि परमात्मा ने सच्चे ज्ञान अर्थात् वेदों का प्रकाश यहीं पर किया था। ईश्वरीय ज्ञान कही जाने वाली 4 पुस्तकें ( वेद) कितना पवित्र प्रकाश हमें प्रदान करती हैं। जो हमारे अन्तश्चक्षुओं को प्रशांत तथा आनंद से परिपूर्ण बना देते हैं। परमात्मा द्वारा प्रदत्त यह ज्ञान भारत के ऋषियों के माध्यम से उस संपूर्ण मानवता के लिए दिया गया जो इस धरती के निवासी हैं।

परमात्मा का आदेश है कि तुम अपने जीवन में इसे वेद रूपी ज्ञान को जानो जो मैंने इन ग्रंथों में दिया है। निश्चय ही यह ज्ञान ईश्वर प्रदत्त है।

ज्ञान का यह खजाना साम और यजुर्वेद के रूप में है। जो परमात्मा द्वारा दिए गए हैं। मेरे भाइयों! इन वेदों का सम्मान करो। क्योंकि यह मुक्ति का मार्ग दिखाते हैं। अन्य दो ऋग्वेद तथा अथर्ववेद हैं। यह विश्व के संपूर्ण मानवों के बीच भ्रातृभाव का पाठ पढ़ाते हैं। यह दीप स्तंभ तुल्य हैं, जो हमें विश्व बंधुत्व की ओर ले जाते हैं।"

भारत की इस विश्व बंधुत्व वाली संस्कृति की उपमा इस धरती पर किसी अन्य संस्कृति से नहीं दी जा सकती। इस दृष्टिकोण से मानव की वास्तविक संस्कृति वैदिक संस्कृति है। इस संस्कृति के निर्माण में हमारे अनेकों पूर्वजों का विशेष योगदान रहा है। जिन्होंने अपने तपोबल, आत्मबल, मनोबल, धर्मबल, अध्यात्मबल और पुरुषार्थ बल से इसे पाला-पोसा है।

## हमारे राजनीतिक मूल्य

राजा ययाति अपनी वृद्धावस्था में जब वनगमन की तैयारी करने लगे तो उन्होंने अपने उत्तराधिकारी को नियुक्त करते समय देशवासियों से कहा था कि- 'जो युवराज

तुम्हारे अनुकूल वर्त्ते वही देश का राजा होगा।'

राजा ययाति के इस प्रकार के वचनों को सुनकर उनके सभासदों ने कहा कि- 'राजन! जो राजकुमार राजा के योग्य गुणों से संपन्न, माता-पिता की आज्ञानुसार सदा प्रजा पालन करने वाला, प्रजा का हित करने वाला सत्पुरुष है, वही राजकुमार सर्वश्रेष्ठ और कल्याणपद अर्थात् राजपद को प्राप्त करने के योग्य है। ऐसा राजकुमार चाहे आयु में दूसरों से छोटा भी क्यों न हो।'

यह है वास्तव लोकतांत्रिक व्यवस्था। जिस पर भारत को गर्व होना चाहिए। इस लोकतांत्रिक व्यवस्था में राजा अपनी ओर से अपने उत्तराधिकारी का चयन नहीं कर रहा है, अपितु उसे देशवासियों के ऊपर छोड़ रहा है। लोकतंत्र में संसद और संसद में बैठने वाले सभासदों का बड़ा महत्त्व होता है। यहां पर भी राजा की संसद और सभासद अपनी पूर्ण बौद्धिक स्वतंत्रता का प्रयोग करते हुए अपनी बात रख रहे हैं।

भारत की इस लोकतांत्रिक व्यवस्था को संसार के पहले राजा मनु महाराज के द्वारा स्थापित किया गया। जिसे आर्य राजाओं ने युग-युगों तक यथावत बनाए रखा।

जब प्राचीन काल में राजा पद की आवश्यकता अनुभव की गई, तब राजा का राजधर्म यही नियत किया गया था कि राजा अपनी प्रजा का पालन करते हुए उसकी प्रत्येक प्रकार से रक्षा करेगा। इस प्रकार राजा अपनी प्रजा का संरक्षक नियुक्त किया गया, कोई तानाशाह नहीं। इस प्रसंग में हमें यह भी ध्यान रखना चाहिए कि कोई भी संरक्षक स्वयं राजा नहीं बनता है बल्कि उसे राजा बनाया जाता है। जो स्वयं दूसरों पर शासन करने का स्वयं को अधिकारी मानता है, वह दूसरों के अधिकारों का हनन करने वाला तानाशाह होता है, राजा नहीं। जो व्यक्ति दूसरों पर शासन करने के लिए बड़े-बड़े नरसंहार करता है, युद्ध करता है, लोगों पर दलन, उत्पीड़न और अत्याचार करता है, वह स्वयंभू और स्वेच्छाचारी शासक होता है, लोकतांत्रिक शासक नहीं। राजा का अर्थ है, अपनी निजता को सबके लिए समर्पित कर देना या कहिए कि अपनी निजता में सबका स्वरूप देखना, सब को संरक्षा और सुरक्षा प्रदान करने के लिए अपने आपको प्रस्तुत करना। सबके हित में सोचते-सोचते अपने लिए कोई स्वार्थपूर्ण चिंतन न रखना। यही राजा की गरिमा है। आर्य वैदिक राजाओं के काल में राजा से लेकर नीचे गांव के प्रधान पद पर विराजमान लोग इसी भाव से प्रेरित रहकर कार्य करते थे। इस प्रकार सार्वजनिक जीवन में वही लोग जाते थे जो समाज, राष्ट्र

और प्राणिमात्र के प्रति समर्पित रहने को अपने जीवन का व्रत बना लेते थे। राजा की प्रजा प्रत्येक प्रकार से उन्नति करे, उसके लिए अनुकूल परिस्थितियां और अवसर प्रदान करना राजा का धर्म माना गया। इसके लिए अत्याचारी, पापी, अधर्मी, नीच, उग्रवादी, आतंकवादी लोगों से प्रजा को रक्षित करना भी राजा का उद्देश्य या परम कर्तव्य या परम धर्म माना गया।

**जो राजपद को प्राप्त कर प्रजा का हित चिंतन करे।**
**योग्य राजा है वही जो परकल्याण हित जीवन धरे।।**
**जो राग व अनुराग से सर्वथा और पूर्णतया मुक्त हो।**
**राजा उसी को मानिये जो न्याय विवेक युक्त हो।।**

अब इसी बात को दृष्टिगत रखते हुए हम अपने परम प्रतापी, परम धैर्यवान, मर्यादा पुरुषोत्तम श्रीरामचंद्र जी महाराज और उनके जीवनचरित् पर विचार करते हुए तत्कालीन परिस्थितियों पर विचार करें कि उन्होंने उस समय रावण को क्यों मारा? क्या केवल सीता हरण को लेकर ही उन्होंने रावण को मार दिया था या रावण में कुछ और भी चारित्रिक दुर्बलताएं थीं, जिनके चलते उसका अंत किया जाना आवश्यक हो गया था?

इस प्रश्न के उत्तर पर विचार करते हुए हमें यह सोचना चाहिए कि जब आप कोई बड़ा कार्य करते हैं तो उसका दैव शक्तियों द्वारा, अपनी बुद्धि द्वारा और अपने अनुभवजन्य ज्ञान से सम्पन्न बड़े बुज़ुर्गों के आशीर्वाद द्वारा अनुमोदन कराया जाना आवश्यक होता है। यदि आपका निर्णय इन तीनों में से कहीं से भी खंडित है तो वह निर्णय लोकानुमोदन प्राप्त करने में असमर्थ रहता है। लोकवासी अर्थात् प्रजाजन उस निर्णय को उतने ही अनुपात में स्वीकार नहीं करते। इस पर विचार करते हुए हमें यह भी ध्यान में रखना चाहिए कि जब हम यज्ञ करते हैं तो उस समय हम जलप्रसेचन करते हुए 4 मंत्रों का उच्चारण करते हैं।

पहला मंत्र है :-

**ओ३म् अदितेऽनुमन्यस्व।।**

मन्त्र का भावार्थ- इस मंत्र में हम अखंड सत्ता परमपिता परमेश्वर से अपने किसी भी यज्ञीय कार्य की पूर्वानुमति, स्वीकृति या अनुमोदन चाहते हुए कहते हैं कि हे सर्वरक्षक अखण्ड परमेश्वर! मेरे इस यज्ञकर्म का अनुमोदन कर अर्थात् मेरा यह यज्ञानुष्ठान अखिण्डत रूप से सम्पन्न होता रहे।

दूसरा मन्त्र है -

**ओ३म् अनुमतेऽनुमन्यस्व॥**

मन्त्र का भावार्थ- इस मंत्र में हम परमपिता परमेश्वर और उसके दिव्य गुणों से संपन्न अपने अनुभवजन्य ज्ञान संपन्न विद्वानों अर्थात् बड़े बुजुर्गों से अपने कार्य को करने की स्वीकृति और अनुमोदन चाहते हुए कहते हैं कि - "हे सर्वरक्षक यज्ञीय एवं ईश्वरीय संस्कारों के अनुकूल हमारे पूर्वजों की और हम सबकी बुद्धि बनाने में समर्थ परमात्मन! मेरे इस यज्ञकर्म का अनुकूलता से अनुमोदन कर अर्थात् यह यज्ञनुष्ठान आप की कृपा से सम्पन्न होता रहे।" कहने का अभिप्राय यह हुआ कि जो परमपिता परमेश्वर की यज्ञमय संस्कारों के अनुकूल बुद्धि से संपन्न लोग हैं, उनकी आज्ञा और अनुमोदन को हम ईश्वरीय आज्ञा और अनुमोदन स्वीकार कर अपने कार्य का आरंभ करें।

तीसरा मन्त्र है -

**ओ३म् सरस्वत्यनुमन्यस्व॥**

मन्त्र का भावार्थ- इसमें हम परमपिता परमेश्वर के नाम जप से शुद्ध और पवित्र हुई अपनी बुद्धि से अपने कार्य का अनुमोदन कराने की प्रार्थना करते हुए परमपिता परमेश्वर से कहते हैं कि हे सर्वरक्षक प्रशस्त ज्ञानस्वरूप एवं ज्ञानदाता परमेश्वर! 'मेरे इस यज्ञकर्म का अनुमोदन कर अर्थात् आपके द्वारा प्रदत्त उत्तम बुद्धि से मेरा यह यज्ञनुष्ठान सम्यक विधि से सम्पन्न होता रहे।'

और अंत में चौथे मंत्र की व्यवस्था की गई है :-

**ओं देव सवितः प्रसुव यज्ञं प्रसुव यज्ञपतिं भगाय।दिव्यो**
**गन्धर्वः केतपूः केतं नः पुनातु वाचस्पतिर्वाचं नः स्वदतु॥**

मन्त्र का भावार्थ- हे सर्वरक्षक दिव्यगुण शक्ति सम्पन्न सब जगत के उत्पादक परमेश्वर! मेरे इस यज्ञ कर्म को बढ़ाओ अर्थात् मैंने आप जैसी अखंड दिव्य सत्ता से, ज्ञानसंपन्न अपने बड़ों से और आपके नाम जप से शुद्ध और पवित्र हुई अपनी बुद्धि से जिस कार्य की अनुमति चाही है उसमें किसी प्रकार का विघ्न या बाधा कहीं पर ना आए, ऐसा वरदान मुझे दीजिए। आपकी अखंड सत्ता का दिव्य स्मरण करते हुए, मैं निरंतर अपने कर्तव्य पथ पर आगे बढ़ता रहूं और अपने बड़ों के द्वारा आप द्वारा प्रदत्त अपनी बुद्धि द्वारा अनुमोदित अपने कार्य को अंजाम तक पहुंचाऊँ, मुझे इतनी शक्ति दो।

हे दयानिधान! आनन्द, ऐश्वर्य आदि की प्राप्ति के लिए यज्ञकर्त्ता को यज्ञकर्म की अर्थात् संसार में दिव्य और पवित्र कार्यों को करने के लिए अथवा उसके इस प्रकार के दिव्य संकल्पों में अभिवृद्धि के लिए और अधिक प्रेरित करो। आप विलक्षण ज्ञान के प्रकाशक हैं, आपके मार्गदर्शन में जो भी कार्य किया जाता है वह कभी भी गलत नहीं होता। पवित्र वेदवाणी अथवा पवित्र ज्ञान के आश्रय हैं, ज्ञान-विज्ञान से बुद्धि मन को पवित्र करने वाले हैं, अतः हमारे बुद्धि-मन को पवित्र कीजिये। मैंने जो भी संकल्प लिया है, उसमें मेरी वाणी का महत्त्व मुझे निश्चित रूप से आगे बढ़ाएगा, उसके साथ-साथ मेरे मन की पवित्रता भी मुझे दिव्य और पवित्र कार्य करने के लिए प्रेरित करेगी इसलिए आप हमारी वाणी को मधुर बनाइये।

**कर्म कोई भी करो अनुमन्य बुद्धि युक्त हो।**
**अखंड सत्ता ईश का आशीष भी संयुक्त हो।।**
**विवेकी जन जिसको कहें वेद के अनुकूल भी।**
**करने की उसको ठान लो जग हो प्रतिकूल भी।।**

हमने इन चारों मंत्रों पर विशेष चिंतन किया। इसका उद्देश्य केवल एक है कि संसार में जो लोग दिव्यता और भव्यता को प्राप्त होते हैं, वह अपने जीवन के व्रतों, संकल्पों और कार्यों का इसी प्रकार निर्धारण करते हैं। ऐसे लोग संसार में देव कहलाते हैं। इसके विपरीत जो लोग इस प्रकार का आचरण न करके अहंकार के वशीभूत होकर अपने हर निर्णय को लिए चले जाते हैं और यह मान लेते हैं कि वह जो कुछ भी कर रहे हैं, वही उत्तम है- ऐसे लोग संसार में असुर कहलाते हैं।

अब आइए अपने मूल प्रश्न पर। श्रीराम का जीवन यज्ञमय था। क्योंकि उनका सारा जीवन यज्ञ की इसी मर्यादा में बंधा हुआ था। उन्होंने अपने जीवन में कोई भी ऐसा कार्य नहीं किया जो यज्ञ की इस पवित्र भावना से बंधा हुआ न हो। वह बंधे हुए थे और सधे हुए थे। इसलिए ही उन्हें मर्यादा पुरुषोत्तम श्री रामचंद्र जी महाराज के नाम से महर्षि दयानंद जैसी महान विभूति ने भी सम्मानित किया।

इसके विपरीत रावण ने अपने जीवन में अनेकों ऐसे कार्य किए जो ईश्वरीय आज्ञा के विपरीत थे, उसके बड़ों अर्थात् पूर्वजों के नाम और यश को कलंकित करने वाले थे, इसके साथ ही साथ वे यह भी प्रकट करते थे कि उसकी बुद्धि ईश्वर के नाम जप से पवित्र और शुद्ध बुद्धि नहीं है। राम अपने आदर्श मर्यादा पथ पर चलते हुए उस समय

देव संस्कृति के प्रतीक बने तो रावण अपने अहंकारी आचरण से उस समय असुर संस्कृति का प्रतीक बन गया।

रावण ने आर्यावर्त के राजाओं की उस परंपरा का तनिक भी निर्वाह नहीं किया जो लोक अनुमोदित संस्कारों पर आधारित थी। वह अहंकार के वशीभूत हो संपूर्ण मंडल को जीतने की अभिलाषा से प्रेरित होकर आगे बढ़ता रहा। परंतु लोगों के मौलिक अधिकारों का उसे तनिक भी ध्यान नहीं रहा।

कृष्ण दत्त ब्रह्मचारी जी ने अपने प्रवचनों में रावण के विशाल साम्राज्य का वर्णन करते हुए कहा है कि "बेटा! तुमने सुना होगा, रावण चारों वेदों का ज्ञाता और वैज्ञानिक था। परंतु उसके पश्चात भी उसे दैत्य और यवन की श्रेणी में चुना जाता है, और इसीलिए कि वह अक्षरों का बौद्धिक था। जो मानव संसार में अक्षरों का बौद्धिक होता है उस मानव का या वेद का उत्थान नहीं करता। वह तो एक प्रकार का पक्षी होता है और वह रटन्त विद्या को अपने में धारण करता है, और उससे यदि अपने मानवत्व को ऊंचा नहीं बनाता तो संसार में मानव नहीं कहलाता है। मुनिवरो! रावण का राष्ट्र कहां तक था?

इस आर्यावर्त में था। पातालपुरी में था। इंद्रपुरी में था, जिसको हम त्रिपुरी भी कहते हैं, जिसको भवनेति राज्य और चिरांगित राज्य कहते हैं। इन सभी राष्ट्रों में विस्तार से रावण का राज हो चुका था। राजनीतिज्ञ था। केवल नीति जानता था। परंतु इस नीति के साथ-साथ यदि धर्म होता तो रावण की पताका संसार में सबसे उच्च्च कहलाती। परंतु उसके राष्ट्र में नीति थी कि दूसरों का हनन करो और राज करो। रावण के पुत्र मेघनाथ ने इंद्र को विजय किया और त्रिपुरी के राष्ट्र का स्वामी बना। रावण के पुत्र अहिरावण ने सुरिखी नाम के राजा को नष्ट किया और वह पातालपुरी का स्वामी बना, और रावण के पुत्र नरांतक ने सनभूमित नाम के राजा को नष्ट किया और वहां अपना राज्य किया। जिसे सोमकेतु नाम का राष्ट्र कहते थे। और भी उनके संबंधी जैसे खर-दूषण इत्यादि थे। उनका राष्ट्र आर्यावर्त में भी प्रसार होता चला आ रहा था। राजा रावण के आततायीपन से यह संसार व्याकुल था। रावण के राष्ट्र में नीति थी, धर्म नहीं था। नीति भी क्या अधर्म की अनीति थी। यदि उसके साथ धर्म भी होता तो निश्चित था कि रावण की पताका सबसे ऊंची कहलाती।''

**सर्वत्र हाहाकार थी और त्राहिमाम था।**
**अन्यायी क्रूर दुष्ट रावण का ऐसा राज था।**

**पाप पूर्ण नीति का अवलंब उसे प्राप्त था।**
**धर्म के स्थान पर अधर्म में अनुरक्त था।।**

इस वर्णन से पता चलता है कि रावण उस समय एक बहुत बड़ा आततायी शासक बन चुका था। वह लोगों के मौलिक अधिकारों का हनन कर रहा था और संसार में उसके पापाचरण के कारण सर्वत्र 'त्राहिमाम' मच चुकी थी। रावण की अनीति और अधर्म के विनाश के लिए उस समय ऋषिमंडल बहुत अधिक चिंतित था। इन परिस्थितियों ने राम का निर्माण किया। जिनमें उस समय के सभी ऋषियों का आशीर्वाद और शुभकामनाएं उनके साथ थीं। रावण के अंत के लिए विश्व स्तर पर सभी सात्विक शक्तियां कार्य कर रही थीं। उन सबने प्रत्यक्ष वा अप्रत्यक्ष रूप से श्रीराम के उत्थान का स्वागत किया। क्योंकि उन्हें पता था कि श्रीराम का उत्थान ही रावण के पतन की कहानी लिखेगा। यही कारण था कि श्रीराम अपने वनवास के समय जिन-जिन ऋषियों से मिले, उनमें से अधिकांश ने उन्हें ऐसे अस्त्र-शस्त्रों का ज्ञान प्रदान किया जो आगे चलकर उन्हें रावण का अंत करने में सहायता करते।

रावण के आतंकवादी स्वरूप के संदर्भ में हमें यह ध्यान रखना चाहिए कि भारत की प्राचीन संस्कृति यह रही है कि जो व्यक्ति राजा के रूप में शक्तिसंपन्न होकर प्रजा पर आतंकपूर्ण शासन करे, उसका विनाश करना सबका सामूहिक उद्देश्य बन जाता है। भारत की संस्कृति की मान्यता है कि सभी लोग शांतिपूर्ण सह अस्तित्व में ही अपना आत्मिक, आध्यात्मिक, मानसिक और बौद्धिक विकास कर सकते हैं। इसलिए शांतिपूर्ण सहअस्तित्व की भावना को बलवती बनाए रखने के लिए सर्वत्र शांति व्याप्त हो- ऐसा प्रयास हमारी सामूहिक चेतना का विषय है। इसी दृष्टिकोण से प्रेरित होकर रामचंद्र जी की समकालीन सभी सात्विक शक्तियां उनके साथ आ चुकी थीं।

महर्षि वाल्मीकि का कथन है कि श्रीराम ने रावण के उस अत्याचार को नष्ट किया जिसके चलते संपूर्ण भूमंडल की प्रजा त्राहिमाम कर रही थी। कृष्ण दत्त ब्रह्मचारी जी ही हमें बताते हैं कि श्रीराम जब अपनी पताका को लेकर चले तो सबसे प्रथम निषाद के राज्य में जाकर उन्होंने अपनी संस्कृति का प्रसार किया।

मुनिवर देखो! बाली बहुत ऊंचा और वेद का पंडित था, परंतु क्या करें, वह भी संस्कृति से दूर चला गया था। अपने छोटे भ्राता की पत्नी को अपने गृह में प्रविष्ट कर लिया था। श्रीराम ने उन्हें नष्ट किया और अपनी ऊंची संस्कृति का प्रसार किया।'

रामचंद्र जी ने यहां पर यह नहीं देखा कि शक्ति संपन्न बाली को वह साथ लेकर अपनी सीता की खोज के अभियान में आगे बढ़ें। इसके विपरीत रामचंद्र जी ने बाली का वध किया और उसके स्थान पर सुग्रीव को राजा बनाया। ऐसा उन्होंने केवल इसलिए किया कि मर्यादा की स्थापना हो सके और पापाचारी व अत्याचारी बाली का वध होने से सात्विक शक्तियों को बल मिले। अपने प्राणान्त होने से पहले बाली ने स्वयं रामचंद्र जी से यह कहा था कि यदि तुम्हें अपनी पत्नी के खोज अभियान में सुग्रीव की सहायता लेनी थी तो उससे अधिक बलशाली तो मैं था, आपको मुझसे यह सहायता लेनी चाहिए थी।

मैंने आपका क्या बिगाड़ा था, जो आपने मेरा वध कर दिया? इस पर रामचंद्र जी ने बड़ा सधा हुआ मर्यादित उत्तर दिया था कि आततायियों का वध करना रघुवंशियों का प्रथम कर्तव्य है। तुम क्योंकि अपनी प्रजा का उत्पीड़न कर रहे थे, पापाचरण करते हुए दूसरों की नारियों का हरण कर रहे थे, इसलिए तुम्हारा वध करना मेरा कर्तव्य था। यदि रामचंद्र जी यहां पर सुग्रीव की उपेक्षा कर बाली की सहायता प्राप्त करते तो निश्चय ही वे स्वार्थी कहलाते। तब वह मर्यादा पुरुषोत्तम भी नहीं बन पाते।

रामचंद्र जी ने राक्षसों का संहार कर सात्विक वृत्ति के लोगों को राज्य करने का अवसर उपलब्ध कराया। यह केवल आर्य राजाओं की ही परंपरा रही है कि उन्होंने तुर्कों, मुगलों या अंग्रेजों की भांति राज्यों का विस्तार कर अपने लिए साम्राज्य स्थापित नहीं किए अपितु राक्षस वृत्ति के लोगों का संहार कर अच्छे लोगों को राजनीति में आने और जनसाधारण का कल्याण करने का उन्हें अवसर उपलब्ध कराया।

राजनीति में रहकर इतना बड़ा त्याग करना हर किसी के वश की बात नहीं है। आर्य राजाओं की वंश परंपरा में जन्मे रामचंद्र जी ही ऐसा कर सकते थे कि विशाल साम्राज्य की स्थापना करने के उपरांत भी अलग-अलग देशों के अलग-अलग राजा उन्होंने नियुक्त किए। वह भी अपने परिवार के न होकर जनसाधारण के बीच से नियुक्त किए गए।

रामचंद्र जी ने राक्षसों का सफाई अभियान चलाते हुए रावण के पुत्र नरांतक को नष्ट किया और वहां के सौमभाम नाम के राजा को राज्य दिया। जिसको सोमकेतु नाम का राज्य कहते थे। कृष्ण दत्त ब्रह्मचारी जी हमें बताते हैं कि पातालपुरी में अहिरावण को नष्ट कर हनुमान के पुत्र मकरध्वज को वहां का राज्य दिया और रावण को नष्ट

कर रावण के भ्राता विभीषण को वहां का राष्ट्र दे करके उसके पश्चात वह अपनी अयोध्यापुरी में आ पहुंचे। उच्चारण करने का अभिप्राय है कि मेघनाथ आदि सब को नष्ट किया।

## पुरातन काल के राष्ट्रों के आधुनिक नाम

पूज्य महानंद जी, भगवन! जिसको आपने अभी-अभी पातालपुरी कहा था वहां रावण पुत्र अहिरावण राज्य करते थे, उसे आधुनिक काल में अमेरिका कहते हैं और जिसको आपने सोमभूम नाम से पुकारा, सोमकेतु राष्ट्र जो त्रेता काल में था उसे रूस कहते हैं। जिसको आपने इंद्रपुरी कहा और जिसको रावण के पुत्र ने विजय किया। पुरातन काल में त्रिपुरी कहते थे और आधुनिक काल में उसका अपभ्रंश होकर तिब्बत हो गया है।

**जिसको आपने चिरंगित नाम का राष्ट्र निर्णय कराया उसे आधुनिक काल में चीन कहकर पुकारा जाता है।**

तो भगवान यह मैंने आपसे आधुनिक काल के नामों का कुछ प्रतिपादन किया।"

( यौगिक प्रवचन माला भाग – 1 से साभार,)

यदि हम आधुनिक इतिहास में ब्रिटिश साम्राज्य और रावण के साम्राज्य की तुलना करें तो रावण का अत्याचारी शासन अंग्रेजों से भी अधिक बड़े भूभाग पर फैला हुआ था। अमेरिका, चीन, रूस जैसे महादेशों पर उसके शासन के होने से पता चलता है कि अंग्रेजों की भांति उसके राज्य में भी सूर्य कभी अस्त नहीं होता था। इतने बड़े विशाल साम्राज्य को पाकर रावण अहंकारी हो गया था। यद्यपि रावण का शाब्दिक अर्थ 'दया करने वाला' होता है परंतु व्यवहार में रावण अत्यंत निर्दयी हो गया था। जिससे वह लोगों के मौलिक अधिकारों का हनन कर रहा था। इतना ही नहीं वह ऋषियों के सात्विक यज्ञीय कार्यों में भी विघ्न डालता था। जिससे उस समय न केवल जनसाधारण अपितु बुद्धिजीवी ऋषि मंडल भी उसके विरोध में हो गया था। वे सभी उसके आतंकपूर्ण शासन से भयभीत रहने लगे थे।

एक छोटे से अयोध्या नाम के राज्य से निकला राजकुमार इतने बड़े आतंकी साम्राज्य के विनाश का कारण बना। जैसे ही उसने यह समझा कि सारा भूमंडल इस समय रावण नाम के राक्षस राजा की अतुलनीय निर्दयता से उत्पीड़ित है, वैसे ही वह उस राक्षस राजा का अंत करने के लिए कटिबद्ध हो गया।

आज के इतिहास को देश की युवा पीढ़ी को यह बताना चाहिए कि हमने प्राचीन

काल से तुर्क, मुगल और ब्रिटिश साम्राज्य के क्रूर शासकों के पूर्ववर्तियों से लड़ना सीखा है। हमने संसार को आजादी का सबसे पहला पाठ पढ़ाया है। उसके लिए कैसे लड़ा जाता है?- कैसे राक्षस शक्तियों का अंत किया जाता है?- यह केवल हमने संसार को सिखाया है। इसी रूप में रामचंद्र जी का वर्णन होना चाहिए।

रामचंद्र जी ने उस समय के ऋषि मंडल के सहयोग से कितनी गुप्त और महान योजना पर कार्य किया? जिससे रावण जैसे आतंकी का विशाल साम्राज्य उखाड़ने में वह सफल हुए। इतिहास का यह कौतूहल बच्चों के दिमाग में आना चाहिए। यदि इस कौतूहल से पर्दा हट सका और हमारी आज की युवा पीढ़ी को यह समझ में आ सका कि रामचंद्र जी ने अपने समय में सशस्त्र क्रांति करते हुए अनेकों राक्षसों का संहार किया था तो आज के इतिहास की उस भ्रांति का भी निवारण हो जाएगा जिसके चलते एक ऐसे व्यक्ति को अनावश्यक ही 'राष्ट्रपिता' कहा जाता है जिसने कभी भी कोई सशस्त्र क्रांति नहीं की और दूसरों की सशस्त्र क्रांति का फल वह अपने सिर लेकर इस पद पर आसीन हो गया। तब हमको यह भी पता चल जाएगा कि वास्तविक राष्ट्रपिता हमारा कौन है? मर्यादा पुरुषोत्तम श्रीराम या फिर गांधी?

इस संदर्भ में हमें यह भी समझ लेना चाहिए कि रामचंद्र जी महाराज ने कभी भी किसी राक्षस के सामने हथियार नहीं डाले और ना ही यह उद्घोष किया कि आप मेरे एक गाल पर चांटा मारते हो तो मैं दूसरा भी आपके सामने कर दूंगा। ना ही उन्होंने ब्रह्मचर्य के प्रयोग के नाम पर अपनी वासना की भूख मिटाने के लिए अनेकों नारियों का यौन शोषण किया बल्कि ऐसा करने वाले रावण और उसके साथियों का अंत करने के लिए कटिबद्ध हो गए। ना ही उन्होंने देश के विभाजन के लिए किसी प्रकार की हठधर्मिता को अपनाया। रामचंद्र जी महाराज ने विदेशी शक्तियों को सम्मान की दृष्टि से देखने का भी प्रयास नहीं किया। उनकी दृष्टि में केवल एक ही बात थी कि मर्यादाओं की स्थापना हो और राक्षस राज्य का विनाश हो।

निश्चय ही रामचंद्र जी महाराज का आदर्श जीवन राष्ट्रीय संदर्भ में आज की सरकारों के लिए भी अनुकरणीय हो सकता है। यदि रामचंद्र जी के आदर्श जीवन से प्रेरणा लेकर आज की सरकारें काम करें तो भारतीय राष्ट्रवाद और राष्ट्रीयता को मजबूत करने में अतीव सफलता मिल सकती है।

हमें यह आशा करनी चाहिए कि आने वाला समय भारत का समय है। भारत अपने अतीत के साथ खड़ा होना चाहता है और उसकी पवित्र और गौरवमयी

परंपराओं और स्मृतियों को अपने लिए आदर्श बनाकर चलने के लिए कटिबद्ध है। भारत श्रेष्ठ था, है और सदैव रहेगा। इसमें दो मत नहीं हैं। 'भारत भारती' में मैथिलीशरण गुप्त जी ने भारत के इसी स्वरूप का बहुत सुंदर शब्दों में वर्णन किया है :-

**"भूलोक का गौरव प्रकृति का पुण्य लीला स्थल कहां?**
**फैला मनोहर गिरि हिमालय और गंगा जल कहां?**
**संपूर्ण देशों से अधिक किस देश का उत्कर्ष है?**
**उसका कि जो ऋषि भूमि है, वह कौन, भारतवर्ष है।"**

अध्याय - 2

# शासक का कठोर होना जरूरी

किसी शायर ने क्या खूब कहा है :-

**कमजोर लोग ही शिकवा और शिकायत करते हैं।**
**महान लोग तो हमेशा कर्म की वकालत करते हैं।।**

हमारे राष्ट्रनायक रामचंद्र जी महाराज के यहां शिकवा-शिकायत की कोई गुंजाइश नहीं थी। क्योंकि वह इतिहास निर्माण करने की किसी भी चुनौती से बचकर निकलने वाले नहीं थे। वह चुनौतियों से खेलने में विश्वास रखते थे और चुनौतियों के परिणामों को भी अपने अनुकूल लाने का उत्कृष्ट पराक्रम रखते थे।

मिस्टर डेलमार महोदय ने भारत के विषय में लिखा है कि- "पश्चिमी संसार को जिन बातों पर गर्व है, वे वास्तव में भारतवर्ष से ही वहां गई हैं और तो और तरह-तरह के फल और फूल वाले पेड़-पौधे जो इस समय यूरोप में पैदा होते हैं, हिंदुस्तान से ही वहां लाकर लगाए गए थे। मलमल, रेशम, घोड़े, टीन इनके साथ-साथ लोहे और शीशे का प्रचार भी यूरोप में भारत से ही हुआ। ज्योतिष, वैद्यक, अंकगणित चित्रकारी और कानून भी भारत ने ही यूरोप को सिखलाया।"

अब प्रश्न यह हो सकता है कि भारत ने अपनी इस दिव्य-भव्य और चित्ताकर्षक छवि का निर्माण कैसे किया? यदि इस प्रश्न पर विचार किया जाए तो पता चलता है कि हमारे पूर्वजों ने सांस्कृतिक मूल्यों के प्रति समर्पण का भाव दिखाकर और धार्मिक संस्कारों को अपने व्यवहार आचरण से प्रकट कर भारत की इस छवि का निर्माण किया। भारत के इस मौलिक संकल्प को रामचंद्र जी ने भी अपने जीवन में धारण किया था। जिससे वह मर्यादा पुरुषोत्तम कहलाए।

रामचंद्र जी महाराज ने अपने जीवन में अनेकों राक्षसों का संहार किया। महर्षि वाल्मीकि कृत रामायण के 'अरण्यकाण्ड' के आधार पर हम अपनी इस लेखमाला को यहां प्रस्तुत कर रहे हैं।

अपने ऋषि पूर्वजों के विषय में हमें यह बात ध्यान रखनी चाहिए कि उनका संपूर्ण जीवन लोक-व्यवस्था को बनाए रखने और लोक-परलोक की गति को सुमधुर संगीतमय बनाने के लिए हुआ करता था। लोक में अशांति उत्पन्न हो, यह उन्हें स्वीकार नहीं था। क्योंकि उनका जीवन शांति के लिए समर्पित था। यही कारण था कि उन्हें ऐसे राजाओं की अपेक्षा रहती थी जो लोक शांति में विश्वास रखते हों। लोक शांति का अभिप्राय ऐसी व्यवस्था से है जिसमें प्रत्येक व्यक्ति को राजनीतिक, आर्थिक और सामाजिक न्याय की प्राप्ति हो। उसके अधिकारों का अतिक्रमण करने वाला कोई ना हो।

ऐसी परिस्थितियों में यदि श्री रामचंद्र जी महाराज के जीवन चरित्र को प्रकट करने वाले 'रामायण' नामक ग्रंथ को वाल्मीकि जी ने लिखा या प्रस्तुत किया तो इसका अभिप्राय है कि श्री रामचंद्र जी के भीतर वे सभी गुण विराजमान थे, जो एक न्यायशील राजा में होने चाहिए।

ऋषि लोग किसी पाखंडी, ढोंगी, अन्यायी, क्रूर, निर्दयी शासक को या पात्र अपने चिंतन का विषय नहीं बना सकते थे। रामचंद्र जी महाराज पर यदि वाल्मीकि जी की लेखनी उठी तो समझना चाहिए कि यह अपने आप में बहुत महत्त्वपूर्ण घटना थी और वाल्मीकि जी को भी अपनी काव्यमय रचना के लिए श्री रामचंद्र जी जैसा योग्य शासक मिला तो यह भी अपने आप में कम महत्त्वपूर्ण नहीं था।

साकेत में मैथिलीशरण गुप्त जी ने श्री राम के जन्म हेतु कहा है :-

**" किस लिए यह खेल प्रभु ने है किया?**<br>
**मनुज बनकर मानवी का पय पिया।**<br>
**भक्तवत्सलता इसी का नाम है**<br>
**और वह लोकेश लीला धाम है।।"**

रामायण के प्रथम सर्ग में 'दंडकारण्य' में ऋषियों के आश्रम में जब श्रीराम पहुंचे तो वहां के मनोरम दृश्यों को देखकर अति प्रसन्नचित्त हुए। वास्तव में दंडकारण्य में श्रीराम का अपने भाई लक्ष्मण और भार्या सीता के साथ पहुंचना भविष्य की अनेकों घटनाओं की आधारशिला रख रहा था। हमें नहीं पता कि श्रीराम उन घटनाओं से पहले से ही परिचित थे या नहीं परंतु इतना तो कहा जा सकता है कि श्रीराम ने आती हुई घटनाओं को लौटाने का प्रयास नहीं किया, बल्कि उनका स्वागत किया।

उनका जीवन एक तपस्वी का जीवन था। पहली घटना के पश्चात जैसे एक तपस्वी साधक अगली घटना का अनुमान लगा लेता है कि अब आगे भविष्य में यह घटने वाला है?- वैसे ही श्रीराम भी एक घटना के पश्चात दूसरी घटना का अनुमान लगा लेते थे। कई अवसर ऐसे आए जब उन्हें पहली घटना के घटित होने के पश्चात स्थान को छोड़ने का अवसर उपलब्ध हुआ, परंतु उन्होंने ऐसा नहीं किया, क्योंकि श्रीराम पलायनवादी नहीं थे।

महर्षि वाल्मीकि ने दंडकारण्य के आश्रमों का वर्णन करते हुए लिखा है कि- "ये आश्रम प्राणिमात्र के लिए आश्रय स्थल थे। इनके आंगन सदा स्वच्छ रहते थे। ये आश्रम मृगों से भरपूर और पक्षी समूहों से भी व्याप्त थे। इन आश्रमों में यज्ञ के लिए समिधाएं, जल से भरे कलश और कंदमूल फल रखे थे। वे आश्रम उत्तम और स्वादिष्ट फल वाले जंगली महावृक्षों से व्याप्त थे। इन आश्रमों में नित्य बलिवैश्वदेव यज्ञ और पवित्र वेदध्वनि हुआ करती थी। यत्र-तत्र बिखरे हुए पुष्पों से और कमल पुष्पों से युक्त सरोवर से यह आश्रम सुशोभित थे। तपस्वी ऋषियों के आश्रममंडल को देखकर वहां तेजस्वी श्री राम ने अपने धनुष का चिल्ला उतारा और आश्रमों की ओर देखा।"

महर्षि वाल्मीकि ने इन आश्रमों का बड़ा सजीव चित्रण किया है। ऐसे लगता है कि जैसे हम उनके साथ आश्रमों को ही देख रहे हैं। वास्तव में कवि होता भी वही है जो पाठक को अपनी दिव्य दृष्टि से वस्तु, स्थिति और स्थान का साक्षात दर्शन कराने में सफल होता है। ऋषिमंडल ने जब श्रीराम, लक्ष्मण और सीता को अपनी ओर आते हुए देखा तो वह हर्षातिरेक से उनका स्वागत करने के लिए आगे बढ़े और उन्हें ले जाकर अपनी पर्णशाला में बैठाया। उनका सम्मान करते हुए ऋषियों ने विधिपूर्वक सत्कार कर, उन्हें हाथ-पैर धोने के लिए जल लाकर दिया। कंद-मूल, फल-फूल उनकी सेवा में अर्पण किए। ऋषियों ने कहा कि "हे राम! आप वर्णाश्रम-धर्म के पालक, शरणागत वत्सल और महायशस्वी हैं। आप पूजनीय हैं, मान्य हैं, गुरु हैं और दंडधारी राजा हैं। आप चाहे नगर में रहें या वन में, हमारे राजा तो आप ही हैं। हे राजन! हम लोगों ने दण्ड देना छोड़ रखा है। क्रोध को त्यागकर इंद्रियों को जीता हुआ है। तप ही हमारा एकमात्र धन है। जैसे माता गर्भ की रक्षा करती है, उसी प्रकार आपको गर्भ के समान अपनी प्रजा की सदा रक्षा करनी चाहिए।"

महर्षि वाल्मीकि जी के इस प्रकार के वर्णन से पता चलता है कि 'दंडकारण्य' में

प्रवेश करने पर ऋषियों ने रामचंद्र जी का एक राजा के रूप में स्वागत-सत्कार किया और स्पष्ट घोषणा की कि उनके राजा श्रीराम ही हैं। इसका प्रतिवाद रामचंद्र जी ने नहीं किया। जिससे स्पष्ट होता है कि वह स्वयं भी राजधर्म के पालन के प्रति कटिबद्ध थे। यद्यपि अयोध्या का शासक उन्होंने अपने भाई भरत को बना दिया था, परंतु वह जिस विशिष्ट उद्देश्य को लेकर अर्थात् राक्षस संवर्ग का संकल्प लेकर वनों में पहुंचे थे, उसके लिए वह राजधर्म का निर्वाह करने के लिए ही तत्पर थे। वह ऋषियों की भांति वनों में रहकर भी केवल ऋषि बनकर अर्थात् ईश्वर भजन यज्ञ-याग आदि करने तक अपने आपको सीमित करना नहीं चाहते थे। ऋषि मंडल या कहें कि सज्जन प्रवृत्ति के लोगों का भला हो- यह उनके जीवन का उद्देश्य था। इसीलिए वह ऋषियों के द्वारा अपने आपको राजा कहे जाने पर मौन रहे।

महर्षि वाल्मीकि जी के वर्णन से कुछ ऐसा लगता है कि जैसे श्री राम राजा के रूप में स्वयं ही वन में आकर ऋषियों के साथ इसलिए रहने लगे कि वे उन्हें राक्षसों से संरक्षा और सुरक्षा देना चाहते थे। लगता है, राम स्वयं ऋषियों को राक्षसों से मिलने वाली चुनौती से चिंतित थे। वह इस बात से भी चिंतित रहते थे कि उनके महायशस्वी पूर्वजों का साम्राज्य सिमटकर बहुत छोटे से क्षेत्र में रह गया है, जबकि राक्षस संस्कृति बढ़ते-बढ़ते आर्यावर्त और संपूर्ण भूमंडल के देशों को निगल रही है। ऋषियों की सुरक्षा कैसे हो और राक्षसों का संहार कैसे हो- इन दोनों बातों पर श्रीराम निश्चय ही गंभीर चिंतन करते रहे होंगे। यही कारण था कि जब वे ऋषि लोगों के बीच पहुंचे तो उन्हें उनके द्वारा स्वयं को 'राजा' कहने पर किसी प्रकार की आपत्ति नहीं हुई। यद्यपि वह राज पद को छोड़कर एक सामान्य नागरिक की भांति जंगल में आए थे। श्रीराम भली प्रकार यह जानते थे कि चाहे वे जंगलों में एक सामान्य जन की भांति आए हों, परंतु ऋषि लोग उन्हें दशरथ पुत्र राम के रूप में ही जानते हैं और उनसे स्वाभाविक रूप से यह अपेक्षा करते हैं कि वह उन्हें यहां पर राक्षसों से सुरक्षा प्रदान करेंगे। जिसके लिए श्रीराम स्वयं को राजा कहलवायें तो कोई गलत नहीं होगा।

दूसरी बात इस वर्णन में यह आई है कि ऋषियों ने जब दंड देना छोड़ दिया और क्रोध को जीतकर शांत होकर ईश्वर भजन में मग्न रहने लगे तो राक्षसी वृत्तियों में वृद्धि हो गई। ऋषियों ने रामचंद्र जी के समक्ष यह स्वीकार किया कि उन्होंने क्रोध को जीत लिया है, जिससे राक्षस वृत्तियां प्रबल हो गई हैं जो उनके यज्ञ आदि कार्यों में विघ्न

डालती हैं। आपको इन राक्षस वृत्तियों का संहार करना चाहिए। जिससे हमारे यज्ञ आदि पवित्र कार्य सफल हो सकें।

वर्तमान संदर्भ में हमें यह समझना चाहिए कि जब शासन में बैठे लोग आतंकवादियों के समक्ष हथियार डाल देते हैं या क्रोध को शांत कर बैठ जाते हैं तो आतंकवादी जन सामान्य का रहना मुश्किल कर देते हैं। जिसके लिए आवश्यक यही है कि शासन में बैठे लोगों को उनका विरोध, उनका संहार करके करना चाहिए। रामराज्य की कल्पना को साकार करने वाले गांधीजी ने भारत के स्वतंत्र होने के उपरांत 'रामराज्य' की स्थापना का संकल्प तो लिया पर वे यह भूल गए कि इस संकल्प के लिए सबसे आवश्यक बात यही है कि राक्षस अर्थात् राष्ट्र की मुख्यधारा को किसी भी प्रकार से दूषित व प्रदूषित करने वाले लोगों के विरुद्ध कठोर कार्यवाही अर्थात् उनका संहार करना शासन का प्रमुख उद्देश्य होगा। यह बहुत ही बेतुकी बात है कि महात्मा गांधी जी स्वतंत्र भारत में रामराज्य की कल्पना तो करते थे पर रामचंद्र जी के अहिंसा की रक्षार्थ हिंसा करने के आदर्श को नहीं मानते थे। गांधी जी का यह अधकचरापन हीं उनके गांधीवाद की वह कमजोरी बना जो उनके बाद की कांग्रेसी सरकारों के गले की फांस बन गया। जाने अनजाने कांग्रेसी सरकारें आतंकवादियों का या तो पक्ष पोषण करने लगी या उनके सामने हथियार डाल कर मोहन खड़ी हो गईं। उन्होंने राम के उस आदर्श को स्वीकार नहीं किया, जिसके अंतर्गत राक्षसों का संहार करना राजा का सर्वोपरि कर्तव्य होता है।

श्रीराम के समय के महात्मा ऋषि भी यही संकेत दे रहे थे कि शासन निरे महत्मापन से नहीं चलता बल्कि उसके लिए सात्विक क्रोध का होना भी आवश्यक है। इसलिए आप ऋषि सन्तापक दुष्टों का संहार करने के लिए खड़े हो जाओ। जबकि आज के तथाकथित राष्ट्रपिता ने इस दिशा में हमें सोचने से भी रोक दिया।

उनका हमें इस प्रकार रोकना ही आज के भारत की अनेकों समस्याओं का मूल कारण बना। यदि आज के तथाकथित राष्ट्रपिता ने भी अपने शिष्यों को पहले दिन से ही यह शिक्षा दी होती कि दुष्टों का संहार करना है और देश की सज्जन शक्ति का कल्याण करना है तो देश एक दबंग राष्ट्र के रूप में विश्व मान्यता प्राप्त कर चुका होता।

हमें श्रीराम के विषय में यह समझ लेना चाहिए कि वह भारत के गौरव हैं और भारत की चेतना के कण-कण में समाए हुए हैं। इसीलिए भारत के लोगों ने उन्हें संसार

के सर्वोच्च नागरिक सम्मान अर्थात् 'लोक के भगवान' के रूप में अपनी स्वीकृति प्रदान की है। किसी कवि ने कितना सुंदर कहा है :-

**राम सांस सांस में समाए हुए हैं,**
**भारत की आत्मा में छाए हुए हैं,**
**संकटों में खूब आजमाए हुए हैं,**
**राम जी देश को बचाए हुए हैं,**
**सुबह का नहीं है जो वो शाम का नहीं।**
**राम का नहीं वो किसी काम का नहीं।।**

ऋषियों का आतिथ्य स्वीकार कर श्रीराम ने वहीं पर रात्रि निवास किया। अगले दिन सूर्योदय होने पर वे आश्रम के सभी मुनियों से आज्ञा लेकर गहन वन में प्रविष्ट हुए। अनेकों हिंसक पशुओं से परिपूर्ण उस वन के मध्य में पहुंचकर श्रीराम ने विशालकाय, नरमांसभक्षी और महाशब्द करने वाले एक राक्षस को देखा। वह राक्षस श्रीराम, लक्ष्मण और सीता पर टूट पड़ा। उसने सीता को उठाकर अपनी गोद में बैठा लिया। तब उसने श्रीराम और लक्ष्मण को ललकारते हुए कहा कि तुम जटा- चीर-धारी हो, परंतु स्त्री को साथ लिए घूमते हो। तपस्वियों के वेश में होकर भी तुम स्त्री के साथ क्यों वास करते हो? अधर्म-आचरण करने वाले तथा मुनि समाज को दूषित करने वाले पापी तुम दोनों कौन हो? उस राक्षस ने कहा कि मैं विराध नाम का राक्षस हूं। इस वन में शस्त्र लिए मुनियों का मांस खाता हुआ नित्य घूमा करता हूं। यह सुंदरी नारी अब मेरी पत्नी होगी। संग्राम में मैं तुम दोनों महापापियों का वध कर दूंगा।

उस राक्षस के इस प्रकार के आचरण को देखकर रामचंद्र जी अत्यंत कुपित हो गए। वह कुछ दु:खी से होकर लक्ष्मण से बोले कि -"महाराज जनक की पुत्री शुभाचरण वाली मेरी पत्नी को विराध ने किस प्रकार अपनी बगल में दबोच रखा है? सीता के एक राक्षस द्वारा स्पर्श होने से आज मुझे जितना दु:ख हुआ है, इतना दु:ख मुझे पिता की मृत्यु और राज्य के जाने से भी नहीं हुआ था।" तब लक्ष्मण ने कहा कि- 'हे राम! इंद्र के समान सब प्राणियों के स्वामी होकर और मेरे जैसे सेवक के साथ रहते हुए आप अनाथों की भांति संतप्त क्यों हो रहे हो?"

इसके पश्चात लक्ष्मण ने मुस्कुराते हुए उस राक्षस से पूछा कि तुम कौन हो? जो इस प्रकार का स्वेच्छाचारी आचरण करते हुए इस वन में घूमा करते हो। इस पर

विराध ने कहा कि मैं जय का पुत्र हूं और मेरी माता का नाम शतह्रदा है। इस पृथ्वी के सब राक्षस मुझे विराध के नाम से पुकारते हैं। मेरे साथ युद्ध करके विजय प्राप्त करने की अभिलाषा छोड़ दो और सीता को यहीं छोड़कर जिधर से आए हो उधर ही भाग जाओ। यदि आप ऐसा करते हैं तो मैं तुम्हारे प्राण नहीं लूंगा।

राक्षस की ऐसी बातों को सुनकर रामचंद्र जी ने उसे धिक्कारा और कहा कि तेरी ऐसी बातों से मुझे यह निश्चय हो गया है कि तू स्वयं ही अपनी मृत्यु की खोज कर रहा है। तू आज जीता नहीं बचेगा। इसके पश्चात रामचंद्र जी ने उस राक्षस पर अपना तीर चला दिया। बाणों से बिंधा होकर वह राक्षस सीता को छोड़ क्रोध में भरकर त्रिशूल हाथ में ले श्री राम और उनके भाई लक्ष्मण की ओर दौड़ा। वह त्रिशूल से दोनों भाइयों का अंत कर देना चाहता था। पर रामचंद्र जी ने उसके त्रिशूल को भी अपने बाणों से काट दिया। जब उसका त्रिशूल कट गया तब श्रीराम और लक्ष्मण काले सर्प के समान अपनी-अपनी तलवारों को लेकर शीघ्र ही उस राक्षस के पास पहुंचे और उस पर बहुत भारी प्रहार किया। वह राक्षस तलवारों के आघात से अत्यंत पीड़ित हुआ। इसके उपरांत भी उसने श्रीराम और लक्ष्मण को अपनी भुजाओं में भर लिया और उठाकर लेकर चल दिया।

**दुस्साहस किया विराध ने भूल स्वयं का काल।**
**भिड़ गया ऐसे वीर से, जो था काल का काल।।**

राक्षस के ऐसे कृत्य को देखकर सीता जी भयभीत हो गईं। उन्होंने कहा कि मुझे यहां पर शेर, चीते, भेड़िए खा जाएंगे। हे राक्षसोत्तम! मैं तुझे नमस्ते करती हूं। तू इन राजकुमारों को छोड़ दे और इनके बदले मुझे हर ले। वाल्मीकि रामायण में आए इस 'नमस्ते' शब्द से पता चलता है कि हमारा राष्ट्रीय अभिवादन प्रारंभ से ही नमस्ते रहा है।

सीता जी के इस प्रकार के वचनों को सुनकर श्री रामचंद्र जी और लक्ष्मण दोनों ही उस राक्षस का वध करने के लिए उतावले हो गए। उस राक्षस की बाईं भुजा को लक्ष्मण ने और दाईं भुजा को श्री राम ने पकड़ कर तोड़ दिया। जब राक्षस की दोनों भुजाएं टूट गई तो वह भयभीत हुआ मूर्छित होकर भूमि पर गिर पड़ा।

रामचंद्र जी और लक्ष्मण राक्षस को आज यमलोक पहुंचा देना चाहते थे इसलिए वे दोनों भाई उस राक्षस को लात घूसों से मारते-ठुकराते उठा-उठाकर भूमि पर पटकते हुए उसका वध करने का प्रयास करने लगे।

उसे रामचंद्र जी और लक्ष्मण दोनों मिलकर बार-बार धरती पर पटक रहे थे। पर वह मारा नहीं जा रहा था। तब रामचंद्र जी ने लक्ष्मण से कहा कि यह राक्षस शस्त्र से नहीं मारा जा सकता। इसलिए इसे भूमि में गाड़ दिया जाना चाहिए। रामचंद्र जी ने लक्ष्मण को आदेश दिया कि एक गड्ढा खोदो। जिसमें इस राक्षस को गाड़ दिया जाएगा। तब लक्ष्मण जी ने कुदाल लेकर उस विराध राक्षस के पास ही एक लंबा चौड़ा गड्ढा खोद डाला। इसके बाद दोनों भाइयों ने गड्ढे में उस राक्षस को डाल दिया।

जब रामचंद्र जी वनवास गए तो उनके वनवासी जीवन में किसी राक्षस को मारने की यह पहली घटना थी। राक्षस के अशोभनीय कृत्य से उन्हें यह आभास हुआ कि ये लोग जनसामान्य के साथ कैसा व्यवहार करते होंगे और राज्य के प्रजाजन इनके अत्याचारों से कितने भयभीत और आतंकित रहते होंगे? उसके बाद रामचंद्र जी अपने भाई लक्ष्मण और पत्नी सीता के साथ महाभयंकर वन को छोड़ कर आगे बढ़ लिए। उन्होंने अपने भाई लक्ष्मण से कहा कि अब हमें शरभंग ऋषि के आश्रम में चलना चाहिए। जिस समय रामचंद्र जी अपने भाई लक्ष्मण और पत्नी सीताजी के साथ शरभंग के आश्रम में पहुंचे, उस समय वहां पर यज्ञ हो रहा था। यज्ञ के उपरांत रामचंद्र जी ने ऋषि से अपने लिए कोई सुरक्षित स्थान पूछा। इस पर ऋषि ने कहा कि सुतीक्ष्ण नाम के ऋषि के पास आप चले जाओ, वह आपको सुरक्षित स्थान प्रदान कर देंगे।

ऋषि शरभंग ने उन तीनों को महर्षि सुतीक्ष्ण के यहां जाने का मार्ग भी दिखा दिया।

परंतु इसी समय ऋषि शरभंग ने एक आश्चर्यजनक घटना को अंजाम दे दिया। उन्होंने रामचंद्र जी से कहा कि आप तीनों तब तक यहां रुको जब तक मैं अपने शरीर को सांप की केचुली की भांति छोड़ न दूँ। इसके बाद ऋषि ने अग्नि प्रज्वलित करके मंत्र पूर्वक घृत के द्वारा विशाल यज्ञ किया। फिर उस जलती हुई अग्नि में कूद गए। जिससे उनका देह कुछ ही देर में पंचतत्व में विलीन हो गया।

इस घटना को देखकर दोनों भाई और सीता जी आश्चर्यचकित रह गये। उसके पश्चात नई घटना ने जन्म लिया। जिसने रामचंद्र जी को राक्षस संहार के प्रति और भी अधिक समर्पित कर दिया।

अध्याय - 3

# वनवास में भी पुरुषार्थ करते रहो

भारत के विषय में मुसलमान लेखक वस्साफ ने अपने ग्रंथ "तारीख-ए-वस्साफ" में बहुत सुंदर कहा है - "सभी इतिहासवेत्ता यह मानते हैं कि भारतवर्ष भूमंडल का एक अति रमणीय और चित्ताकर्षक देश है। इसकी पावन पुनीत मिट्टी के रजकण वायु से भी अधिक हल्के और पवित्र हैं। इसकी वायु की पवित्रता स्वयं पवित्रता से भी अधिक पवित्र है। जिसके हृदयहारी मैदान स्वर्ग की स्मृति को जगाने वाले हैं। यदि मैं दावा करूं कि स्वर्ग भारत में ही है तो तू आश्चर्य मत कर। क्योंकि स्वयं स्वर्ग भी भारत की समानता नहीं कर सकता।"

भारत ने अपनी पवित्रता को अपनी दीर्घकालिक साधना से प्राप्त किया। इसकी साधना में कोई रागद्वेष का भाव नहीं था। इसने मानवता को ऊंचा उठाने, ऊँचा सोचने और ऊंचा बनने का दिव्य संकल्प दिलाया। जिससे धरती स्वर्ग बने। धरती के रहने वाले लोग देवता बनें और धरती का परिवेश दिव्य बने। भारत के इस दीर्घकालिक सांस्कृतिक पुरुषार्थ में श्रीराम का विशेष योगदान है।

## राक्षस मुक्त हो धरती

विराध नाम के राक्षस को मारकर रामचंद्र जी को यह बात समझ आ गई कि उन्हें अब राक्षसों से धरती को मुक्त करने की तैयारी करनी चाहिए। उस समय की परिस्थितियां और राक्षसों का बढ़ता आतंक देखकर वह अत्यंत व्याकुल हो गए थे। भारत ऋषि और कृषि का देश है। ऋषि और कृषि तभी सुरक्षित रह सकते हैं जब राष्ट्र में शांति व्यवस्था हो। जब ऋषि और कृषि सुरक्षित रहेंगे तो देश में आर्थिक संपन्नता आएगी। साथ ही धर्म की वृद्धि होने से लोगों का सामाजिक, राष्ट्रीय और वैश्विक जीवन सुख और शांति से संपन्न होगा। अतः ऋषि और कृषि की रक्षा के लिए शस्त्र से राक्षसों का संहार किया जाना आवश्यक है।

ऋषियों की स्थिति उस समय बहुत ही दयनीय हो चुकी थी। उन्हें राक्षस लोगों से सर्वत्र खतरा बना रहता था। क्योंकि उनके यज्ञ आदि शुभ कार्य भी राक्षसों के आतंक के कारण समय से और सही प्रकार से संपन्न नहीं हो पा रहे थे। ऋषियों की ऐसी स्थिति देख कर श्रीराम बहुत दु:खी हुए। क्योंकि वे लोग अपने जप, तप, यज्ञ और भजन आदि के कार्यों को भी शांतिपूर्वक नहीं कर पाते थे। राक्षस लोग उन्हें भांति- भांति से दु:खी किया करते थे।

## वनवासी तपस्वियों की याचना

जब शरभंग ऋषि दिवंगत हुए तो उसके पश्चात 'दंडकारण्यवन' में रहने वाले अनेकों तपस्वी एकत्र हुए और अपने जीवन की रक्षा के लिए उन्होंने श्रीराम के पास प्रस्थान करने का निर्णय लिया। उन्हें यह पूरा विश्वास हो गया था कि उनके प्राणों की और यज्ञ आदि की रक्षा श्रीराम के द्वारा ही संभव है। अतः वे सब एकत्र होकर अग्नि के समान महातेजस्वी श्रीराम के पास आ पहुंचे। उन्होंने रामचंद्र जी से अनुनय-विनय करते हुए कहा कि जैसे देवताओं के राजा इंद्र हैं, उसी प्रकार आप इक्ष्वाकु वंश में प्रधान और पृथ्वी के स्वामी हैं।

उस ऋषिमंडल ने कहा कि आपकी प्रजावत्सलता व धर्मज्ञता हम सबके लिए बहुत ही आनंददायक है। आपके प्रजावत्सल और धर्मज्ञ होने के कारण हम आपके पास याचक बनकर आए हैं और आपसे कुछ कहना चाहते हैं।

ऋषि मंडल के लोगों ने रामचंद्र जी से याचना के स्वर में कहा कि - "राजन! वह राजा महान पाप का भागी होता है जो अपनी प्रजा से आय का छठा भाग कर के रूप में ले लेता है, परंतु अपनी प्रजा का पुत्रवत पालन नहीं करता।"

यहाँ ऋषियों का संकेत है कि राजा यदि अपनी प्रजा से आय का छठा भाग लेता है तो उसे प्रजा का पुत्रवत पालन भी करना चाहिए। क्योंकि प्रजा ने अपने राजा को चुना ही इसलिए है कि वह संकट की हर घड़ी में हमारी रक्षा करेगा। यदि राजा अपनी प्रजा की रक्षा करने के इस महान कार्य में प्रमाद बरतता है या उसमें किसी भी प्रकार से अक्षम सिद्ध होता है तो वह राजा रहने के योग्य नहीं है। प्रजा से कर वसूल करने का अभिप्राय यह नहीं है कि राजा प्रजा के उस धन से स्वयं ऐश्वर्य की जिंदगी जिए और प्रजा को नारकीय जीवन जीने के लिए विवश कर दे। उससे अपेक्षा की जाती है कि वह प्रजा से वसूल किए गए धन से शांति व्यवस्था बनाए रखने की और नागरिकों की सुख-समृद्धि की हर प्रकार की व्यवस्था करेगा।

ऋषियों ने अपनी व्यथा कथा सुनाते हुए श्री राम से आगे कहा कि जो राजा अपनी संपूर्ण प्रजा को अपने पुत्र और प्राणों के समान तथा प्राणों से भी बढ़कर समझता है और उसकी रक्षा करने के अपने दायित्व के प्रति कभी भी आलस्य या प्रमाद नहीं करता, वह इस संसार में स्थायी कीर्ति को प्राप्त होता है। ऐसा राजा अंतकाल में ब्रह्मलोक को पाकर वहां भी पूजित होता है।

ऋषियों के कहने का अभिप्राय है कि राजा रामचंद्र जी को प्रजाजनों के प्रति इसी प्रकार की धर्मनीति को अपनाना चाहिए। रामचंद्र जी अपने आपको राजा कहे जाने पर यहां भी कोई प्रतिरोध नहीं कर रहे हैं, और ना ही आपत्ति व्यक्त कर रहे हैं। इसका अभिप्राय है कि वह स्वयं को राजा और राजधर्म के प्रति समर्पित हुआ देख रहे हैं। वे यह जानते हैं कि (14 वर्ष बाद ही सही लेकिन) वह अयोध्या के राजा हैं। इसलिए अपने प्रजाजनों की रक्षा करना उनका पुनीत दायित्व है। यही कारण है कि ऋषिमंडल के इस प्रकार के याचनापूर्ण शब्दों को सुनकर वह एक बार भी यह नहीं कह पाए कि मैं राजा नहीं हूं बल्कि राजा तो मेरा भाई भरत है और मैं क्योंकि इस समय वनवासी हो चुका हूं, इसलिए आपकी कोई रक्षा नहीं कर सकता। क्योंकि मेरे पास आप लोगों की रक्षा करने का कोई साधन नहीं है। इसके विपरीत श्री रामचंद्र जी ने वनवासी रहकर भी अपनी प्रजा की रक्षा करने को अपना राजधर्म समझा। वह जानते थे कि ऋषि लोग जो कुछ भी कह रहे हैं या उनसे जो भी संकल्प लिवाना चाहते हैं, उससे उनका वनवासी जीवन बहुत ही कष्टमय हो जाएगा। परंतु एक वीर क्षत्रिय की भांति उन्होंने अपने कष्टों की ओर तनिक भी ध्यान नहीं दिया।

ऋषियों ने आगे कहा कि जो राजा धर्म-पूर्वक प्रजा की रक्षा करता है, उसे कंद-मूल-फल खाकर निर्वाह करने वाले मुनियों के पुण्य का चौथा भाग प्राप्त होता है। आप जैसे रक्षक के होते हुए भी यह ब्राह्मण बहुल वानप्रस्थियों का दल अनाथों के समान राक्षसों के द्वारा मारा जा रहा है।

इन शब्दों में ऋषियों ने अपनी दीन-हीन अवस्था को प्रकट किया। साथ ही यह भी स्पष्ट कर दिया कि आपके रहते हुए यदि हम अनाथ के रूप में मारे जा रहे हैं तो समझ लो कि आप अपने राजधर्म से मुंह फेर रहे हो। आप जैसे क्षत्रियों के रहते हुए हमारे लिए ऐसी विषम परिस्थितियां उत्पन्न हों कि हमें अपने यज्ञ आदि करने में भी विघ्न अनुभव हों या उनका सामना करना पड़े तो यह स्थिति आप लोगों के लिए

उचित नहीं है। क्योंकि क्षत्रिय लोग सज्जन शक्ति के कल्याण के लिए ही जन्म लेते हैं। यदि उनके रहते हुए सज्जन शक्ति को किसी प्रकार का कष्ट अनुभव होता है तो उनका जीवन और जीना व्यर्थ ही हैं।

ऋषियों ने श्रीराम से कहा कि यदि आपके हृदय में ऋषियों के प्रति सम्मान का भाव है तो आपको उनकी रक्षा का संकल्प लेना ही चाहिए। इतना ही नहीं, यदि आम प्रजाजनों के साथ भी कहीं अत्याचार हो रहा है तो उनको भी आप सुरक्षा प्रदान करें।

इसके पश्चात ऋषियों ने रामचंद्र जी से कहा कि आप हमारे साथ आइए और उन आत्मदर्शी तपस्वियों के मृत शरीरों को देखिए, जिनको राक्षसों ने भालों की नोंक से छेदकर और तलवारों से काटकर मार डाला है। इस घोर वन में भयंकर राक्षसों के द्वारा तपस्वी लोगों पर जिस प्रकार के अत्याचार हो रहे हैं, उनसे हम लोग बहुत दु:खी हैं। अब यह अत्याचार हमसे सहन नहीं हो पा रहे हैं। इसलिए हमारा कोई न कोई ऐसा उपाय करो जिससे हमारे प्राणों की रक्षा हो सके और इस वन से राक्षसों का खात्मा हो सके।

रघुकुल की परंपरा के अनुसार आपको हम सब लोगों की समस्याओं और कष्टों का निवारण करना चाहिए। यदि आप इसमें चूक करते हैं तो समझो आप अपने रघुकुल की परंपरा का निर्वाह करने में अपने आप को अक्षम और असमर्थ घोषित कर देंगे।

हे रघुकुल वंशी श्रीराम! हमें आपसे अपेक्षा है कि आप हमारी समस्याओं और कष्टों का अवश्य ही निवारण करने में सफल होओगे।

प्राचीन काल में भारत के राजा शरण में आए लोगों की समस्याओं और कष्टों का निवारण करना अपना राज धर्म स्वीकार करते थे। श्री राम तो हैं ही मर्यादा पुरुषोत्तम। इसलिए उनसे तो यह अपेक्षा की ही जा सकती है कि वे शरणागत वत्सल हैं। इसीलिए उन ऋषियों ने उनसे कहा, राजन! आप शरणागत वत्सल हैं और हम आपसे अपनी सुरक्षा की याचना लेकर आपकी शरण में आए हैं। राक्षसों के द्वारा मारे जाने वाले हम लोगों की आप रक्षा करें।

## रामचंद्रजी का संकल्प

ऋषियों के द्वारा जब इस प्रकार का वर्णन किया गया तो रामचंद्र जी बहुत अधिक दु:खी हुए। अब उनको यह पूर्णतया स्पष्ट हो गया था कि उनके प्रजाजन और ऋषि

लोग राक्षसों के अत्याचारों से बहुत अधिक भयभीत और दु:खी हैं। सहृदयी श्रीराम ऋषिमंडल के सदस्यों के इस प्रकार के व्यथापूर्ण कथनों को सुनकर कहने लगे कि "आप लोगों का मुझसे इस प्रकार प्रार्थना करना किसी भी दृष्टिकोण से उचित नहीं। यदि आप लोग मुझे आज्ञा दें तो मुझे अच्छा लगेगा। क्योंकि मैं आपका आज्ञाकारी सेवक हूं। मेरे बारे में आप यही समझें कि मैं आपके कार्यों के लिए ही वन में आया हूं।"

इस प्रकार श्रीराम ने उन ऋषियों को यह स्पष्ट कर दिया कि यदि आपको राक्षस लोग किसी भी प्रकार से परेशान कर रहे हैं तो मैं अपने क्षत्रिय धर्म के निर्वाह में किसी भी प्रकार का प्रमाद नहीं करूंगा। आप इस बात के लिए आश्वस्त रहें कि मेरा धनुष क्षत्रिय वीरों की भांति कंधे पर रहेगा और ऐसे राक्षसों का संहार करने में तनिक भी संकोच नहीं करेगा जो आप लोगों को दु:खी कर रहे हैं।

इसके बाद श्री रामचंद्र जी ने उन सभी ऋषियों के समक्ष यह संकल्प लिया कि मैं ऐसे राक्षसों का युद्ध क्षेत्र में वध करना चाहता हूं, जो आपको किसी भी प्रकार से कष्ट पहुंचा रहे हैं। उन्होंने कहा कि आप मेरे और मेरे भाई लक्ष्मण के पराक्रम को देखें। ऐसा कहकर रामचंद्र जी ने उन सभी तपस्वियों को यह भरोसा दिलाया कि आप मेरे और लक्ष्मण के पराक्रम पर विश्वास करें और इस बात के प्रति निश्चिंत हो जाएं कि अब यह राक्षस लोग आपको किसी भी प्रकार से उत्पीड़ित या आतंकित नहीं कर पाएंगे।

इस प्रकार रामचंद्र जी ने अपने वनवासी जीवन को क्षत्रियपन के साथ जीने का निर्णय ले लिया। वैसे भी श्री राम और उनके भाई लक्ष्मण किसी भी प्रकार की बाधा को देखकर भागने वाले नहीं थे। वह हर चुनौती का सामना करना जानते थे। अब जब उनके सामने इन तपस्वियों के जीवन को सुरक्षित करने की चुनौती आई तो उन्होंने उनको सुरक्षित करने का संकल्प लेकर यह स्पष्ट कर दिया कि उनके रहते किसी भी ऋषि या ऋषिमंडल को दु:खी होने की आवश्यकता नहीं है।

रामचंद्र जी के प्रजावत्सल कार्यों के चलते उनका यश अब दूर-दूर तक फैल गया था। जंगल में रहने वाले तपस्वी और ऋषि लोग तो उन्हें विशेष सम्मान देने लगे थे। उनकी दृष्टि में यह बात आ गई थी कि राक्षस और राक्षसों के राजा रावण के आतंक से यदि इस भूमंडल को कोई मुक्त करा सकता है तो वह श्रीराम ही हो सकते हैं। इसलिए उनका आशीर्वाद तो अब श्री राम के साथ हो ही गया, साथ ही जिन ऋषियों के पास अस्त्र-शस्त्र संबंधी ज्ञान था, उन्होंने भी ऐसा ज्ञान और ऐसे अस्त्र-शस्त्र श्री राम को सौंपने आरंभ कर दिए जो राक्षसों के संहार में काम आ सकते थे।

## बहने लगी परिवर्तन की बयार

इस प्रकार राष्ट्र के भीतर इस समय परिवर्तन की एक हवा बहने लगी। जो समाज विरोधी और राष्ट्र विरोधी शक्तियां थीं या ऐसे लोग थे जो कि ईश्वरीय व्यवस्था को बिगाड़ने में सहायक हो रहे थे, उनके विरुद्ध एक मजबूत गठबंधन बनने लगा। उस गठबंधन के नेता श्री राम बन चुके थे। क्योंकि संसार की सारी सृजनात्मक और ज्ञानात्मक शक्तियां उनके साथ जुड़ती जा रही थीं। उनका यश बढ़ता जा रहा था और लोग कानों कान उनके महान कार्यों का वर्णन एक दूसरे से करते जा रहे थे।

परिवर्तन की यह बयार दिन पर दिन तेज होती गई। सज्जन शक्तियां एक साथ मिलकर दिव्य वातावरण और दिव्य परिवेश का निर्माण करने लगीं। सर्वत्र दिव्यता प्रभावी और हावी होने लगी और ऐसा लगने लगा कि अब ये दिव्य शक्तियां मिल कर राक्षस शक्तियों का संहार करने को कटिबद्ध हैं।

## ऋषि सुतीक्ष्ण के आश्रम में पहुंचे

उन तपस्वियों से विदा लेकर श्रीराम ऋषि सुतीक्ष्ण के आश्रम में पहुंचे। जहां ऋषि ने उनका दिव्य स्वागत सत्कार किया। ऋषि ने श्रीराम को अपने पास पाकर बड़े प्रेमपूर्ण ढंग से कहा कि हे धर्मधारियों में श्रेष्ठ वीर राम! आपका स्वागत है। आपने अपने आगमन से अनाथ के समान इस आश्रम को सनाथ कर दिया है। आपके दर्शन की अभिलाषा में मैंने इस पार्थिव शरीर और पृथ्वी को छोड़कर ब्रह्मलोक को प्रस्थान नहीं किया। तुम इसी आश्रम में रहो। क्योंकि इस आश्रम में सब प्रकार की सुविधाएं हैं। इस आश्रम में श्री राम, लक्ष्मण और सीता जी ने रात्रि निवास किया। प्रातः काल समय से उठकर उन्होंने स्नान आदि करने के उपरांत ईश्वरोपासना और अग्निहोत्र किया। इसके पश्चात उन्होंने ऋषि से आज्ञा लेकर आगे के लिए प्रस्थान किया।

जब यहां से इन तीनों ने एक साथ प्रस्थान किया तो मार्ग में सीता जी ने रामचंद्र जी से कुछ विशेष उपदेश भरी बातें कहीं। उनमें से एक यह भी थी कि 'हे वीर! बिना अपराध लोगों के वध को मैं उचित नहीं समझती।

शांत अंतःकरण वाले वीर क्षत्रियों का वन में धनुष धारण करने से इतना ही प्रयोजन है कि वह दु:खी लोगों की रक्षा करें।"

सीता जी के इस प्रकार के उपदेश का वर्णन करते हुए रमानाथ खैरा 'राम चरितामृत' के पृष्ठ 193 पर लिखते हैं :- "सीता जी राम के प्रण पर चिंतित थीं। उनके

विचार से राम को न छेड़ने वाले राक्षसों को मारना उचित नहीं था। उन्होंने सोचा - स्वामी राम निर्जन वन में संकटों से घिर जाएंगे। मुनि के समक्ष आश्रम में तो वह कुछ नहीं बोलीं किंतु मार्ग में सीता जी ने नम्रता पूर्वक राम से निवेदन किया - "मैं आपसे एक बात पूछना चाहती हूं। आप उदासी तपस्वी भेष में हैं और इसी रूप में रहने की आज्ञा आप को वनवास मिलते समय दी गई थी। मैं इसी भेष के अनुरूप कार्य करना आपका कर्तव्य समझती हूं। मुझे एक शंका है, क्या एक वैरागी तपस्वी संसार में शस्त्र द्वारा या बल प्रयोग से शांति व्यवस्था स्थापित करने या लोगों की रक्षा करने का कार्य अपने हाथों में ले सकता है? और क्या शस्त्रों का प्रयोग कर अपराधियों को दंड दे सकता है? राज्य से तो आप निर्वासित हो गए, यहां वन में आकर भी आप शांति से नहीं रहना चाहते। राक्षसों ने आपका क्या बिगाड़ा है? राक्षसों के विनाश का प्रण कर व्यर्थ ही आप अपना जीवन संकट में डालना चाहते हैं।"

कहने का अभिप्राय यह है कि सीता जी ने स्पष्ट किया कि निरपराध जीवों की हिंसा उन्हें भी अच्छी नहीं लगती। कहां शस्त्र और कहां वन। कहां क्षत्रिय धर्म और कहां तपस्या? यह दोनों परस्पर विरोधी बातें हैं। सीताजी ने रामचंद्र जी से यह भी कहा कि आप वन में शस्त्र द्वारा राक्षसों के वध का विचार त्याग दो। जब आप अयोध्या लौट जाएं तब अपने क्षत्रिय धर्म का पालन करना।

बहुत संभव है कि सीता जी स्त्री सुलभ स्वभाव के कारण यह सब कह रही हों। उन्हें लगता हो कि वनवासी जीवन में यदि राक्षसों से वैर मोल लिया तो उनके पति के जीवन को खतरा हो सकता है। अतः वे उन्हें ऐसा उपदेश दे रही थीं कि जब आप अयोध्या लौट जाएं तो उस समय ही अपने क्षत्रिय धर्म का पालन करना। यद्यपि रामचंद्र जी के ऊपर सीता जी के इस प्रकार के उपदेशों का कोई प्रभाव नहीं पड़ा। उन्होंने सीता जी की बातों को सुना और फिर उन्हें समझा दिया कि मैं क्षत्रिय हूं और रघुकुल वंशी क्षत्रिय होने के कारण मेरा यह परम कर्तव्य है कि वनवासी ऋषियों और उन सभी तपस्वियों के जीवन की रक्षा करूँ जो किसी न किसी प्रकार से राक्षसों से आतंकित हैं।

रामचंद्र जी ने सीता जी से कहा- "सीते! तुम्हारा प्रश्न महत्त्वपूर्ण है। मेरा सदा यह मत रहा है कि परोपकार से ऊंचा कोई धर्म नहीं है। परोपकारी लोग तो ऐसे अवसरों की खोज में रहते हैं, किंतु जो लोग अवसर सामने होते हुए भी आंखों से अत्याचार देखते हुए तथा उसे रोकने की सामर्थ्य रखते हुए भी आलस्य प्रमाद के कारण अथवा

स्वार्थवश अपने को झंझटों से बचाए रखने के विचार से ऐसे दुष्ट अत्याचारियों का सामना नहीं करते, वह मनुष्य नहीं हैं। वह तो पृथ्वी पर भार स्वरूप केवल सांसों की गिनती पूरी कर रहे हैं। धर्मप्रेमी पुरुषों ने तो असमर्थ होते हुए भी परोपकार में अपने प्राण दिए हैं। मैं क्षत्रिय हूं। मेरा तो कर्तव्य विशेष है कि दूसरों की रक्षा करूँ। कर्म न करने से अधर्म बनता है। मैंने लोगों के कष्ट देखे हैं। यह मेरी शरण में आए हैं। मैंने उन्हें उनके दु:ख दूर करने का वचन देना अपना धर्म समझा और वचन दिया तो उसका पालन करना भी मेरा कर्तव्य हो गया। यदि सत्यव्रत का पालन मैं न करूं तो पापी बन जाऊंगा। पिताजी ने अपने वचन की सत्यता पर ही अपने प्राणों का बलिदान किया और मैं उसी व्रत का पालन कर रहा हूं।

राम ने आवेश में कहा- "सीते! मैं लक्ष्मण सहित तुम्हें त्याग सकता हूं। अपनी मृत्यु को भी स्वीकार कर सकता हूं, किंतु अपनी प्रतिज्ञा नहीं तोड़ सकता।

यदि मैं अपने क्षत्रिय धर्म का पालन नहीं करूंगा तो यह मेरे क्षत्रिय कुल पर कलंक लगाने वाली बात होगी। श्री राम के ऐसे अनुकरणीय चरित्र और व्यक्तित्व को देखते हुए ही मैथिलीशरण गुप्त जी ने लिखा है :-

**राम तुम मानव हो?**
**ईश्वर नहीं हो क्या?**
**विश्व में रमे हुए नहीं**
**सभी कहीं हो क्या?**
**तब मैं निरीश्वर हूं,**
**ईश्वर क्षमा करे।**
**तुम न रमो तो मन**
**तुममें रमा करे।।**

अध्याय - 4

# दिए गये वचन को पूरा करो

रामचंद्र जी के बारे में हरिओम पवार जी की कविता की ये पंक्तियां बड़ी सार्थक हैं :-

**"राम हमारे गौरव के प्रतिमान हैं,**
**राम हमारे भारत की पहचान हैं,**
**राम हमारे घट-घट के भगवान हैं,**
**राम हमारी पूजा हैं अरमान हैं,**
**राम हमारे अंतरमन के प्राण हैं,**
**मंदिर-मस्जिद पूजा के सामान हैं,**

**राम दवा हैं रोग नहीं हैं सुन लेना,**
**राम त्याग हैं भोग नहीं हैं सुन लेना,**
**राम दया हैं क्रोध नहीं हैं जग वालों,**
**राम सत्य हैं शोध नहीं हैं जग वालों,**
**राम हुआ है नाम लोकहितकारी का**
**रावण से लड़ने वाली खुद्दारी का।"**

जब सीता जी ने रामचंद्र जी को धनुष बाण इसलिए धारण करने का उपदेश दिया कि किसी दुखिया का आर्त्तनाद सुनाई ना दे। उन्होंने निरपराध जीवों की हिंसा न करने और वन में शस्त्र द्वारा राक्षसों के वध का विचार त्याग देने का दोहरा या द्विअर्थी उपदेश भी दिया तो सीता जी के उस उपदेश को सुनकर मर्यादा पुरुषोत्तम श्री राम ने बड़े विनम्र शब्दों में कहा कि :- "सीते! तुम स्वयं धर्म के मर्म को जानने वाली हो। तुमने मेरे लिए जो भी बातें कहीं हैं वह सभी तुम्हारे कहने योग्य हैं।'' रामचंद्र जी ने सीता जी के लिए यह नहीं कहा कि तुमने जो कुछ कहा है, वह सब धर्मानुकूल है या

मेरे द्वारा मानने योग्य भी है। उन्होंने नारी के सहज स्वभाव का सम्मान करते हुए और यह भी जानते हुए कि सीता जी पति-प्रेमवश उन्हें अपने धर्म से इतर कार्य करने के लिए प्रेरित कर रही हैं, ऐसा कहा कि जो कुछ तुमने कहा है, वह तुम्हारे कहने योग्य है। रामचंद्र जी ने सीता जी के भाव और शब्दों दोनों का सम्मान किया, परंतु उन्हें यह वचन नहीं दिया कि जो कुछ तुमने कहा है, उसे मैं भी स्वीकार कर लूंगा और वन में रहते हुए कभी किसी राक्षस का वध नहीं करूंगा।

रामचंद्र जी ने कहा कि मैं तुम्हारे इन शब्दों को सुन चुका हूं कि क्षत्रिय लोग धनुष बाण इसलिए धारण करते हैं जिससे किसी दुखिया का आर्त्तनाद सुनाई ना पड़े। तुम्हें यह भी स्मरण होगा कि जंगल में किस प्रकार अनेकों तपस्वियों ने आकर मुझसे अपनी प्राण रक्षा करने की अपील की थी। इतना ही नहीं, उन्होंने राक्षसों के द्वारा अब तक मारे गए अनेकों तपस्वियों के कंकाल भी मुझे दिखाए थे। इन लोगों ने मुझसे कहा था कि इस जंगल में आप ही हमारे रक्षक हैं, इसलिए हम सबकी रक्षा कीजिए। इन सभी तपस्वियों ने मुझसे अपनी वार्ता के आरंभ में ही स्पष्ट कर दिया था कि हम सभी शरणागत होकर याचना करने के लिए आपके पास आए हैं। उनके इन शब्दों से यह स्पष्ट था कि मुझे शरणागत आए, तपस्वी-ऋषियों की बात को न केवल सुनना था अपितु उनके प्रति पूर्ण सहानुभूति रखते हुए उनकी समस्या और कष्ट का समाधान भी करना था।

रामचंद्र जी ने अपने वार्तालाप में सीता जी को बताया कि किस प्रकार क्षत्रिय लोग ब्राह्मण वर्ण सहित समाज के सभी लोगों की रक्षा करने का दायित्व संभालते हैं? यदि क्षत्रिय लोग अपने इस धर्म के पालन में किसी प्रकार का प्रमाद या आलस्य या असावधानी बरतते हैं तो उन्हें इसका पाप लगता है। क्षत्रियों के लिए यह उचित है कि यदि उनके लिए कोई चुनौती सामने खड़ी हो तो वह उससे पीठ फेरकर नहीं जा सकते। क्योंकि क्षत्रिय धर्म की मर्यादा यही है कि उपस्थित चुनौती का सामना वीरता के साथ किया जाए। इसलिए मैंने भी उन सभी ऋषियों के जीवन की रक्षा करने का संकल्प लिया। शरणागत की रक्षा करना हमारी खानदानी परंपरा है। जिसे मुझे निर्वाह करना ही चाहिए। हर स्थिति में मेरा धर्म है कि मैं अपने पूर्वजों की परंपरा का यथासंभव निर्वाह करता रहूं। तुम्हारे वचन मेरे लिए अनुकूल होते हुए भी इसलिए मननीय नहीं हैं कि उनसे रघुकुल की परंपरा को ठेस लगना संभावित है।

दंडकारण्य में रहने वाले सभी ऋषियों के जीवन की रक्षा करने का व्रत मैंने धारण कर लिया है और अब मैं अपने वचन से लौट नहीं सकता। क्योंकि मैंने सभी ऋषियों को सार्वजनिक रूप से यह वचन दिया है कि आपकी रक्षा करना मेरा धर्म होगा। आप निश्चिंत होकर अपने पवित्र कार्यों को करते रहें। जिससे सृष्टि का कल्याण होता रहे और वैदिक धर्म की परंपरा यथासंभव स्थापित रहे। रामचंद्र जी के लिए ऐसा करना इसलिए भी आवश्यक था कि वह संसार में मर्यादा पथ को स्थापित करना चाहते थे। मर्यादाओं को तोड़ने वाले लोगों को उन्होंने स्वाभाविक रूप से अपना शत्रु माना। अतः सीता जी का उपदेश उन्हें स्वीकार हो ही नहीं सकता था। उन्होंने सीता जी से यह स्पष्ट कर दिया कि मैंने ऋषियों के समक्ष जो प्रतिज्ञा की है या उन्हें जो वचन दिया है, उससे मैं अब अन्यथा नहीं जा सकता। क्योंकि सत्य मुझे सदा प्रिय रहा है। रघुकुल की परंपरा है कि दिए हुए वचन से लौटना नहीं चाहिए। चाहे प्राण भी चले जाएं तो भी अपने वचन की रक्षा करनी चाहिए। मैं प्राण त्याग कर सकता हूं, लक्ष्मण सहित तुम्हें छोड़ सकता हूं, परंतु अपने दिए गए वचन को या ली गई प्रतिज्ञा को और विशेषकर उस प्रतिज्ञा को जो ब्राह्मणों के समक्ष की है, मैं कभी भी छोड़ नहीं सकता।

रामचंद्र जी जैसे दिव्य पुरुषों के द्वारा मर्यादा पथ का पालन किया गया। इन जैसे आप्त पुरुषों का अनुकरण करके देश के आम आदमी ने भारतीय संस्कृति और संस्कारों का निर्माण किया अर्थात् उन्हें अपने जीवन में उतारा। यही कारण रहा कि मुसलमानों और यूरोपियन जातियों के भारत पर आक्रमण करने के समय तक भी भारत में अधिकांश लोग वचन के पक्के हुआ करते थे। वह कभी भी अपने जीवन व्यवहार में असत्य का सहारा नहीं लिया करते थे। एक-दूसरे की चुगली करना या एक दूसरे को नीचा दिखाने के लिए झूठ बोलना उन्हें कतई स्वीकार नहीं था। यहां तक कि आजादी के बाद भी ऐसी पीढ़ी देर तक जीवित रही जो दिए गए वचन का पालन करना अपना धर्म मानती थी। विदेशी विद्वानों ने भारत की इन अच्छी परंपराओं का मुक्त कंठ से गुणगान किया है।

लाखों वर्ष पहले हुए रामचंद्र जी के पुण्य प्रताप का ही यह परिणाम था कि देश के लोगों ने उन्हें अपना आदर्श स्वीकार कर उनके चरित्र की पूजा की। जब लोगों ने चित्र की पूजा करनी आरंभ कर दी और उनके चरित्र को विस्मरण कर दिया तो स्थिति विपरीत हो गई। वास्तव में किसी महान पुरुष के चरित्र के गुणों को अंगीकार

कर लेना ही उसकी पूजा है। भारत ने इसी प्रकार की पूजा को अपनाया।

रामचंद्र जी ने जहां सीता जी से यह स्पष्ट कह दिया कि चाहे मुझे तुम्हें छोड़ना पड़ जाए, चाहे लक्ष्मण को भी छोड़ना पड़ जाए तो भी मैं वचन हार नहीं होने दूंगा, वहीं यह भी कह दिया कि ऋषियों की पवित्रता को स्थापित किए रखने के लिए तो मुझे उनके कहे बिना भी उनके जीवन की रक्षा करने का संकल्प लेना चाहिए। स्पष्ट है कि ऐसा रामचंद्र जी ने केवल इसलिए कहा कि ऋषि लोगों की रक्षा करने से ही वैदिक संस्कृति की रक्षा होना संभव है। यदि सुसंस्कृत और तपस्वी लोग समाज में या राष्ट्र में नहीं रहेंगे तो समाज व राष्ट्र दुर्गति को प्राप्त हो जाएंगे। रामचंद्र जी के कहने का अर्थ है कि मैं तो ऋषियों की जीवन रक्षा उनके बिना कहे भी करने को तैयार हूं, परंतु यहां तो स्थिति दूसरी है, तपस्वियों ने स्वयं आकर मेरे समक्ष यह याचना की है कि मैं उनके जीवन की रक्षा करूं। उनकी याचना को स्वीकार करते हुए मैंने ऐसा करने की प्रतिज्ञा भी ले ली है तो तुम्हारे उपदेशों को मैं भला कैसे स्वीकार कर सकता हूं?

रामचंद्र जी ने कहा कि मैं यह भली प्रकार जानता हूं कि तुमने जो भी उपदेश मुझे दिया है, वह अपनी पवित्र आत्मा से दिया है और मेरे भले में दिया है। क्योंकि अप्रिय लोगों को कभी कोई व्यक्ति उपदेश नहीं किया करता। तुमने मेरे प्रति अपने प्रेम और वंश की मर्यादा के अनुकूल ही मुझसे कहा है अर्थात् मुझे उचित उपदेश दिया है। मैं भी तुम्हें यह बताता हूं कि तुम मेरी सहधर्मिणी होने के नाते मुझे अत्यंत प्रिय हो, ऐसी स्थिति में तुम्हें मुझे उपदेश देने का अधिकार भी है। यद्यपि इस अधिकार की अपनी सीमाएं हैं।

इसके बाद श्री राम सीता जी और लक्ष्मण सहित धनुष लेकर उस रमणीय तपोवन में आगे चले गए। कुछ दूर जाने के बाद उन्होंने एक आश्रम देखा। जिसमें कुशा और चीर फैले हुए थे। जिससे स्पष्ट हो रहा था कि वह ब्राह्मण लोगों का निवास था। जो कि अलौकिक शोभा से परिपूर्ण था। श्री राम जी ने लक्ष्मण और सीता सहित वह रात्रि उसी आश्रम में व्यतीत की। सभी आश्रमवासी मुनियों ने श्री राम जी का आत्मीय सत्कार किया।

इसके बाद श्री राम अनेकों मुनियों के आश्रमों में रहे। कहीं उन्होंने 10 मास निवास किया तो कहीं वर्षभर तक टिके रहे। इस प्रकार के प्रवास से जहां मुनिजनों को सुरक्षा की अनुभूति होती थी, वहीं राक्षसों के लिए भी यह संदेश जाता था कि

उनका संहार करने वाले श्री राम किसी भी आश्रम में हो सकते हैं। इसलिए वे किसी मुनि के आश्रम पर हमला करने से पहले 10 बार सोचते थे। कुल मिलाकर इस प्रकार के प्रवास भी रामचंद्र जी के उसी संकल्प की ओर संकेत करते हैं जो उन्होंने तपस्वी लोगों की प्राण रक्षा के लिए लिया था। वह चुनौती को स्वीकार तो कर ही चुके थे, अब तो वह चुनौती से खेलने के लिए मैदान में भी उतर चुके थे। उनके जीवन के इस चिंतन और चरित्र को समझने की आवश्यकता है।

प्रवासियों के उस काल में रामचंद्र जी ने एक बार फिर सुतीक्ष्ण जी के आश्रम के लिए प्रस्थान किया और वहां पर कुछ समय तक निवास किया।

एक दिन उन्होंने महर्षि अगस्त्य के विषय में सुतीक्ष्ण जी से पूछा कि उनका आश्रम कहां है तो सुतीक्ष्ण जी ने उन्हें महर्षि अगस्त्य के आश्रम का ठिकाना बता दिया।

अगस्त्य शब्द के अर्थ के बारे में विद्वानों का कहना है कि यह अगस अर्थात् दोषों को नष्ट करने वाला, लोगों की आधि-व्याधियों को दूर करने वाला होता है।

रामचंद्र जी ने मार्ग में ही लक्ष्मण को यह स्पष्ट कर दिया कि अब हम अपना शेष समय महर्षि अगस्त्य के आश्रम में ही व्यतीत करेंगे।

महर्षि अगस्त्य के आश्रम में पहुंचने के उपरांत भी श्रीराम, लक्ष्मण और सीता का वैसा ही भव्य स्वागत सत्कार किया गया, जैसा अभी तक के अन्य ऋषियों के आश्रमों में होता आ रहा था। महर्षि अगस्त्य ने भी रामचंद्र जी से स्पष्ट शब्दों में कहा कि "आप तो भूमंडल के राजा, धर्मशील और महारथी हैं तथा विशिष्ट और प्रिय अतिथि के रूप में मेरे यहां आए हैं।"

महर्षि अगस्त्य के इस कथन से भी यह सिद्ध होता है कि रामचंद्र जी के वनवासी होने के उपरांत भी ऋषि मंडल ने वनवासी सन्यासी की संज्ञा नहीं दी थी। वे उन्हें राजा ही मानते रहे और स्वयं रामचंद्र जी भी स्वयं को राजा ही कहलवाते रहे।

महर्षि अगस्त्य भली-भांति यह जानते थे कि रामचंद्र जी वन में आ तो गए हैं परंतु यहां पर उन्हें जिस प्रकार राक्षस संहार करना है उसके लिए उन्हें अनेकों दिव्य अस्त्रों की आवश्यकता है। यही कारण था कि उन्होंने श्री राम को अनेकों दिव्य अस्त्र प्रदान किए।

महर्षि ने दिव्य अस्त्र प्रदान करते हुए श्री रामचंद्र जी से कहा कि विश्वकर्मा द्वारा

निर्मित स्वर्ण और रत्नों से विभूषित यह दिव्य तथा विशाल वैष्णव नामक धनुष्य है।

उन्होंने सूर्य के समान देदीप्यमान और अमोघ (जो कभी खाली न जाए) बाण भी श्री रामचंद्र जी को दिया। जो कि ऋषि अगस्त्य को ब्रह्मा जी ने दिया था। ऋषि ने श्रीराम को बताया कि यह बाण इंद्र द्वारा प्रदत्त है। जिनके बाण कभी समाप्त नहीं होते। इन तरकशों में अग्नि के समान ज्वाला वमन करने वाले तीव्र बाण भरे हुए रहते हैं। यह स्वर्ण से विभूषित तलवार है। जिसका म्यान भी सोने का बना हुआ है। हे सम्मान योग्य राम! इस धनुष, तरकश, बाण तथा तलवार को संग्राम में अपनी विजय के लिए ऐसे ही धारण करो, जैसे इंद्र ने वज्र को धारण किया था।''

महर्षि अगस्त्य के इस प्रकार के वचनों से स्पष्ट होता है कि वह श्रीराम में एक ऐसा व्यक्तित्व देख रहे थे जो राक्षसों का संहार करने में सक्षम है। इस प्रकार की परिस्थितियों और उनसे जन्मे साक्ष्य यह स्पष्ट करते हैं कि संपूर्ण भूमंडल को राक्षस मुक्त करने का संकल्प श्रीराम और उनके समकालीन ऋषि लोग ले रहे थे। सबका लक्ष्य एक था कि एक ऐसी विशाल क्रांति हो जो सारी व्यवस्था को परिवर्तित कर दे। उन सबका एक सांझा सपना था कि यह क्रांति संसार में राक्षसी शक्तियों की प्रबलता को समाप्त कर सज्जन शक्ति के हाथों में शासन सत्ता का सूत्र प्रदान कर दे।

वास्तव में श्री रामचंद्र जी भी अपने आपको उस क्रांति के एक महानायक के रूप में स्थापित करते जा रहे थे। उन्हें परलोक सुधारने या मुक्ति प्राप्त करने की इच्छा ना होकर संसार में रह रहे लोगों की मुक्ति में कहीं अधिक आनंद अनुभव हो रहा था। उसके लिए वह अपने सभी सुखों को त्यागने के लिए तैयार थे। ऋषियों ने भी उनके अंदर क्रांति के एक महानायक के दर्शन कर लिए थे। यही कारण था कि वे उन्हें हथियारों की ऐसी ऐसी गुप्त विद्या प्रदान कर रहे थे जो राक्षस संहार में विशेष रूप से काम आने वाली थी।

रामचंद्र जी के विषय में हमें यह समझना चाहिए कि वह आत्म कल्याण के लिए किन्हीं कन्दराओं की खोज नहीं कर रहे थे। इसके विपरीत वे चुने हुए उन ऋषियों से मिल रहे थे जो भावी क्रांति में उनके किसी न किसी प्रकार से सहयोगी बन सकते थे। उन्होंने अपनी प्रजा के कल्याण को और उस समय प्रत्येक जीवधारी के कल्याण को अपने जीवन का लक्ष्य बनाया। वह चाहते तो उन 14 वर्षों को वन में कहीं छुप कर भी गुजार सकते थे, लेकिन उन्होंने ऐसा नहीं किया। उस समय ऋषियों ने भी समय

को पहचान कर श्रीराम को दिव्य अस्त्र प्रदान करने में तनिक भी देर नहीं लगाई। ऋषियों के द्वारा दिए जा रहे ऐसे अस्त्र-शस्त्रों के पीछे के भाव को भी समझना चाहिए। इसका भाव न केवल राक्षस लोगों का संहार करवाना ही था बल्कि एक से बढ़कर एक उत्तम अस्त्र-शस्त्र के देने का अभिप्राय यह था कि ऋषि लोग यह भली प्रकार जानते थे कि भविष्य में सजने वाले युद्ध क्षेत्र में श्रीराम का सामना रावण जैसे राक्षस से होगा, जो अत्यंत घातक अस्त्र-शस्त्र अपने पास रखता है। वन में रहते हुए श्री राम ने मानो संसार को यह संकेत और संदेश बड़े स्पष्ट शब्दों में दे दिया था :-

**"संदेश यहां मैं नहीं स्वर्ग का लाया,**
**इस भूतल को ही स्वर्ग बनाने आया।"**

यह कितनी बड़ी बात है कि श्रीराम ने 14 वर्ष के अपने उस वनवासी काल को दिव्य शक्तियों का आशीर्वाद लेने और उनके दिव्य अस्त्र ग्रहण करने में लगाया। उन्होंने एक मिनट भी व्यर्थ खोना उचित नहीं माना। वास्तव में उनका यह वनवासी काल क्रांति की तैयारी करने के लिए ही संभवत: उन्हें मिला था। यही कारण था कि उन्हें जब महर्षि अगस्त्य ने अपने दिव्य अस्त्र प्रदान किए तो श्रीराम ने उन हथियारों को लेने में तनिक भी संकोच नहीं किया, अपितु बड़ी सहृदयता से उन्हें ग्रहण किया और ऋषि के प्रति अनुग्रहित हृदय से धन्यवाद भी ज्ञापित किया। संपूर्ण आर्यावर्त राष्ट्र को राक्षस मुक्त करने के लिए श्रीराम को ऋषि अगस्त्य द्वारा प्रदान किए गए इन दिव्यास्त्रों से बहुत बड़ी शक्ति प्राप्त हो गई।

श्री राम राक्षस जाति के लिए एक वनवासी मात्र थे। रामचंद्र जी वनवासी सन्यासी के जिन कपड़ों में रह रहे थे उससे किसी को भी यह संदेह नहीं हो पाया कि श्री राम जी भविष्य की कितनी बड़ी क्रांति की भूमिका तैयार कर रहे हैं? यह कितना बड़ा और कौतूहल भरा संयोग है कि श्री रामचंद्र जी के इसी आदर्श जीवन का अनुकरण करते हुए कालांतर में महाराणा प्रताप, शिवाजी महाराज, सुभाष चंद्र बोस, सावरकर और उन जैसे अन्य अनेक वीर क्रांतिकारियों ने क्रांति के लिए ऐसी ही विपदाएं झेलीं जैसी श्री रामचंद्र जी ने अपने समय में झेली थीं। जैसे राष्ट्र उस समय शस्त्र और शास्त्र से संरक्षित हो पाया था, वैसे ही कालांतर में अंग्रेजों से भी शस्त्र और शास्त्र के इसी समन्वय ने भारत को आजाद कराया।

इससे हमें पता चलता है कि भारत की सांस्कृतिक चेतना के मूल में श्री रामचंद्र

जी के 14 वर्ष के वनवास काल की तपस्या बड़ी गहराई से बैठी हुई है। किसी भी राष्ट्र की संस्कृति और संस्कार उसके महान पूर्वजों के बलिदान, तप, त्याग और तपस्या से ही बना करते हैं।

जब हम यह कहते हैं कि भारत की संस्कृति ऋषि और कृषि की संस्कृति है तो इसका अभिप्राय है कि भारत की संस्कृति के मूल संस्कारों में ऋषि पूर्वजों की तप, त्याग, साधना और उनके द्वारा बनाई गई जीवनशैली प्रमुखता से बनी हुई है। मर्यादा पुरुषोत्तम श्री राम का जीवन भी किसी ऋषि से कम नहीं था। जिन्होंने इस ऋषि संस्कृति की रक्षा की और उसके लिए कठोर तप, त्याग और साधना की। उनके लिए कवि के ये शब्द बड़े सार्थक हैं :-

**मैं मनुष्यता को सुरत्व की जननी भी कह सकता हूं।**
**किंतु पतित को पशु कहना भी कभी नहीं सह सकता हूं।।**

अध्याय - 5

# जीवनी शक्ति का करो सदुपयोग

अब रामचंद्र जी पंचवटी की ओर चल पड़ते हैं, जहां जटायु से उनकी मुलाकात होती है। जटायु कोई पक्षी नहीं था, बल्कि यह एक मनुष्य था, जो कि राजा दशरथ का मित्र था। वह श्रीराम और लक्ष्मण जी और सीता जी से वैसा ही स्नेह रखता था जैसा दशरथ रखते थे। इसका कारण केवल यह है कि कृतज्ञता भारतीय संस्कृति का एक महत्त्वपूर्ण संस्कार है। मित्र जहां स्वयं एक-दूसरे के साथ स्नेह भाव से बंधे रहते हैं, वहीं भारतीय संस्कृति में मित्र-मित्र की संतान से अपनी ही संतान जैसा स्नेह रखने के प्रति सदैव प्रतिज्ञाबद्ध रहता है। भारतीय इतिहास और सांस्कृतिक वांग्मय में ऐसे अनेकों उदाहरण हैं, जब किसी एक मित्र ने मित्र की संतान के लिए अपना सर्वस्व समर्पण कर दिया या समय आने पर मित्र की संतान को यह आभास कराया कि यदि आज उसके पिता नहीं हैं तो वह स्वयं पिता के सभी दायित्व निभाने के लिए तत्पर है।

**पिता जैसा ही समझ मुझको प्रिय तात।**
**जीवन के हर मोड़ पर मैं हूं तेरे साथ।।**

जटायु के विषय में यह भी समझ लेना चाहिए कि उससे श्री राम और लक्ष्मण जी की पहली मुलाकात सीता हरण से पहले ही हो गई थी। सीता हरण के समय जब सीता जी की दृष्टि जटायु पर पड़ी थी तो उन्होंने जटायु को पहचानकर 'आर्य जटायु' का संबोधन किया था। यह तभी संभव था जब वह जटायु को पहले से जानती होंगी। दूसरे 'आर्य जटायु' कहने से यह भी स्पष्ट होता है कि जटायु एक मानव ही थे।

जब श्री राम जटायु के पास पहुंचे तो जटायु ने भी उन्हें उस वन के विषय में यही बताया कि यहां बहुत सारे राक्षस रहते हैं। यदि कभी कोई ऐसी परिस्थिति बनी कि तुम लक्ष्मण सहित आश्रम से कहीं दूर चले जाओगे तो उस परिस्थिति में मैं सीता की

रक्षा किया करूंगा। जटायु के इस कथन से पता चलता है कि उस समय राक्षसों का ऋषि समाज में बहुत अधिक भय व्याप्त था।

वाल्मीकि कृत रामायण में यह बात भी स्पष्ट की गई है कि यहां से श्रीराम, लक्ष्मण जी और सीता जी के साथ जटायु भी हो लिए थे। पंचवटी के लिए श्री राम जटायु को साथ लेकर गए थे।

'अरण्य कांड' के एकादश सर्ग के छठे श्लोक में बड़ी पते की बात कही गई है। वहां नवसस्येष्टि पर्व अर्थात् दीपावली के विषय में जानकारी देते हुए कहा गया है कि इस समय सज्जन लोग नवसस्येष्टि यज्ञपूर्वक देव अर्थात् विद्वान मित्र अर्थात् माता-पिता और संबंधियों का नवान्न से सत्कार करके निष्पाप हो गए हैं। इससे पता चलता है कि श्री रामचंद्र जी के समय से पहले ही दीपावली का पर्व भारतवर्ष में मनाया जाता रहा है। इस पर्व का रामचंद्र जी के श्रीलंका विजय के पश्चात अयोध्या लौटने से कोई संबंध नहीं है।

## मर्यादा पुरुषोत्तम का अनुकरणीय चरित्र

अब आते हैं हम श्रीराम के अनुकरणीय चरित्र के उस उज्जवल पक्ष पर जिसके चलते वह मर्यादा पुरुषोत्तम कहे गए। उन्होंने पराई नारी की ओर देखना तक अच्छा नहीं समझा। रामचंद्र जी ने अपने पिता दशरथ के घर में तीन पत्नियों के होने से होने वाले कलह को बड़ी निकटता से देखा था। यही कारण था कि श्री राम अपने लिए भी यह नहीं चाहते थे कि सीता से अलग वह कोई और पत्नी लेकर आएं। उन्होंने भारत के वर्तमान तथाकथित राष्ट्रपिता की तरह 'सत्य के साथ' किसी प्रकार के 'प्रयोग' भी नहीं किए और ना ही ब्रह्मचर्य का झूठा नाटक किया। क्योंकि उन्हें झूठ और फरेब के आधार पर 'राष्ट्रपिता' नहीं बनना था।

रामचंद्र जी के विषय में यह भी जानने योग्य तथ्य है कि जब तक वह वन में रहे तब तक उन्हें कोई संतान की प्राप्ति नहीं हुई। इसका अभिप्राय है कि वहां पर वह दोनों पति-पत्नी, भाई-बहन के रूप में रहे। जो लोग यह कहते हैं कि रामचंद्र जी के भाई लक्ष्मणजी का बहुत बड़ा त्याग था कि उन्होंने अपनी पत्नी उर्मिला को अयोध्या में छोड़ दिया था और स्वयं भाई की सेवा में चले गए थे। उन्हें यह भी समझना चाहिए कि लक्ष्मण के साथ तो उनकी पत्नी नहीं थी, इसलिए उनका ब्रह्मचर्य पूर्वक संयम के साथ रहना समझ में आ सकता है, परंतु रामचंद्र जी के साथ तो उनकी अपनी पत्नी

सीताजी थीं। इसके उपरांत भी उन दोनों ने संयम बरता और 'सत्य के साथ' किसी प्रकार की न तो छेड़छाड़ की और ना कोई 'प्रयोग' किया। इसका अभिप्राय है कि रामचंद्र जी ब्रह्मचर्य व्रत के पक्के थे। यही कारण है कि उनके भीतर गहरा धैर्य, संयम और शत्रु का सामना करने का असीम साहस विद्यमान था।

रामचंद्र जी की मर्यादा और धर्म के प्रति लग्नशीलता स्वतंत्र भारत में राजनीति और राजनीतिक लोगों के लिए आदर्श आचार संहिता के रूप में काम करती तो क्या ही अच्छा होता?

जिन लोगों ने रामचंद्र जी के अस्तित्व को नकारने का शपथ पत्र देश के सर्वोच्च न्यायालय में दिया, उन लोगों की इसी प्रकार की भारत विरोधी भावना के कारण रामचंद्र जी का आदर्श चरित्र भारतीय राजनीतिज्ञों के लिए आदर्श नहीं बन पाया। यह अलग बात है कि भारतीय राजनीतिक लोगों से अलग भारत की जनता आज भी श्रीराम को एक आदर्श व्यक्तित्व के रूप में पूजती है।

## ब्रह्मचर्य व्रत की भारत की परंपरा

हमारे ऋषि पूर्वजों ने ब्रह्मचर्य से नियम को जीवन के लिए बहुत आवश्यक समझा। इसके अनेकों प्रकार के लाभ देखकर जीवन भर ब्रह्मचर्य व्रत का पालन करने वाले अनेकों ऋषि भारत में हुए हैं। हमारे पूर्वजों ने ब्रह्मचर्य व्रत को निभाना जीवन को उन्नत बनाने के दृष्टिकोण से आवश्यक समझा। जबकि भारत के वर्तमान तथाकथित राष्ट्रपिता ब्रह्मचर्य के प्रयोग करने में लगे रहे और उन प्रयोगों में भी जिस प्रकार की अश्लीलता उन्होंने दिखाई, उसे देखकर तो उनके मित्र भी उन पर थूकने लगते थे। भारत के प्राचीन ऋषियों की ब्रह्मचर्य साधना अपने आप में अनूठी थी :-

**"ब्रह्म का अनुरागी बन**
**जो ब्रह्म में विचरण करे।**
**आहार जिसका ब्रह्म हो,**
**उसे ब्रह्म निज शरण धरे।।**
**जो ब्रह्मवेत्ता बन धरा पर,**
**ब्रह्म शक्ति का संचय करें।**
**ऐसा वीर व्रत धारी धरा से,**
**पापांत एक दिन निश्चय करे।।"**

रामचंद्र जी के सामने यदि उस समय की राक्षस जाति के लोग किसी ऐसी जेल का प्रस्ताव रखते जहां उन्हें सारी सुविधाएं उपलब्ध होतीं, जिसके बदले में वे अपने राष्ट्रवासियों और ऋषिमंडल की प्राण रक्षा के लिए संघर्ष करना छोड़ देते तो वह ऐसा प्रस्ताव कदापि स्वीकार नहीं करते। उन्हें राक्षसों की जेल के बादाम खाने अच्छे नहीं लगते बल्कि ऋषि मंडल के कंदमूल ही पसंद आते।

ऐसे श्रीराम ने शूर्पणखा के विवाह प्रस्ताव को जिस विनम्रता से ठुकराया था, उस पर चर्चा करना भी उचित है। रावण की बहन शूपर्णखा जब प्रेमासक्त होकर रामचंद्र जी के पास आयी तो उसने श्रीराम का परिचय पूछा। रामचंद्र जी ने अपना पूर्ण परिचय देकर फिर उस राक्षसी का परिचय पूछा तो उसने बताया कि राक्षसों का राजा महापराक्रमी अत्यंत बलवान विश्रवा मुनि का पुत्र रावण मेरा भाई है। मेरे एक भाई का नाम कुंभकर्ण है, जो बहुत अधिक सोता है। वह बहुत बड़ा बलवान है। मेरे एक भाई का नाम विभीषण है, जो कि बहुत बड़ा धर्मात्मा है।

संग्राम में प्रसिद्ध पराक्रम वाले खर और दूषण नाम के मेरे दो भाई और हैं।

हे राम! तुम्हारे प्रथम दर्शन से ही मैं तुम पर आसक्त हो, उन सबकी कुछ परवाह न कर तुम जैसे उत्तम पुरुष को अपना पति बनाने के लिए यहां आई हूं। अतः आप चिरकाल के लिए मेरे पति बनो, तुम सीता को लेकर क्या करोगे?

## क्यों ठुकराया शूर्पणखा का विवाह प्रस्ताव?

इस प्रकार शूर्पणखा ने अपने परिवार के उन सभी पराक्रमी लोगों का परिचय रामचंद्र जी को दे दिया जो उस समय राक्षस जाति के बहुत बड़े नाम थे। रामचंद्र जी के लिए यह संभव नहीं था कि वह उन राक्षसों के नामों से परिचित ना हों। ऐसे में रामचंद्र जी यह भी भली प्रकार जानते थे कि यदि किसी कारण इस राक्षस कुल से विवाह संबंध स्थापित कर लिया गया तो उनका राक्षसविहीन भूमंडल करने का संकल्प अधूरा रह जाएगा। रामचंद्र जी यह भी भली प्रकार जानते थे कि यदि उन्होंने शूर्पणखा के विवाह प्रस्ताव को स्वीकार कर राक्षसों के साथ वैवाहिक संबंध स्थापित कर लिए तो इससे ऋषिमंडल में भी उनके नाम की अपकीर्ति होगी। इसलिए उन्होंने बड़ी विनम्रता से शूर्पणखा के विवाह प्रस्ताव को ठुकरा दिया और कहा कि हे देवी! मैं तो विवाहित हूं और यह मेरी पत्नी सीता मुझे अत्यंत प्रिय भी है, तुम्हारी जैसी स्त्री के लिए सोच का होना बड़ा दुखदायी होगा।

रामचंद्र जी ने शूपर्णखा का विवाह प्रस्ताव अस्वीकार कर उससे यह भी कह दिया कि यदि आप उचित समझें तो यह मेरा भाई लक्ष्मण है इससे विवाह के लिए पूछ सकती हो। परंतु यह क्या? लक्ष्मण जी ने भी शूर्पणखा को निराश ही किया और उससे कह दिया कि मेरे द्वारा आपकी प्रेम वासना की पूर्ति किया जाना संभव नहीं है।

## गांधी जी का चरित्र

अब एक ओर तो हमारे रामचंद्र जी का यह आदर्श चरित्र है और दूसरी ओर गांधी जी का वह चरित्र है जिसे लिखने में लेखनी को भी शर्म आती है। अब यह सबको पता हो गया है कि उनके जीवन में अनेकों महिला मित्रों ने डेरा डाला। जिनके साथ वे कस्तूरबा गांधी के विरोध और क्रोध के उपरांत भी रंगरलियां करते रहे।

इस देश को आजाद कराने में प्रमुख भूमिका निभाने वाले महात्मा गांधी के विषय में गिरजा कुमार ने अपनी पुस्तक 'महात्मा गांधी और उनकी महिला मित्र' में जिस प्रकार गांधीजी के कथित ब्रह्मचर्य का वर्णन किया है, उसे पढ़कर गांधीजी के विषय में आपकी धारणा का भवन पल भर में भूमिसात हो सकता है। नेहरू जी गांधीजी के उत्तराधिकारी थे। गांधीजी अपने विचारों से बहुत दूर रहने वाले सरदार पटेल को अपना राजनीतिक उत्तराधिकारी क्यों नहीं बना पाए या क्यों नहीं बनाना चाहते थे, यह भी उस पुस्तक के पढने से स्वत: स्पष्ट हो जाएगा।

गिरिजा कुमार ने गहन अध्ययन और गांधी से जुड़े दस्तावेज़ों के रिसर्च के बाद 2006 में "ब्रह्मचर्य गांधी ऐंड हिज़ वीमेन असोसिएट्स" में डेढ़ दर्जन महिलाओं का ब्यौरा दिया है। जो उनके ब्रह्मचर्य में सहयोगी थीं और गांधी के साथ निर्वस्त्र सोती-नहाती और उन्हें मसाज़ करती थीं। इनमें मनु, आभा गांधी, आभा की बहन बीना पटेल, सुशीला नायर, प्रभावती (जयप्रकाश नारायण की पत्नी), राजकुमारी अमृतकौर, बीवी अमुतुसलाम, लीलावती आसर, प्रेमाबहन कंटक, मिली ग्राहम पोलक, कंचन शाह, रेहाना तैयबजी शामिल हैं। प्रभावती ने तो आश्रम में रहने के लिए पति जेपी को ही छोड़ दिया था। इससे जेपी का गांधी से ख़ासा विवाद हो गया था। (साभार)

निश्चित रूप से भारत ऐसे चरित्रहीन लोगों को अपना नायक नहीं मान सकता जो ब्रह्मचर्य नाश की शिक्षा देते हैं या जिनका जीवन व्यभिचार से भरा हुआ हो। हमारे नायक या राष्ट्रपिता श्री राम जैसे मर्यादा पुरुषोत्तम ही हो सकते हैं जिन्होंने अत्यंत विषम परिस्थितियों में भी अपने मर्यादित आचरण का परिचय देकर हमारे लिए अनुकरणीय आदर्श स्थापित किए।

## शूर्पणखा की नाक काटने का रहस्य

रामचंद्र जी के पिता दशरथ का राज्य उस समय बहुत छोटे से क्षेत्र पर था। जबकि रावण का राज्य उस समय विशाल भूमंडल पर फैला हुआ था। छोटे से राज्य के राजकुमार श्री राम और उनके भाई लक्ष्मण के द्वारा शूर्पणखा के विवाह प्रस्ताव को नकारने को ही उसके भाई रावण ने अपनी नाक कटी हुई समझ लिया था। जहां कुछ विद्वानों का ऐसा मानना है, वहीं पर वाल्मीकि रामायण में इस बात का स्पष्ट उल्लेख है कि रामचंद्र जी ने अपने भाई लक्ष्मण से यह स्पष्ट कह दिया था कि इस महिला का अंग भंग करके तुम इसे और भी कुरूप बना दो। तब लक्ष्मण ने क्रुद्ध होकर म्यान से तलवार निकालकर श्रीराम के देखते-देखते उस राक्षसी के नाक और कान काट डाले।

श्री राम जी ने शूर्पणखा के नाक-कान काटने का आदेश देकर क्या कोई अनुचित कार्य किया था? या यह कार्य शास्त्र संगत था? इसका उत्तर स्वामी जगदीश्वरानंद जी ने वाल्मीकीय रामायण के अपने भाष्य में पृष्ठ संख्या 233 पर याज्ञवल्क्य स्मृति (2-289) का उल्लेख करते हुए दिया है। जिसमें कहा गया है कि यदि स्त्री-पुरुष एक-दूसरे की इच्छा के बिना धींगामस्ती से स्व वर्ण में विवाह करना चाहें तो उन्हें उत्तम दंड अर्थात् कठोरतम दंड देना चाहिए। यदि वह अपने से हीन वर्ण में अनुलोम विवाह करना चाहें तो मध्यम दंड और यदि अपने से उच्च वर्ण में प्रतिलोम विवाह करना चाहें तो पुरुष को वध दंड देना चाहिए और स्त्री के नाक कान काट लेने चाहिए।

शूर्पणखा विधवा थी और पुलस्त्यवंशी रावण की बहन थी। वह शास्त्र मर्यादा के विरुद्ध क्षत्रिय राम से प्रतिलोम विवाह करना चाहती थी। अतः श्रीराम ने उसे जो दंड दिया, वह सर्वथा उचित ही था।

राम मर्यादा पुरुषोत्तम इसलिए हैं कि वह शास्त्रों की मर्यादा का पालन करना अपना धर्म समझते थे। कई बार ऐसा भी होता है कि शास्त्र मर्यादा और लोक मर्यादा कुछ अलग-अलग संकेत करती हुई देखी जाती हैं। जैसे कि उस समय लोक मर्यादा तो यह भी थी कि वह अपने पिता का अनुकरण करते हुए तीन शादियां कर लेते, लेकिन उन्होंने पिता द्वारा स्थापित लोक मर्यादा या लोक परंपरा का निर्वाह न करते हुए शास्त्र मर्यादा का पालन किया। क्योंकि लोक मर्यादा कई बार स्वार्थवश भी अपनाई जा सकती है या स्थापित की जा सकती है, जबकि शास्त्र मर्यादा के साथ

ऐसा कोई स्वार्थ जुड़ा हुआ नहीं होता।

सत्य निस्वार्थ होता है और लोक कल्याण के लिए काम करता है। मर्यादा पुरुषोत्तम वही हो सकता है जो सत्य का अनुयायी हो और लोक कल्याण को अपना जीवन ध्येय बनाकर चलता हो।

ज्ञान के अथाह सागर होने के बावजूद सदैव ऋषि-मुनियों के श्री मुख से धर्म, नीति पूर्ण उपदेश ग्रहण करते तथा धर्म नीति पूर्ण आचरण करते हुए उन्होंने दर्शाया कि ज्ञान अनंत है। उसे अर्जित करने की कोई सीमा नहीं होती तथा ज्ञान प्राप्ति तभी सार्थक होता है जब वह ज्ञान व्यक्तित्व का अंग बन जाए।

साध्वी कमल वैष्णव के मतानुसार राज्यारोहण के पश्चात उन्होंने जो सर्वोत्तम शासन व्यवस्था; अर्थ नीति, धर्म नीति, समाज नीति तथा राजनीति की मर्यादा स्थापित की, उन सबके समूह का नाम ही 'रामराज्य' है। उन्होंने व्यष्टि तथा समष्टि दोनों के लिए ही रची हुई मर्यादाओं का अपने जीवन में तथा राज्य के द्वारा भली-भांति परिपालन किया।

रामराज्य का स्वरूप राम राज्य में सभी वर्गों के समस्त नर-नारी सच्चरित्र, वर्णाश्रम धर्म परिपालन तथा सब कर्तव्यनिष्ठ थे। कर्तव्य का मानदंड अपनी इच्छा मात्र नहीं था। वह वेद मार्ग को अर्थात् वेदों की आज्ञानुसार और शास्त्र वचनों को मानदंड मानकर जीवन-यापन करते थे। इसके फलस्वरूप रोग, शोक तथा भय की प्राप्ति उनको नहीं होती थी। सभी धर्म-परायण थे तथा काम, क्रोध, लोभ, मद आदि से सर्वथा दूर रहते थे, कोई किसी से वैर नहीं करता था। वैर के अभाव में प्रेम स्वाभाविक ही है। सभी गुणों से गुण संपन्न, पुण्यात्मा, ज्ञानी और चतुर थे पर उनकी चतुरता भजन में, ज्ञान में थी। परदारा परधन अपहरण में नहीं। सभी मर्यादित जीवन में आस्था रखने वाले थे।

उनकी शासन व्यवस्था के ये सूत्र अथवा मानदंड ही भारत के सांस्कृतिक राष्ट्रवाद के आधार हैं।

अध्याय - 6

# राक्षसों के संहारक बनो

शूर्पणखा का कार्य अनैतिक और अनुचित था। जिसके अनुचित और अनैतिक कार्य का सही फल लक्ष्मण जी ने उसे दे दिया था। इसके पश्चात अब वे परिस्थितियां बननी आरंभ हुईं जो उस कालखंड की ऐतिहासिक क्रांति का सूत्रपात करने वाली थीं।

यह घटना राक्षस वंश के लिए ऐसी घटना सिद्ध हुई जिसने उसके विनाश की प्रक्रिया आरंभ कर दी। रामचंद्र जी ने राक्षस वध का संकल्प पहले ही ले लिया था। वह शूरवीर थे, साहसी और पराक्रमी व्यक्तित्व के स्वामी थे। युद्ध के मैदान से भागना उन्होंने सीखा नहीं था। उन्होंने भी यह संकल्प ले लिया था कि उनका संपूर्ण जीवन यदि राक्षस वध करने में व्यतीत हो तो उन्हें आनंद प्राप्त होगा।

**महासंकल्प लिया जीवन का,**
**आतंक मिटा दूंगा वन से।**
**जो वृत्तियाँ पाप कराती हैं,**
**हटा दूंगा उनको आसन से।।**
**यज्ञ योग से जुड़े मनुज जो,**
**भूषण कहलाते वसुधा भर के।**
**जो वेद धर्म के लिए समर्पित**
**हर क्षण गाते गीत सनातन के।।**
**उनकी रक्षा का भार उठाकर,**
**निशंक चलूंगा जीवन पथ पर।**
**रघुकुल की रीत यही है मेरी,**
**निर्वाह करूंगा जीवन भर।।**

वास्तव में महापुरुष अपने संकल्प के साथ जीना सीख लेते हैं। उनके लिए

'कल्पवृक्ष' नाम का कोई काल्पनिक वृक्ष नहीं है जो उन्हें ऐसी अद्भुत और अलौकिक चीजों को प्राप्त कराने में सहायक होगा, जिनके लिए संसार का कोई साधारण मनुष्य कभी-कभी सपने ही ले लिया करता है। महापुरुष वही होते हैं जो अपने आप संकल्प का वृक्ष लगाते हैं और उसके मीठे फल खाते हैं। इतिहास संकल्प वृक्ष के लगाने वाले ऐसे महापुरुषों के ही गुणगान किया करता है जिनके संकल्पों में शिथिलता होती है, वह कभी महान कार्य संपादित नहीं कर पाते। उनका जीवन शिथिल पड़ जाता है और जब चुनौतियां उनके सामने आती हैं तो उन्हें देख कर वे भाग जाते हैं।

रामचंद्र जी भी संकल्प वृक्ष के नीचे बैठकर अपनी साधना कर रहे थे। आतंक, आतंकी और आतंकवाद से उन्होंने शत्रुता मोल ले ली थी। अब इन तीनों को मिटाना उनके जीवन का ध्येय हो गया था। यद्यपि कुछ लोगों ने रामचंद्र जी के जीवन चरित्र का उल्लेख करते हुए कुछ इस प्रकार प्रभाव डालने का प्रयास किया है कि उनके समय में राक्षसी वृत्तियां नगण्य थीं और धार्मिक लोगों का वर्चस्व चारों ओर था। माना कि धार्मिक पुरुषों की संख्या उस समय अधिक थी, परंतु यह भी सत्य है कि उनके काल में राक्षसी वृत्तियां भूमंडल के अधिकांश भाग पर अपना शासन करने में सफल हो गई थीं। जिससे जनसाधारण का जीवन कठिनाइयों और विषमताओं से भर गया था। जिनका विनाश करने का महासंकल्प श्री राम ने लिया।

उन्हें यह पता था कि शूर्पणखा के साथ उन्होंने जो कुछ भी किया है, उसका परिणाम क्या होगा? उन्होंने अपने भाई लक्ष्मण से यह कह दिया था कि अब सावधान रहने की आवश्यकता है। क्योंकि यह राक्षसिन निश्चय ही अपने लोगों से जाकर हमारी शिकायत करेगी। जिससे यथाशीघ्र कोई न कोई ऐसा हमला हम पर हो सकता है जिसकी हम आशा नहीं कर सकते।

यही हुआ भी। जब शूर्पणखा ने जाकर अपने भाई खर और दूषण को अपनी व्यथा-कथा सुनाई और उन्हें बढ़ा-चढ़ाकर यह बताया कि किस प्रकार दशरथ पुत्र श्री राम और लक्ष्मण ने उसका यह अपमान किया है और उसका अंग भंग कर तुम्हारे पौरुष को चुनौती दी है तो उससे क्रुद्ध होकर खर और दूषण ने श्री राम और लक्ष्मण पर आक्रमण करने के लिए अपने 14 राक्षसों को भेजने का आदेश दिया।

**चौदह राक्षस वेग से पहुंचे राम के धाम।**
**दशरथ नंदन ढूंढकर कर दो काम तमाम।।**

यहां पर यह बात स्पष्ट हो जानी चाहिए कि खर और दूषण के द्वारा रामचंद्र जी और उनके भाई लक्ष्मण को समाप्त करने के लिए ही यह आदेश दिया गया था। वे 14 राक्षस वनों में रामचंद्र जी और लक्ष्मण की आरती उतारने के लिए नहीं आ रहे थे, बल्कि उनका सिर उतारने के लिए आ रहे थे। आज की परिस्थितियों पर यदि विचार करें तो 14 राक्षसों या आतंकवादियों के दल को समाप्त करने के लिए बहुत संभव है कि 14 हजार की सेना लगा दी जाए। यह सेना भी आधुनिकतम हथियारों से लैस होगी। परंतु उस समय दो सात्विक वीरों को समाप्त करने के लिए 14 राक्षसों की सेना आ रही थी। इसका अभिप्राय है कि आज आतंकवादियों का भय होता है और उस समय सात्विक वीरों का भय होता था। परिस्थितियां अत्यंत विषम थीं, परंतु इसके उपरांत भी श्रीराम धैर्य और संयम बनाए हुए एक वीर योद्धा की भाँति उन राक्षसों की प्रतीक्षा करते रहे। यदि वह चाहते तो उनके आने से पहले उस स्थान को छोड़ सकते थे, परंतु उन्होंने ऐसा नहीं किया। इसके विपरीत वे वहीं रुके रहे और आने वाली आपदा का सामना करने को ही उन्होंने प्राथमिकता दी। उन्होंने ऐसा भी नहीं किया कि जो राक्षस उनके सामने आने वाले थे, उनके सामने वह किसी प्रकार के गांधीवादी सत्याग्रह का ढोंग रचते और उन्हें अपने प्राण आराम से ले लेने देते।

रामचंद्र जी यथार्थवादी दृष्टिकोण के व्यक्ति थे। वह जानते थे कि राक्षसों के सामने आह भरने या प्राणों की भीख मांगने से काम नहीं चलेगा, अपितु उनके प्राण लेने से ही काम चलेगा। उन्होंने ऐसे किसी ढोंग या पाखंड को भी नहीं फैलाया कि आतंकवादियों के भी मौलिक अधिकार होते हैं। वह एक ही बात जानते थे कि जो लोग जनसाधारण का जीना हराम करते हैं, उनके कोई अधिकार नहीं होते। क्योंकि वह दूसरों के अधिकारों को छीनने की कोशिश करते हुए अपने अधिकार स्वयं ही समाप्त कर देते हैं। जो दूसरों के जीवन का या धन का या यश और सम्मान का हरण करते हैं, वह स्वयं अपने अधिकारों को खो देते हैं। श्रीराम को यह भली प्रकार ज्ञात था कि राक्षसों के सामने प्राणों की भीख मांगने का अभिप्राय अपनी कमजोरी को दर्शाना होता है। यही कारण था कि श्रीराम ने यह संकल्प ले लिया कि जो भी कोई शूर्पणखा के पक्ष में हमसे युद्ध करने के लिए आएगा, उसका हम वीरता के साथ सामना करेंगे। रामचंद्र जी के द्वारा ऐसा संकल्प लेने का एक कारण यह भी था कि शूर्पणखा को सहायता देने वाला या उसके किए गए तथाकथित अपमान का प्रतिशोध लेने के लिए आने वाला व्यक्ति भी आतंकवादी होगा।

**एक राक्षसी का कौन समर्थक?**
**यह जान गए दशरथ नंदन।**
**निश्चय ही वे लोग बनेंगे,**
**जिनके कारण मचा करुण क्रंदन।।**

**जो भी आएगा रणभूमि में**
**लौटना कभी नहीं उसका संभव।**
**रणभूमि में उसकी भेंट चढ़ेगी**
**आज ऐसा मेरा है निश्चय।।**

कुछ ही समय में वह घड़ी आ गई जब खर और दूषण के भेजे हुए 14 राक्षस आकाश मार्ग से शूर्पणखा के साथ रामचंद्र जी और लक्ष्मण के पास आ पहुंचे। यह एक भयानक राक्षस दल था जो कि रामचंद्र जी और उनके भाई का वध करने के लिए आया था। उनका आने का उद्देश्य स्पष्ट था। जिसे समझने में श्रीराम को तनिक भी देर नहीं लगी। जैसे ही वे राक्षस श्री राम और लक्ष्मण जी के पास पहुंचे वैसे ही रामचंद्र जी ने अपने धनुष पर प्रत्यंचा चढ़ाकर उन राक्षसों से कहा कि यदि तुम लोग युद्ध करना चाहते हो तो प्रसन्नतापूर्वक जहां के तहां खड़े रहना, भागना मत और यदि अपने प्राण बचाने हों तो हे राक्षसो! तुम यहां से शीघ्र लौट जाओ। ऐसा कहकर रामचंद्र जी ने उन राक्षसों को अंतिम चेतावनी देते हुए यह स्पष्ट किया कि यदि वे चाहें तो अपने प्राण बचाकर अब भी यहां से जा सकते हैं। शूरवीरता की यह पहचान है कि वह शत्रु को अनावश्यक मारने से बचती है। यदि शत्रु अपनी प्राण रक्षा चाहता है तो प्रत्येक शूरवीर एक बार उसे बचने या भागने का मौका देता है। युद्ध में ऐसा करने की हमारी प्राचीन परंपरा रही है। इसका कारण यही है कि युद्ध में कोई भी निरपराध ना मारा जाए। यदि कोई व्यक्ति अपने आप को युद्ध से बचाना चाहता है तो उसे बचने का अवसर प्रदान किया जाए। युद्ध में वही मारा जाता था जो युद्ध में मरने-मारने के लिए उतरता था।

श्री राम की यह बात सुनकर वे राक्षस अत्यंत क्रुद्ध हो गए। उन्होंने अपने क्रोध पूर्ण शब्दों में रामचंद्र जी से कहा कि हम लोगों के स्वामी खर के क्रोध को प्रदीप्त करने के कारण आज संग्राम में तुम ही हम लोगों के द्वारा मारे जाकर अपने प्राण गंवाओगे। इतना कहकर उन राक्षसों ने अपने अस्त्रों को उठाकर श्री रामचंद्र जी पर

आक्रमण कर दिया। वाल्मीकि कृत रामायण से पता चलता है कि उन राक्षसों के आक्रमण करने पर महातेजस्वी श्रीराम ने सूर्य के समान देदीप्यमान बिना फ़र के बाण राक्षसों पर उसी प्रकार छोड़े जिस प्रकार इंद्र अपना वज्र चलाते हैं।

रामचंद्र जी के इस प्रकार के बाणों के तीव्र प्रहार को आज से पहले उन 14 राक्षसों ने कभी देखा नहीं था। उन्हें भारत के आर्य राजाओं की सात्विक वीरता का अब से पहले परिचय नहीं हुआ था। आज जब उन्होंने श्री राम को सात्विक वीर की भांति युद्ध करते हुए देखा तो वह आश्चर्यचकित रह गए। उन्हें युद्ध से पहले तो ऐसा लग रहा था कि जैसे वह रामचंद्र और लक्ष्मण को अपनी मुट्ठी से भींचकर ही मार डालेंगे। यही कारण था कि उन्होंने आवेश में आकर श्री राम जी से यह कह दिया था कि आज वही हमारे द्वारा मारे जाएंगे।

उन्हें नहीं पता था कि उनकी जीवन लीला अब थोड़ी ही देर की है। रामचंद्र जी ने अपनी क्षत्रिय मर्यादा का पालन करते हुए उन्हें भागने का अवसर दिया था। पर जब देखा कि वह युद्ध में डटकर उनसे दो-दो हाथ करना चाहते हैं तो रामचंद्र जी ने अपने तीखे बाणों से उन्हें शीघ्र ही धराशायी कर दिया। रामचंद्र जी के बाणों के वेग से राक्षसों के हृदय विदीर्ण हो गए और रुधिर में सने वे भूमि पर इस प्रकार जा पड़े जैसे भीषण शब्द करते हुए बिजली गिरती है। ये राक्षस खून से लथपथ थे। उनकी आकृति बिगड़ गई और वे निर्जीव हो गए।

**"जो बीज पाप के बोते हैं**
**वे भक्षक मानवता के होते।**
**ऐसे उन हत्यारे लोगों का,**
**नहीं बोझ वीर कभी ढोते।।**

**जिनके हृदय में पाप वासना**
**स्थायी निवास किया करती।**
**उन नीच पातकों का रण में,**
**तलवारें विनाश किया करतीं।।"**

इन 14 राक्षसों को लेकर जब शूर्पणखा श्री राम और लक्ष्मण की ओर चली थी तो उसे भी यह घमंड था कि वह इन राक्षसों के माध्यम से श्री राम और लक्ष्मण का वध करवा देगी। परंतु उसका यह सपना साकार नहीं हुआ। जब उसने अपनी आंखों

से उन 14 राक्षसों के शव देखे तो वह अत्यंत दुखी हुई और मूर्छित होकर धरती पर गिर पड़ी। इस बार श्रीराम ने लक्ष्मण से यह नहीं कहा कि इस मूर्छित महिला की गर्दन उतार दे या उसके साथ कोई भी ऐसा अशोभनीय व्यवहार करें जो कि शास्त्र विरुद्ध हो। यद्यपि वह यह भली प्रकार जानते थे कि शूर्पणखा को यहां से जीवित छोड़कर वापस भेजना उनके लिए फिर नए खतरों को निमंत्रण देने के समान होगा। परंतु उन्होंने इस बार उसे निर्दोष समझा। वीरता का तकाजा भी यही होता है कि जो शत्रु बिना हथियारों के सामने खड़ा हो, उस पर हमला नहीं करना चाहिए। यद्यपि यह भी कहा जा सकता है कि जिस समय शूर्पणखा की नाक काटी गई थी, उस समय भी तो वह बिना हथियारों के थी? यहां पर यह बात भी ध्यान रखने योग्य है कि जिस समय शूर्पणखा की नाक काटी गई थी, उस समय वह सीता जी पर हमला करने पर आतुर हो गई थी। उसकी उस उद्दंडता का उस समय दण्ड दिया जाना उचित था।

जब शूर्पणखा ने उन 14 राक्षसों को धरती पर लेटे हुए देखा तो वह एक बार तो स्वयं भी मूर्छित हो गई। इसका कारण केवल एक ही था कि उसने कभी सपने में भी यह नहीं सोचा था कि इन 14 राक्षसों का वध करने में भी श्री राम और लक्ष्मण सफल हो जाएंगे। कुछ समय उपरांत उसे होश आया तो होश में आते ही महानाद करती हुई बड़े वेग से अपने भाई खर के पास पहुंची और सूखी हुई लता के समान वहां जाकर गिर पड़ी। वास्तव में श्री राम और लक्ष्मण की वीरता इस राक्षसिन के लिए एक प्रकार की दलदल बन चुकी थी। वह जितनी शीघ्रता से इसमें से निकलने का प्रयास कर रही थी, उतना ही वह नीचे धँसती जा रही थी। उसके लिए सब कुछ अप्रत्याशित होता जा रहा था और वह समझ नहीं पा रही थी कि आखिर श्री राम और लक्ष्मण का अंत कैसे किया जाए?

अब उसे एक बार फिर एक ऐसा नाटक करना था जिससे उसके भाई उसके तथाकथित अपमान का बदला लेने के लिए श्री राम और लक्ष्मण के वध की कोई नई योजना बनाते। उसके रोने, चीखने और चिल्लाने को देख कर उसके भाई खर ने कहा कि मैंने तो तुझे खुश करने के लिए राम और लक्ष्मण का रक्तपान करने के लिए 14 राक्षस भेज दिए थे। अब तू किस बात के लिए रो रही है?" - इसका अभिप्राय है कि खर और दूषण को अपने उन 14 राक्षसों पर यह पूर्ण विश्वास था कि वे रामचंद्र जी का वध करके ही लौटेंगे और उनकी बहन शूर्पणखा श्री राम और लक्ष्मण का

रक्तपान कर लेगी। खर नाम के उस राक्षस ने अपनी बहन शूर्पणखा को सांत्वना देते हुए कहा कि जब तेरी रक्षा के लिए मैं स्वयं यहां पर उपस्थित हूं तो तुझे इस प्रकार अनाथों की तरह रोने की आवश्यकता नहीं है? तू मुझे वास्तविकता बता। जिससे मैं राम और लक्ष्मण के वध का प्रबंध कर सकूं। मुझे तेरे आंसू नहीं चाहिए। मैं चाहता हूं कि उस शत्रुओं का विनाश हो, जिन्होंने तेरा यह रूप कर दिया है। मैं नहीं मानता कि हमें कोई चुनौती देने वाला मनुष्य इस वन में आ सकता है। खर ने जो भी कुछ कहा, वह उसके अहंकार को प्रकट कर रहा था और अहंकार ही वह चीज है जो व्यक्ति को नीचे गिराती है।

खर के इस प्रकार पूछने पर शूर्पणखा ने वह सारी सच्चाई बता दी, जिसके चलते खर के द्वारा भेजे गए 14 राक्षसों का बुरा हाल हो चुका था। उसने रोते-रोते यह बताया कि भाई उन 14 राक्षसों का संहार करने में राम को तनिक भी देर नहीं लगी। शूर्पणखा के इस प्रकार के कथन से स्पष्ट हो गया कि वह श्रीराम की वीरता का लोहा मान चुकी थी। उसने अपने भाई से आगे कहा कि अब तुम्हारे वे 14 राक्षस इस दुनिया में नहीं हैं। मैंने जब उन 14 राक्षसों को धरती पर पड़े देखा तो मुझे बहुत अधिक दु:ख हुआ। मैं अत्यंत भयभीत हो गई और अब भयभीत अवस्था में ही तुम्हारे पास इस आशा से लौटी हूं कि तुम शत्रु का विनाश करने में देर नहीं करोगे।

उसने कहा कि - "विषादरूपी मगरमच्छों से परिपूर्ण तथा भय रूपी तरंगों से तरंगित महासागर में मैं डूब रही हूं। फिर तू मुझे बचाता क्यों नहीं है?" वास्तव में शूर्पणखा को अपनी वासना का भूत इस स्थिति तक ले तो आया लेकिन अब वह इससे सम्मानजनक ढंग से निकलना चाहती थी। वह चाहती थी कि शत्रु को बदनाम करके किसी तरीके से उसका अंत करा दिया जाए, अन्यथा लोग उसे ही गलत बताएंगे। यद्यपि उसे यह पता नहीं था कि अब वह अपने ही विनाश के रास्ते पर चल चुकी है। उसने अपने राक्षस कुल का विनाश कराने की नींव रख दी थी।

**नींव रखी विनाश की नहीं रहा कुछ ज्ञान।**
**कालचक्र को देखकर हंसते खुद भगवान।।**

वाल्मीकि जी द्वारा किए गए इस प्रकार के वर्णन से स्पष्ट होता है कि शूर्पणखा इस समय बहुत अधिक भयभीत थी। उसे यह अपेक्षा नहीं थी कि उसके भाई के द्वारा भेजे गए 14 राक्षसों का वध श्री राम इतनी शीघ्रता से कर देंगे। उसे यह पूर्ण विश्वास

था कि वे 14 राक्षस श्रीराम और लक्ष्मण का वध करने में सफल होंगे और वह उनका रक्तपान करने में सफल हो जाएगी। अब जब वह हताश और निराश होकर अपने भाई के पास लौटी तो इसके अतिरिक्त उसके पास कोई चारा नहीं था कि वह अपने भाई को फिर रामचंद्र जी व लक्ष्मण के वध के लिए उकसाये।

संसार में राक्षसी शक्तियां वास्तव में सृजनात्मक ऊर्जा का विनाश करने के लिए इसी प्रकार के उत्पात रचा करती हैं। सात्विक संसार में रहने वाले लोग इन सारे षड्यंत्र और घात-प्रतिघात की नीतियों से निश्चिंत हुए एक निष्काम योगी की भांति अपने कामों में लगे रहते हैं। उनके पास यह सोचने तक का समय नहीं होता कि राक्षसी शक्ति उनके विनाश के लिए कौन-कौन से षड्यंत्र रच रही हैं? वास्तव में विनाश उन्हीं के इर्द-गिर्द घूमा करता है जो विनाश की मानसिकता रखते हैं। जो लोग विनाश के स्थान पर विकास की संरचना अपने मानस में करते रहते हैं, वह सात्विक जीवन जीते हुए दीर्घायु को प्राप्त होते हैं।

सात्विक शक्तियों की निश्चिंतता को देखकर कई बार ऐसा लगता है कि जैसे वे अपने अस्तित्व की रक्षा के प्रति पूर्णतया असावधान हैं। पर वास्तव में ऐसा होता नहीं है। उनकी अंतश्चेतना उन्हें जगाये रखती है और शत्रु के घात-प्रतिघात के प्रति सचेत और सजग भी बनाए रखती है।

श्री राम शत्रुओं से खेल रहे थे और शत्रुओं से घिरे हुए भी थे। इसके उपरांत भी वह निश्चिंतता के साथ अपना जीवन यापन कर रहे थे। यद्यपि उनकी इस प्रकार की निश्चिंतता का अभिप्राय यह नहीं था कि वह शत्रु के हमलों के प्रति असावधान थे। उनकी अंतश्चेतना उन्हें निरंतर शत्रु के प्रति सावधान रहने के लिए प्रेरित कर रही थी। ईश्वर भक्त लोग शांतिपूर्ण रहकर भी शत्रुओं के प्रति सावधान रहते हैं। क्योंकि उनकी अंतरात्मा में निवास करने वाली शक्ति उनकी चेतना को सदैव सजग बनाए रखती है। भक्त लोग भगवान का सानिध्य प्राप्त करके अपने अंतर्मन में व्याप्त काम क्रोध आदि शत्रुओं पर विजय प्राप्त कर लेते हैं। जिनके भीतर के शत्रु शांत हो गए, वे बाहर के शत्रुओं पर बड़े सहजता से विजय प्राप्त कर लेते हैं। यही कारण है कि हमारे ऋषियों ने हमारे अन्तर्जगत को पवित्र रखने की साधना पर विशेष बल दिया है।

यदि कुछ देर के लिए यह माना जाए कि श्री राम जब वन में रह रहे थे तो वह 14 वर्ष का 'वनवास' नहीं बल्कि जेल काट रहे थे तो हमें उनके उस समय के जीवन

आचरण पर ध्यान देना चाहिए। वास्तव में उन्होंने अपनी इस तथाकथित जेल या वनवास का सदुपयोग करते हुए अपने आत्म संयम और धैर्य को और भी अधिक बढ़ाया। आधुनिक काल में गांधी जी ने जेलों को सुधार-ग्रह का नाम दिया था। जबकि रामचंद्र जी ने अपने वनवास को अपने लिए साधना स्थली में परिवर्तित कर लिया। उनकी यह साधना भी इतनी ऊंची और पवित्र थी कि वह राष्ट्र साधना में परिवर्तित हो गई और राष्ट्र साधना से प्राणीमात्र की हित साधना में रत हो गई। यह उनका विश्व मानस था और यही उनका विराट स्वरूप था। व्यष्टि से समष्टि तक के इस विस्तार के कारण ही श्री राम 'भगवान' कहलाए।

**उनका यह वनवास काल :-** धर्म साधना का काल था, संस्कृति की रक्षा का काल था, संसार की उन सभी दैवीय शक्तियों से आशीर्वाद प्राप्त कर उनकी रक्षा का काल था, जो संसार की गति को धर्म के अनुकूल और वेद के अनुकूल बनाए रखने में सहायक होती हैं। उनके आत्म संयम और आत्म धैर्य को न तो शूर्पणखा हिला सकी और ना ही उसके भाइयों के द्वारा भेजे गए 14 राक्षसों का आक्रमण ही उनके मनोबल पर विपरीत प्रभाव डाल सका। वह जंगल में उस पेड़ की भांति खड़े थे जो यह जानता है कि तूफान आएंगे परंतु उनसे सीना तान कर टक्कर लेनी है, अन्यथा वे तेरा अस्तित्व मिटा देंगे।

भारत में स्वाधीनता के पश्चात 'रामराज्य' की कल्पना करने वाले गांधीजी सन 1931 तक भी अंग्रेजों के भारत आगमन को भारत का सौभाग्य मानते रहे और यह भी कहते रहे कि अंग्रेजों का राज भारत के लिए 'वरदान' है। अपने आपको राक्षस अंग्रेजों की प्रजा कहने में गांधी जी और उनके लोगों को बड़ा आनंद अनुभव होता था। यह अत्यंत दुर्भाग्यपूर्ण और दुखद तथ्य है कि गांधीजी अपने जीवन काल में राक्षस लोगों की पहचान नहीं कर पाए। वे यह नहीं समझ पाए कि अंग्रेज भारत में आकर भारत के लोगों के अधिकारों का हनन कर रहे हैं और यहां की अकूत संपदा को लूट-लूटकर अपने देश ले जा रहे हैं। तनिक कल्पना करें कि यदि श्रीराम भी रावण के राक्षस साम्राज्य को अपने लिए वरदान मान लेते तो क्या होता? तब निश्चय ही संसार से वैदिक संस्कृति का विनाश हो गया होता और संसार में जितनी भी सृजनात्मक शक्तियां हैं जो विनाश को प्राप्त हो गई होतीं।

जबकि श्रीराम ने कभी भी शत्रु राक्षस लोगों का ना तो गुणगान किया और

ना ही उनके सामने इस प्रकार की आत्महीनता की बातें प्रकट कीं। वे उन्हें अपना शासक मानने को भी तैयार नहीं थे। क्योंकि उनका एक ही लक्ष्य था कि मानवता के विरुद्ध काम करने वाली सभी शक्तियों का विनाश करना आवश्यक है। रामचंद्र जी ने शूर्पणखा और उसके भाइयों के इस प्रकार के आक्रमण को मात्र एक तूफान माना और उस तूफान का सामना करने का संकल्प लिया। इस संकल्प शक्ति से उन्होंने मानो रावण को पहली चुनौती दे दी कि या तो रास्ते पर आ जाओ, अन्यथा संहार के लिए तैयार रहो।

**"संकल्प एक धारकर,**
**शत्रुओं को मारकर,**
**निर्भीक हो आगे बढ़े,**
**तूफान को निवारकर।"**

भाजपा नेता कलराज मिश्र की पुस्तक 'हिंदुत्व एक जीवन शैली' में गांधी जी से जुड़ी बात कही गई है। किताब के पृष्ठ संख्या 179 पर राष्ट्रीय स्वयं सेवक संघ के वरिष्ठ प्रचारक सालिगराम दूबे ने हिंदुत्व मानव श्रेष्ठता का चरम बिंदु नाम से एक लेख लिखा है। इसमें उन्होंने कई महत्त्वपूर्ण मुद्दों को उठाया है।

दूबे लिखते हैं, "आज हम जिस हिंदू संस्कृति की बात करते हैं, वह एक उद्भिवासी व्यवस्था है, जिसके विचारों व दृष्टिकोण में विविधता पाई जाती है और जिसमें नदियों की गति की तरह निरंतरता है। हिंदुत्व एक जीवन-पद्धति या जीवन-दर्शन है, जो धर्म, अर्थ, काम व मोक्ष को परम लक्ष्य मानकर व्यक्ति व समाज को नैतिक, भौतिक, मानसिक व आध्यात्मिक उन्नति के अवसर प्रदान करता है।"

श्री दुबे की इस मान्यता से पता चलता है कि भारत की संस्कृति निरंतर प्रवाहमान स्थिति को पसंद करती है। उसे रुकना पसंद नहीं है। क्योंकि रुकना मृत्यु का प्रतीक है। निरंतर प्रवाहमान जीवन से ही प्रवाहमान राष्ट्र का निर्माण होता है। राष्ट्र की इस प्रवाह मानता में कहीं पर भी किसी प्रकार का गतिरोध न आए इसके लिए देश के शासक वर्ग और नेताओं को सदा सावधान रहना चाहिए। यह बिलकुल वैसे ही होना चाहिए जैसे श्री राम ने किया था।

श्री दुबे के अनुसार, "राष्ट्रपिता महात्मा गांधी ने स्वयं कहा था कि मैं हिंदू हूं और मैं राष्ट्रवादी हूं। अर्थात् हिंदुत्व व राष्ट्रवाद एक-दूसरे के पर्याय हैं- तथाकथित

धर्मनिरपेक्षतावादियों को हिंदुत्व का सही अर्थ समझने की आवश्यकता है। राष्ट्र का संरक्षण व सशक्तीकरण प्रत्येक भारतीय का परम कर्तव्य है। भारत के राष्ट्रीय एकात्म को मजबूत करने का कार्य एकमात्र हिंदू धर्म ने किया है, क्योंकि भारत में राष्ट्रीयता हमारी संस्कृति की कोख से उत्पन्न हुई है। राष्ट्रीयता हमारी मातृत्व शक्ति है और हिंदुत्व हमारी परंपरा, भगवान राम हिंदू समाज के आदर्श पुरुष, इसी कारण उन्हें पुरुषोत्तम राम कहा गया। राष्ट्रपिता महात्मा गांधी की राम के प्रति आस्था से पूरा विश्व परिचित है। उनका प्रिय भजन 'रघुपति राघव राजा राम.....' किसे प्रिय नहीं है।"

इस पर हमारा कहना है कि गांधी जी ने राम के प्रति अपनी आस्था में भी दोगलापन रखा। उन्होंने किसी ऐसे राम को अपने लिए आदर्श माना जो वास्तव में कभी अस्तित्व में था ही नहीं। 'रघुपति राघव राजा राम' - के भजन को भी वह गाते रहे परंतु राम के उस आदर्श को कभी भी अपना नहीं सके जिसके अंतर्गत उन्होंने राक्षसों का संहार करना, राज्य शक्ति का प्रथम कर्तव्य घोषित किया था।

अध्याय - 7

# तुम्हें देखते ही देशद्रोही भाग खड़े हों

श्रीराम और लक्ष्मण के पास से अपने भाई खर के पास पहुंच कर शूर्पणखा ने उसे यह ताना मारा कि तुम व्यर्थ ही अपने आप को शूरवीर समझते हो। वास्तविकता यह है कि तुम शूरवीर नहीं हो। तुम तो शूर होने की केवल डींगें हाँकते हो। क्योंकि तुम उन दो मनुष्यों अर्थात् श्रीराम और लक्ष्मण को भी नहीं मार सकते। यदि तुझमें राम के साथ युद्ध करने की शक्ति और तेज नहीं है, तो हे कुलाधम! तू दंडकारण्य में बसना छोड़कर कहीं और चला जा।

**शूरवीर तोहे कैसे कहूँ, तू मारे झूठी डींग।**
**रामलखन दोउ तोड़ दें राक्षस कुल के सींग।।**

वास्तव में यह नारी का सहज स्वभाव है कि जब वह वासना के भूत से पीड़ित होती है तो वह किसी भी सीमा तक जा सकती है। एक महिला जो रोज अपने पति के साथ सोती है और उसके साथ जीने-मरने की सौगंध उठाती है, जब उस पर किसी पर पुरुष के प्रेम या वासना का भूत चढ़ता है तो वह उसी साथ सोने वाले पति की हत्यारिन तक हो जाती है। जो महिला चूहे को देखकर डर जाती है, वह वासना के भूत की शिकार होकर पति की लाश को देखकर भी नहीं डरती। कहने का अभिप्राय है कि महिला यदि किसी समय विशेष पर बहुत डरपोक होने का प्रमाण देती है तो कभी ऐसा भी समय आता है कि वही शेरनी बन जाती है। शूर्पणखा भी इस समय वासना का शिकार हो चुकी थी। उसे प्रतिशोध की आग जला रही थी। जिसके लिए वह सर्वनाश की किसी भी स्थिति को छूने के लिए तैयार थी। वह इस समय किसी भी स्थिति तक जाकर विनाश की भूमिका तैयार कर सकती थी, उसे श्रीराम, सीता और लक्ष्मण के खून से स्नान करना था, इसलिए वह उनके विनाश के लिए संपूर्ण

राक्षस कुल के विनाश को भी दाँव पर लगा सकती थी। यद्यपि उस समय उसे यह ज्ञात नहीं था कि उसके द्वारा किया जा रहा यह आचरण राक्षस संस्कृति के विनाश का भी कारण बनेगा। वह नहीं जानती थी कि अपने आपको त्रिलोकी का राजा कहने वाला उसका भाई रावण भी उसके द्वारा डाली जा रही विनाश की इसी नींव में समा जाएगा। उस समय शूर्पणखा को केवल एक ही अहंकार था कि वह त्रिलोकी के राजा रावण की बहन है। जिसका सामना करने या अपमान करने का साहस संपूर्ण भूमंडल पर किसी भी व्यक्ति को नहीं है। शूर्पणखा के विषय में हम यही कहेंगे :-

**कलम! चल उसकी खोलें पोल**
**अहंकार की मारी मारी,**
**उसकी एक ही लाचारी,**
**निज वासना से घायल होकर,**
**बोल रही थी तीखे बोल।**
**कलम! चल उसकी खोलें पोल ......**

शूर्पणखा ने अपने भाई खर के पौरुष को नहीं बल्कि उसके अहंकारी भाव को जगा दिया था। कोई भी राक्षस वृत्ति का व्यक्ति तामसिक और राजसिक वृत्तियों का शिकार होता है। तामस वृत्तियां मानव के मानस में अंधकार को जन्म देती हैं। जिसमें कोई भी व्यक्ति सही निर्णय नहीं ले पाता। क्योंकि जब अज्ञान का अंधकार अपने चरम पर होता है, तब ज्ञान का दीपक जल नहीं पाता। उस अवस्था को वैसे ही समझो जैसे दीपक को ऑक्सीजन मिलना बंद हो जाती है तो वह जल नहीं पाता। जब हमारे मस्तिष्क को सात्विक वृत्तियों की ऑक्सीजन मिलना बंद हो जाती है तो ज्ञान का दीपक अपने आप बुझ जाता है।

जिसमें आत्म संयम का अभाव होता है, वह संतुलन बिगाड़ कर अपनी भाषा का प्रदर्शन करता है। ऐसा ही खर के साथ हुआ। उसका अहंकार जागते ही उसने कहना आरंभ किया कि - "अल्प जीवन वाले सामान्य मनुष्य राम के पराक्रम को मैं अपने समक्ष कुछ भी नहीं समझता। अपने अपराध के कारण उसे आज अपने प्राणों से हाथ धोने पड़ेंगे। अब तू रोना धोना बंद कर और व्याकुलता को छोड़ दे। मैं राम और लक्ष्मण को आज ही यमराज के सदन का अतिथि बनाऊंगा। आज युद्ध में मेरे कुठार से मारे गए अधमरे राम के गरम-गरम रक्त का तू पान कर सकेगी।"

**रोना धोना छोड़ बहन,**
**थोड़ी देर कर और सहन,**
**मिटा दूंगा मैं राम लखन को,**
**रक्त से धोना लाल कपोल,**
**कलम! चल उसकी खोलें पोल .......**

अहंकार चाहे पद का हो चाहे धन या कद का हो, वह मनुष्य के पतन का ही कारण बनता है। वास्तव में रामायण के रचयिता महर्षि वाल्मीकि द्वारा जब इस ग्रंथ की रचना की गई तो उसका उद्देश्य भी यही था कि संसार के आने वाले लोगों को यह बताया और समझाया जाए कि धन, पद या कद का अहंकार करने वाले लोगों का किस प्रकार विनाश हो जाता है? पाप वृत्तियों में लगी हुई शक्तियां चाहे कितनी ही शक्तिशाली क्यों न हों, उन्हें जंगलों में घूमने वाला राम ही समाप्त कर डालता है। जिसके साथ सत्य होता है, जीत उसी की होती है। क्योंकि सत्य का साथ धर्म देता है और जहां धर्म है, वहीं नीति और न्याय होते हैं। नीति और न्याय की शरणागत सारा संसार होता है। इसलिए सारे संसार के लोगों की सदभावनाएं और शुभकामनाएं उस व्यक्ति के साथ होती हैं जो किसी भी काल का 'श्रीराम' होता है।

अपनी बहन शूर्पणखा के उकसाने से प्रेरित होकर खर अपने सेनापति दूषण से कहता है कि मेरी आज्ञानुसार चलने वाले अति वेग वाले, संग्राम में कभी पीठ न दिखाने वाले भयंकर क्रूरकर्मा, युद्ध में अत्यंत उत्साह रखने वाले 14 हजार राक्षसों को तुम शीघ्र ही युद्ध के लिए तैयार करो। वह कहता है कि मेरे लिए जितने भी अस्त्र-शस्त्रों की आवश्यकता है, उन सब की भी व्यवस्था करो। क्योंकि मैं उद्दंड और अभिमानी हुए राम का वध करने के लिए इस समय पूर्ण मनोयोग से तैयार हूं और महाबली राक्षसों के आगे-आगे प्रस्थान करना चाहता हूं।

खर का आदेश पाकर दूषण उसके लिए ऐसे ही अस्त्र-शस्त्रों और साधनों का प्रबंध कर देता है, कुछ देर पश्चात ही विचित्र वर्ण वाले घोड़े जोतकर उसे खर के सामने लाकर उसने उपस्थित कर दिया। जब यह सारा प्रबंध किया जा रहा था तब सारे राक्षस इस बात को लेकर अहंकार में थे कि इतने नामी राक्षसों के सामने श्री राम और लक्ष्मण भला कहां टिक पाएंगे? उन्हें अपने सैन्य बल पर घमंड था। उधर श्री राम अपने आत्मबल की सेना को मजबूत किए हुए अपने भाई और सेनापति लक्ष्मण जी के साथ आने वाली विशाल सेना का विनाश करने को सीना ताने खड़े थे।

**हजारों का वह दानव दल था,**
**उधर राम का आत्मबल था,**
**अहंकार के आगे कैसे टिकता सत्य?**
**अंत में बजते सत्य के ढोल,**
**कलम! चल उसकी खोलें पोल .....**

जो कुछ भी परिस्थितियां उस समय बन रही थीं वह कुछ वैसी ही थीं जैसी भारतवर्ष में स्वाधीनता संग्राम के काल में बनती रही थीं। जब हमारे देश भारत वर्ष पर तुर्कों, मुगलों या अंग्रेजों का शासन था तो उस समय भी श्रीराम के आत्मबल से प्रेरित होकर हमारे अनेकों क्रांतिकारियों ने उन राक्षस विदेशी आक्रमणकारी शासकों के विशाल सैन्य बल का उसी प्रकार सामना किया था जिस प्रकार रामचंद्र जी ने अपने काल में अनेकों राक्षसों के विशाल सैन्य बल का सामना किया था। भारतवर्ष के इस स्वाधीनता संग्राम के अवलोकन से पता चलता है कि भारत के वीर क्रांतिकारियों ने श्रीराम के चित्र की नहीं, चरित्र की उपासना की और उनके तप, त्याग, साधना, राष्ट्रप्रेम, संस्कृति प्रेम और धर्म रक्षा के भाव से प्रेरणा लेकर विदेशी आक्रमणकारियों से लोहा लिया। इससे यह भी पता चलता है कि जब नींव मजबूत होती है तो भव्य भवन बनना सहज हो जाता है। श्री राम हमारे सांस्कृतिक राष्ट्रवाद की चेतना और स्वाधीनता के प्रतीक हैं। जिन्होंने लाखों साल पहले स्वाधीनता के लिए लड़कर हमारा मार्गदर्शन किया। उनका सांस्कृतिक राष्ट्रवाद के प्रति समर्पण आगे आने वाली पीढ़ियों के लिए प्रेरणा का स्रोत बना। यदि वह उस समय राष्ट्र की विघटनकारी शक्तियों के सामने आत्मसमर्पण कर देते तो भारत कब का राक्षस देश बन गया होता। तब 'वसुधैव कुटुंबकम' और 'कृण्वन्तो विश्वमार्यम्' का उद्घोष पुस्तकों तक में ढूंढने को नहीं मिलता। तब यह भी संभव था कि यह संसार कब का समाप्त हो गया होता। क्योंकि राक्षस जातियां विघटनकारी होती हैं जो सर्वत्र आग लगाने का काम करती हैं। आज हम मुस्लिम देशों में देख भी रहे हैं कि वहां सर्वत्र आग लगी हुई है।

**पानी में जो आग लगाते,**
**आतंक के व्यापारी कहलाते,**
**दमन, दलन, शोषण अपनाते,**
**उड़ाते सज्जन का मखौल।**
**कलम! चल उनकी खोलें पोल .....**

निश्चित रूप से इस प्रकार की क्रांतिकारी प्रेरणा भारत के तथाकथित राष्ट्रपिता गांधी के अंदर नहीं थी। गांधीजी एक दब्बू राष्ट्र का प्रतिनिधित्व कर रहे थे। जबकि हमारे क्रांतिकारी एक दबंग राष्ट्र की आधारशिला रख रहे थे। निसंदेह उन्हें यह प्रेरणा भारत के आदर्श मर्यादा पुरुषोत्तम श्री राम के आत्मबल से ही प्राप्त हो रही थी, इसमें किसी तथाकथित 'राष्ट्रपिता' का कोई योगदान नहीं था। वास्तव में यह भारत की वह मौलिक चेतना थी जिसके प्रतीक श्री राम युग-युगों पूर्व भारत के भविष्य की आधारशिला रख रहे थे। उनकी साधना इतनी ऊंची और पवित्र थी कि उनका वह साधक स्वरूप आज तक भारत को साधे हुए हैं। इससे यह सिद्ध होता है कि साधना की ऊंचाई और पवित्रता ही राष्ट्रों का निर्माण करती है। समाज के लिए आदर्श बनती है और व्यक्ति के समष्टि स्वरूप का आधार बनती है। जितनी गहरी और सधी हुई साधना होती है, उतने ही स्थायी और भव्य भवन का निर्माण करने में वह सफल हो पाती है। यह हम भारतीयों का सौभाग्य है कि हमारी सांस्कृतिक राष्ट्रवाद की चेतना में ऐसे महापुरुषों की साधना बोलती है जिनकी साधना की ऊंचाई को नापने वाला भी कोई नहीं हुआ।

वाल्मीकीय रामायण में बताया गया है कि "ध्वज पताकाओं से सुशोभित खड्ग आदि उत्तम अस्त्र-शस्त्र से युक्त छोटी-छोटी घंटियां जिसमें लटक रही थीं और जिसमें उत्तम जाति के घोड़े जुते हुए थे, ऐसे उत्तम रथ पर क्रुद्ध होकर खर सवार हुआ। खर और दूषण दोनों ने रथों, ढालों, हथियारों और ध्वजाओं से युक्त राक्षसों की बड़ी सेना को कूच करने का आदेश दिया। आज्ञा पाकर अस्त्र-शस्त्रों से युक्त उस राक्षसी सेना ने महानाद करते हुए प्रस्थान किया। उन महापराक्रमी राक्षसों को वेग से प्रस्थान करते हुए देख खर ने भी उनके साथ-साथ प्रस्थान किया। जैसे द्युलोक में ग्रहों का समूह सूर्य और चंद्रमा को घेरे रहता है, इसी प्रकार संग्रामाभिलाषी भयानक राक्षसों की वीर सेना ने अत्यंत वेग से जाकर राम और लक्ष्मण को घेर लिया।"

**वेग से सेना बढ़ी, लक्ष्य धार लिए राम।**
**संहार करो राम का, यही तुम्हारा काम।।**

वास्तव में इतनी बड़ी सेना से घिर जाने के बाद रामचंद्र जी की वीरता, शौर्य और पराक्रम की परीक्षा की घड़ी आ गई थी। उन्हें यह आभास हो गया था कि इतनी बड़ी सेना के आने से अब यहां पर भयंकर संहार होगा। इसका संकेत उन्होंने अपने अनुज

लक्ष्मण को कर भी दिया था। समय और परिस्थिति को देखकर श्रीराम ने लक्ष्मण से कहा कि तुम सीता को लेकर किसी दुर्गम पर्वत कंदरा में जा बैठो। श्री रामचंद्र जी ने लक्ष्मण से यह भी स्पष्ट कर दिया कि मैं अपने कहे हुए कथन का प्रति कथन आपसे सुनना नहीं चाहता। मैं जो कह रहा हूं, बस उसका पालन करो। तुम्हें मेरे चरणों की सौगंध है। यदि तुमने कुछ भी प्रतिकार किया तो मुझे अच्छा नहीं लगेगा। लक्ष्मण ने श्री राम के वचन को अपने लिए आदेश मानकर वैसा ही किया। अब रामचंद्र जी लक्ष्मण और सीता जी के जीवन की सुरक्षा से निश्चिंत हो गए थे। फलस्वरूप उन्होंने सामने आ पहुंची राक्षस सेना पर अपने तीक्ष्ण बाणों की बौछार करनी आरंभ कर दी।

राक्षस सेना ने अब से पहले ऐसे तीक्ष्ण बाणों की बौछार करने वाले किसी वीर योद्धा को नहीं देखा था। उस सेना में से अनेकों योद्धा ऐसे बाणों की प्रथम बौछार में ही वीरगति को प्राप्त हो गये। रामचंद्र जी के तीक्ष्ण बाण शत्रु सेना पर कालपाश की तरह पड़ रहे थे। जिससे बड़ी संख्या में राक्षस सेना के सैनिक मरते जा रहे थे। उनके इस दिव्य और भव्य व्यक्तित्व को देखकर यही कहा जा सकता है कि :-

**"राम हमारे देश की आन, बान और शान हैं।**
**व्यक्तित्व जिनका दिव्य, भव्य और महान है।।**
**आतंक व आतंकियों के विरुद्ध निश्चय हो खड़े।**
**रहे जो भी विरोधी देश के और उनके थे उड़े।।"**

अकेले श्रीराम के पराक्रम और वीरता से हताहत होती शत्रु सेना के होश उड़ गए। खर और दूषण दोनों भयभीत हो चुके थे। उन्हें यह अपेक्षा नहीं थी कि श्री राम अकेले ही उनकी इतनी विशाल सेना का विनाश कर देंगे। जो थोड़े बहुत सैनिक बचे थे, वे अपनी प्राण रक्षा के लिए इधर-उधर भागने लगे। खर की शरण में आए हुए सैनिकों को साथ लेकर और उन्हें उनकी प्राण रक्षा का आश्वासन देकर दूषण ने श्रीराम पर भयंकर आक्रमण किया। राम बड़े निश्चिंत भाव से खड़े युद्ध कर रहे थे। उनके भीतर तनिक भी यह भाव नहीं था कि राक्षसों की पड़ी लाशों को देखकर उन पर दया करते हुए उन्हें छोड़ दें या अपने आपको उन्हें सौंप दें। वास्तव में भारत की यह परंपरा रही है कि जब युद्ध के क्षेत्र में शत्रु युद्ध के इरादे से सामने खड़ा हो तो उसके सामने से हटना नहीं चाहिए, बल्कि उसका वीरता के साथ सामना करना चाहिए। जबकि हमारे तथाकथित राष्ट्रपिता गांधीजी हथियारों से सुसज्जित शत्रु के सामने

से भागने या मौन खड़े हो जाने की शिक्षा देते थे। शत्रु चाहे आपके साथ जो करे, पर आपको उसका प्रतिकार नहीं करना है। गांधीजी ने ऐसी शिक्षा देश विभाजन के समय पाकिस्तान में मुसलमानों के अत्याचारों को झेलने वाले हिंदू और सिखों को भी दी थी। उन्होंने सिखों और हिंदुओं से कह दिया था कि मुसलमान चाहे तुम्हें मार दें, पर तुम्हें वहीं रहना है और कोई प्रतिकार नहीं करना है। रामचंद्र जी के जीवन में ऐसा एक क्षण भी नहीं है, जब उन्होंने शत्रु को चाहे जो कुछ करने दिया हो और उसका प्रतिकार नहीं किया हो। उनका मानना था कि शत्रु संहार ही सज्जन शक्ति का रक्षक हो सकता है। जबकि गांधीजी सोच रहे थे कि शत्रु का सम्मान ही सज्जन शक्ति का कल्याण कर सकता है।

दूषण का सहारा पाकर वे सब भागे हुए राक्षस निर्भय होकर साल, ताल और शिला रूपी आयुधों को लेकर श्रीराम के समक्ष गए। राक्षसों ने श्री राम के ऊपर वृक्षों और शिलाओं की वर्षा की। उस समय अपूर्व भयंकर और रोमांचकारी युद्ध हुआ। श्रीराम ऐसी फुर्ती से बाण चला रहे थे कि राक्षस लोग यह नहीं देख पाते थे कि राम कब भयंकर पैने बाणों को तरकश से निकालते थे और कब छोड़ देते थे? बाणों से आहत राक्षस राम को केवल धनुष को खींचते हुए ही देखते थे। उन बाणों से कितने ही राक्षस एक साथ गिर पड़ते। कितने ही भयंकर आहत होते और बहुत से एक साथ ही मूर्छित होकर गिर पड़ते थे। उन राक्षसों के शवों से वह रण स्थली ढक गई। अब जो मुट्ठी भर शत्रु सेना के सैनिक बचे थे, वे रण छोड़कर भाग खड़े हुए।

जब श्रीराम के बाणों से अपनी सेना का संहार होते हुए दूषण ने देखा तो उसने राम के ऊपर बाणों की बौछार कर दी। रामचंद्र जी ने भी क्रुद्ध होकर क्षुर नामक अस्त्र से दूषण के विशाल धनुष को काट डाला और चार बाण चलाकर उसके रथ के चारों घोड़ों को भी मार डाला। घोड़ों को मारकर राम ने एक अर्धचंद्राकार बाण से दूषण के सारथी का सिर काट गिराया और तीन बाण दूषण की छाती में मारे। धनुष और रथ से हीन राक्षस दूषण एक परिघ उठाकर युद्ध क्षेत्र में श्रीराम के ऊपर झपटा। दूषण को अपनी और आते हुए देख श्रीराम ने दो बाणों से भूषण की दोनों भुजाओं को काट डाला। बांहों के कटने से दूषण भूमि पर ऐसे गिर पड़ा जैसे दातों के टूटने पर धीर गजराज गिर पड़ता है। दूषण को युद्ध में मरा हुआ देखकर खर ने क्रोध में भरकर अपने महाबलवान सेनापतियों को आदेश दिया कि अब तुम सब राक्षस मिलकर अपनी विशाल सेना के साथ राम को मार डालो। तब तेजस्वी राम ने स्वर्ण और रत्नों

से विभूषित अग्नि के समान देदीप्यमान बाणों से उस बची हुई सेना को मार डाला। श्रीराम ने पैदल और अकेले ही 14 सहस्र भयंकर कर्म करने वाले राक्षसों को सहज में ही मार दिया। इस राम-राक्षस युद्ध में संपूर्ण सेना में महारथी खर, राक्षस त्रिशिरा और शत्रु नाशक श्री राम ही बचे। राम के ऐसे ही आदर्श व्यक्तित्व का वर्णन करते हुए राष्ट्र कवि मैथिलीशरण गुप्त ने 'यशोधरा' में राम के आदर्शमय महान जीवन के विषय में बहुत ही सुंदर शब्दों में लिखा है-

**राम तुम्हारा चरित्र स्वयं ही काव्य है।**
**कोई कवि बन जाए सहज संभाव्य है।।**

अध्याय - 8

# राक्षस को जीने का अधिकार नहीं

शत्रु जब अपनी दुष्टता की पराकाष्ठा पर हो तब उसके प्रति किसी भी प्रकार का दयाभाव प्रकट करना उचित नहीं होता। यदि उन परिस्थितियों में उस पर दयाभाव प्रकट करते हुए उसे छोड़ दिया गया तो वह चोटिल सांप की भांति आप पर फिर हमला करेगा और बहुत संभव है कि इस बार के हमले में आपका नाश ही कर दे।

**दुष्टता की पराकाष्ठा पर शत्रु जब हो खड़ा,**
**दलन दमन और दुष्टता के भाव पर हो अड़ा।**
**ऐसे शत्रु और दुष्ट का विनाश करना चाहिए**
**जो अनीति और अधर्म के पक्ष में हो लड़ा।।**

ऐसी परिस्थितियों में दूषण का वध करने के बाद रामचंद्र जी के लिए खर का नाश करना भी आवश्यक हो गया था। क्योंकि यह स्वाभाविक था कि यदि खर जीवित रह जाता तो वह भी उन्हें कष्ट पहुंचाने का कार्य करता रहता। उधर स्वयं खर भी रामचंद्र जी से युद्ध करने का इच्छुक था। उसकी इस इच्छा को क्रियान्वित होने से पहले उसके सेनापति त्रिशिरा ने उसे रामचंद्र जी से युद्ध करने से रोक दिया और कहा कि आप से पहले रामचंद्र जी से युद्ध मैं करूंगा। मेरा प्रयास रहेगा कि उसे आज कुछ ही क्षणों में समाप्त कर दूं।

इसके पश्चात खर ने अपने सेनापति को रामचंद्र जी से जाकर लड़ने की आज्ञा प्रदान कर दी। रामचंद्र जी ने त्रिशिरा को अपनी ओर आते देख धनुष की टंकार कर उस पर तीखे बाण छोड़ते हुए उसे रोका। रामचंद्र जी और खर के सेनापति के बीच बड़ा भयंकर युद्ध हुआ।

त्रिशिरा ने रामचंद्र जी के माथे पर तीन बाण मारे। तब रामचंद्र जी ने कहा कि

उसके मारे हुए बाण मेरे मस्तक में फूलों के समान स्पर्श कर रहे हैं। इतना कहकर उत्साहित श्रीराम ने कुपित होकर विषधर सर्प के समान 14 बाण त्रिशिरा की छाती में मारे। फिर तेजस्वी श्रीराम ने सन्नतपर्व नामक 4 बाणों से त्रिशिरा के चारों घोडों को मार गिराया। इसके बाद 8 बाण त्रिशिरा के सारथि को मारकर रथ से नीचे गिरा दिया और एक बाण मारकर उसके रथ की ऊंची ध्वजा को ही काट दिया। घोड़ा और सारथि के मारे जाने पर जब त्रिशिरा रथ से कूदने लगा तब श्रीराम ने बाणों से उसके हृदय को विदीर्ण कर डाला और वह निश्चेष्ट हो गया। रामचंद्र जी ने आज विचार कर लिया था कि -

**"नीति कहती है यहीं उस नीच का संहार कर।**
**जो अपने पातकी स्वभाव से बोझ है संसार पर।।**
**निश्चय तेरी जीत होगी तू ध्यान से संकल्प कर।**
**जब सत्य तेरे साथ है मत सोच अब विकल्प पर।।"**

संग्राम में त्रिशिरा और दूषण को मरा हुआ देखकर खर श्रीराम के पराक्रम से भयभीत हो गया। फिर भी उसने रामचंद्र जी पर अपनी ओर से हमला कर दिया। उसने श्रीराम के समीप पहुंचकर अपना हस्तलाघव दिखाते हुए मर्यादा पुरुषोत्तम श्री राम के धनुष को उस स्थान से काट डाला, जहां से वे उसे पकड़े हुए थे। तब श्रीराम ने महर्षि अगस्त्य द्वारा प्रदत्त वैष्णव नामक धनुष को उठाकर खर पर हमला बोला।

स्वर्णपुंख और सन्नतपर्व बाणों से क्रुद्ध श्री राम ने संग्राम में खर के रथ की ध्वजा काट डाली। तब मर्म स्थलों को जानने वाले खर ने क्रुद्ध होकर 4 बाणों से श्रीराम के हृदय और अन्य मर्म स्थलों को वैसे ही बेध डाला, जैसे भालों से हाथी बेधा जाता है। इससे श्री राम बहुत आहत हुए। उनके अंग रक्त से सराबोर हो गए। उन्होंने क्रोध में आते हुए सूर्य के समान देदीप्यमान 13 बाण लेकर खर को मारने की इच्छा से उस पर छोड़ दिए। एक बाण से रथ के जुए को, चार बाणों से चारों घोड़ों को और छठे बाण से खर के सारथि के सिर को, 3 बाणों से रथ के तीन बांसों को, दो से रथ की धुरी को और 12वें बाण से खर के बाण सहित धनुष को काटकर इंद्र के समान तेजस्वी श्रीराम ने हंसते हुए युद्ध स्थल में वज्र के समान 13वां बाण खर को मारा। धनुष के टूट जाने, रथ के भग्न हो जाने, घोड़े और सारथि के मारे जाने पर खर हाथ में गदा ले रथ से कूद पड़ा और रणभूमि में खड़ा हो गया।

तब श्री राम ने उस पापी को अंतिम उपदेश देते हुए कहा कि प्राणियों को दुःख देने वाला निर्दयी और पाप कर्म करने वाला मनुष्य भले ही त्रिलोक का स्वामी हो तो भी अधिक दिन नहीं जी सकता। लोक विरुद्ध मानवीय शांति का उन्मूलन करने वाले अत्याचारी को ऐसे ही मार देना चाहिए, जैसे अपने घर में आते हुए विषधर सर्प को सब लोग मार डालते हैं। जो मनुष्य लोभ या काम के वशीभूत होकर पाप कर्म करके पश्चाताप नहीं करता, उसे उस कर्म के फल से ऐसे ही भ्रष्ट होना पड़ता है, जैसे चार पैर वाला ब्राह्मणी कीट वृष्टि के ओलों को खाकर अपना अन्त कर लेता है।

इस दंडक वन में रहने वाले धर्माचरण में रत निरपराध तपस्वियों को मारने का फल तुझे भोगना ही पड़ेगा। क्या तू यह नहीं जानता था। पापी क्रूर और लोकनिन्दित मनुष्य ऐश्वर्य पाकर भी चिरकाल तक जीवित नहीं रह सकते। जैसे गली सड़ी जड़ वाले वृक्ष बहुत अधिक देर तक नहीं ठहरते।

जैसे ऋतु के आने पर वृक्ष स्वयं पुष्पित हो जाते हैं, ठीक उसी प्रकार समय आने पर जीवों को उनके किए पाप कर्मों का घोर फल अवश्य प्राप्त होता है। जैसे विष मिश्रित अन्न खाने से मनुष्य शीघ्र ही मर जाता है, उसी प्रकार पापी के किए हुए पापों का फल प्राप्त होने में विलंब नहीं होता। घोर पाप करने वाले और लोक का अमंगल करने वाले हे निशाचर! पापियों के वध के लिए ही मुझे महाराज दशरथ ने वन में भेजा है। मेरे द्वारा छोड़े गए यह स्वर्णभूषित बाण तेरे शरीर को छिन्न-भिन्न कर पृथ्वी में ऐसे ही घुसेंगे जैसे सर्प अपनी बाम्बी में घुसता है। हे कुलाधम! मुझे मारने के लिए तुझे जो उपाय करना हो, वह कर ले और यथेष्ट प्रहार भी कर ले। अंत में तो मैं तेरे सिर को ताड़ के वृक्ष के समान काटकर गिरा दूंगा। रामचंद्र जी ने उस राक्षस को यह स्पष्ट कर दिया कि:--

**जो स्वामी तीन लोक का पर पाप बुद्धि ग्रस्त है।**
**वह बुद्धि भ्रष्ट हो चुका विवेक उसका अस्त है।।**
**क्षत्रिय ऐसे नीच का संहार करते सहर्ष ही।**
**चाहे उसे संसार में मिला महान उत्कर्ष भी।।**

रामचन्द्र जी ने आगे कहा कि तूने अपनी गदा फेंककर यह देख लिया है कि तेरा बल कितना है? तू शक्ति में मुझसे हीन है और तेरा डींग मारना व्यर्थ ही है। उस राक्षस से श्रीराम ने यह भी कहा कि जब तू महानिद्रा में सो जाएगा, तब दंडक वन

में ऋषियों के लिए सुख से निवास करने योग्य स्थान बन जाएगा। दूसरों को भयभीत करने वाली राक्षसियां अपने बंधु-बंधुओं के मारे जाने पर दीन भाव से रोती हुई और भयभीत होकर आज यहां से भाग जाएंगी।

तुम जैसे नीच-पापियों के कारण मुनि लोग निशंक होकर यहां यज्ञ भी नहीं कर पाते। पर तेरे जैसे नीच के मारे जाने के बाद अब उनके लिए ऐसा परिवेश बन पाएगा कि वह भी यहां निशंक होकर यज्ञ कर पाएंगे। अपनी रक्षा के लिए तुझे जो कुछ भी उपाय करना है उसे करने के लिए तू स्वतंत्र है। क्योंकि अंत में तो तेरा वध आज मेरे हाथों हो ही जाना है।

श्री राम के मुंह से ऐसे शब्द सुनकर खर ने कहा कि मैं अपने हाथ में गदा लेकर पाशधारी यमराज की भांति युद्ध में केवल तेरा ही नहीं अपितु तीनों लोकों का संहार कर सकता हूं। मैं तुम्हारी आत्म प्रशंसा के उत्तर में बहुत कुछ कह भी सकता हूं, परंतु मेरी इच्छा है कि यहां पर कहने-सुनने में समय नष्ट नहीं किया जाए, क्योंकि यदि अब सूर्यास्त हो गया तो युद्ध में विघ्न होगा। जिससे युद्ध बंद हो जाएगा और मैं जो कुछ आज करना चाहता हूं, उसे नहीं कर पाऊंगा। तुमने 14 सहस्र राक्षसों को मारा है तो मैं तुझे मार कर उनकी विधवा स्त्रियों और अनाथ बच्चों के आंसू पोंछने का काम करूंगा। इतना कहकर खर ने अत्यंत क्रुद्ध होकर वज्र के समान जाज्वलयमान अपनी भीषण गदा से श्रीराम के ऊपर प्रहार किया। अपने ऊपर आती हुई उस चमचमाती गदा को श्रीराम ने अनेक बाणों से आकाश में ही छिन्न-भिन्न कर दिया।

युद्ध भयंकर स्वरूप में आरंभ हो चुका था। श्रीराम के लिए खर को उसके अन्य साथियों के पास पहुंचाना अब कुछ पलों का ही खेल रह गया था। परंतु खर भी श्रीराम का वीरता के साथ सामना कर रहा था। युद्ध देखने योग्य था। रामचंद्र जी ने एक बार खर को समझाते हुए कहा कि जैसे गरुत्मान ने अमृत का हरण किया था वैसे ही आज मैं भी तेरे जैसे नीचे मिथ्याचरण करने वाले राक्षस के प्राण हरण करूंगा। तू महा निद्रा में सो जाएगा। तब दंडकवन ऋषियों के लिए सुख से निवास करने योग्य स्थान बन जाएगा। दंडक वन को ऋषियों के लिए सुख से निवास करने योग्य स्थान बना देना ही श्रीराम के जीवन का उद्देश्य था। वह युद्ध भी इसी बात को दृष्टिगत रखते हुए कर रहे थे कि इन राक्षसों का जितनी शीघ्रता से संहार कर दिया जाए, उतना ही उचित होगा। उन्होंने उस नीच पापी राक्षस से यह भी कहा कि तुम्हारे भय के कारण मुनि

लोग निशंक होकर यज्ञ नहीं कर पाते हैं। रामचंद्र जी ने उस नीच-पापी से कहा कि :-

**मृत्यु की आगोश में जब दुष्ट सोता नींद में।**
**ऋषि निशंक यज्ञ करते धर्म चलता सीध में।।**
**रसना नहीं बस में जहां वासना करती हो दुःखी।**
**तुम ही बताओ वहां कैसे नर कोई रहता सुखी?**

रामचंद्र जी के मुख से ऐसी बातें सुनकर खर ने उन्हें कहा कि तू बड़ा अभिमानी है। जो भय के उपस्थित होने पर भी निर्भय-सा बना हुआ है। तेरी मृत्यु निकट है इसीलिए तुझे बोलते हुए यह भी समझ नहीं आता कि क्या कहना चाहिए और क्या नहीं? तब उसने भौंहें तानकर निकट ही साल का एक बहुत बड़ा वृक्ष देखा। उस वृक्ष को उखाड़ और घोर गर्जना कर राक्षस खर ने उस वृक्ष को दोनों भुजाओं से उठाकर श्रीराम के ऊपर यह कहकर फेंका कि बस, अब तू मारा गया। रामचंद्र जी ने उस साल वृक्ष को अपनी ओर आते देख उसे बाणों से छिन्न-भिन्न कर डाला और संग्राम में खर का वध करने के लिए भयंकर क्रोध किया। श्रीराम उस समय पसीने से तर हो गए थे। क्रोध के कारण उनकी आंखें लाल हो रही थीं। इसलिए उन्होंने एक साथ अनेक बाणों से खर को युद्ध में पूरी तरह छेद डाला। तब अपने शरीर से निकलते रक्त की गंध से मतवाला होकर वह राक्षस बड़े वेग से श्रीराम की ओर झपटा।

रामचंद्र जी ने समय और परिस्थिति को देखते हुए अपनी ओर झपट्टा मारते खर से अपना बचाव किया और जहां वह खड़े थे, वहां से दो तीन पग पीछे हट गए। जिससे उन्हें अस्त्र चलाने में सुविधा हो सकती थी। इसके पश्चात श्रीराम ने दूसरे ब्रह्म दंड और अग्नि के समान तेजस्वी एक बाण को धनुष पर रखकर उस राक्षस के ऊपर छोड़ दिया, जो उसकी छाती में जाकर लगा। उस बाण की अग्नि से वह राक्षस दग्ध होकर पृथ्वी पर गिर पड़ा और मर गया।

उस नीच-पापी के धरती पर गिरते ही दिशाएं मगन हो गयीं। देव पुरुषों ने श्रीराम पर पुष्प वर्षा की और अपने हर्ष की अभिव्यक्ति करते हुए उन्हें शुभ आशीर्वाद प्रदान किया। सारी वसुधा समझो श्री रामचंद्र जी के प्रति कृतज्ञ भाव से भर उठी। वास्तव में किसी भी व्यक्ति के उत्कर्ष का इससे अच्छा कोई पैमाना नहीं हो सकता कि दिशाएं कवियों की सुरीली भाषा में उसके मंगल गीत गाएं और देव पुरुष उसके लिए पुष्प वर्षा करें। पर ऐसा हर उस व्यक्ति के साथ होता है जो संसार से अनीति, अधर्म और

अन्याय के विरुद्ध लड़ता है और जन सामान्य को जीने का सुरक्षित अधिकार प्रदान करता है। भारतीय सांस्कृतिक राष्ट्रवाद इसी प्रकार के भावों और विचारों से निर्मित हुआ है। इस राष्ट्रवाद की अनूठी विशेषता है कि यह धरती की दिव्य शक्तियों को अभिभूत करने के लिए प्रयासरत रहता है। धरती के देव पुरुषों और जनसाधारण को आनंदित और हर्षित करना, यह अपना पवित्र उद्देश्य मानता है।

**दिशाएं होती मग्न जब पापी धरती पर गिरे।**
**पुष्प वर्षा देव करते जो शुद्ध चैतन्य हों निरे।।**
**कवि जन मंगल गीत गाते वसुधा को होता हर्ष है।**
**"राकेश" इस विश्व में बस यही श्रेष्ठतम उत्कर्ष है।।**

इस प्रकार श्रीराम ने राक्षसों के सफाई अभियान का जो क्रम चलाया था, उसके एक अध्याय का अंत हो गया। उस समय वन के सभी ऋषियों व तपस्वियों के लिए खर के वध की सूचना बहुत आनंददायक रही। क्योंकि वह सभी उन राक्षसों के आतंक से अत्यंत कुपित थे। यही कारण था कि ऋषि, ब्रह्मर्षि और तपस्वियों को जैसे ही उस राक्षस के वध की सूचना मिली तो वे सब एकत्र होकर श्री राम के पास आए और उनका सम्मान कर प्रसन्न होते हुए कहने लगे कि आपने राक्षस वध रूपी हमारा यह कार्य संपन्न कर हम पर बहुत भारी उपकार किया है। इन राक्षसों के अंत हो जाने के उपरांत हम लोग सुख से धर्मानुष्ठान किया करेंगे। उन सभी ऋषियों ने अत्यंत आनंदित होते हुए श्री राम के ऊपर पुष्प वर्षा की। उन्हें सब कुछ देखकर भी इस बात पर विश्वास नहीं हो रहा था कि श्री राम जी ने अकेले ही खर और दूषण जैसे राक्षसों के साथ-साथ उनकी 14 सहस्र की सेना भी समाप्त कर दी थी। जब ऋषि लोग इस प्रकार खड़े होकर अपनी आनंद की अभिव्यक्ति कर रहे थे, तभी लक्ष्मण जी सीता जी को साथ लेकर वहां पर आ पहुंचे। अपने पति श्री राम को सकुशल देख सीता जी अत्यंत प्रसन्न हुई और उन्होंने अपने पति का आलिंगन किया।

रामचंद्र जी ने जो कुछ भी उस समय किया, उसके लिए साहिर लुधियानवी जी के यह शब्द बड़े सार्थक हैं :-

**"ऐ अज़्मे-फना देने वालों**
**पैगामे-वफ़ा देने वालों**
**अब आग से क्यूँ कतराते हो**

मौजों को हवा देने वालों
तूफ़ान से अब क्यूँ डरते हो
शोलों को हवा देने वालों
क्या भूल गए अपना नारा
ये किसका लहू है कौन मरा

हम ठान चुके हैं अब जी में
हर जालिम से टकरायेंगे
तुम समझौते की आस रखो
हम आगे बढ़ते जायेंगे
हम मंजिले-आज़ादी की कसम
हर मंजिल पे दोहराएँगे
ये किसका लहू है कौन मरा...”

# अध्याय - 9

# सदुपदेश पर करो अमल

खर और दूषण के अंत को दो राक्षसों का अंत तो कहा जा सकता है परंतु श्री राम की समस्याओं का अंत उनके अंत के साथ हो गया हो, यह नहीं कहा जा सकता। इन दोनों राक्षसों का अंत करके तो रामचंद्र जी ने अपने लिए और भी अनेकों समस्याओं को निमंत्रण दे दिया था। पर जो व्यक्ति समस्याओं और चुनौतियों से खेलने को ही अपने जीवन का लक्ष्य समझता हो या जिसने यह संकल्प ले लिया हो कि मुझे समस्याओं और चुनौतियों से ही खेलना है, उसके लिए यह कोई बड़ी बात नहीं थी। श्रीराम की सोच थी कि चुनौतियों से खेलना जीवन का अटल लक्ष्य होना चाहिए। उन व्यक्तियों के कदम कभी पीछे नहीं हटते जो दृढ़ प्रतिज्ञ होकर आगे बढ़ते हैं। संसार में जो लोग पीछे हट जाते हैं, वे दुर्भाग्य के अधीन हो जाते हैं और जो आगे बढ़ते हैं उनका सौभाग्य उदय हो जाता है।

**चुनौतियों से खेलना जब लक्ष्य अटल हो गया,**
**पग पीछे हटते नहीं जब दृढ़ निश्चय हो गया।**
**जो लोग पीछे हट चले वे दुर्भाग्य के अधीन हैं,**
**जो लोग आगे बढ़ चले- सौभाग्य उदय हो गया।।**

भारत का सांस्कृतिक राष्ट्रवाद ऐसे ही दृढ़ प्रतिज्ञ महापुरुषों की वंदना करने का आदेश देता है। क्योंकि ऐसे दृढ़ प्रतिज्ञ महापुरुषों की दृढ़ प्रतिज्ञा से ही राष्ट्र, समाज, धर्म और संस्कृति की रक्षा होना संभव है। कहने का अभिप्राय है कि श्री राम तो मानसिक रूप से इस बात के लिए तैयार थे कि अब उनके लिए और नई समस्याएं और चुनौतियां नए स्वरूपों में उनके सामने आने वाली हैं।

दंडकारण्य वन में क्या हो रहा था? अभी तक रावण इस सब से अछूता था। उसे अपनी बहन और अपने भाइयों के साथ होने वाली किसी भी घटना की कोई सूचना

अभी तक नहीं थी। इसका एक कारण यह भी था कि खर और दूषण दोनों को ही अपनी शक्ति पर घमंड था। वह नहीं चाहते थे कि दो वनवासी श्री राम और लक्ष्मण को मारने के लिए भी ज्येष्ठ भ्राता रावण को कोई सूचना दी जाए। उन्हें अपनी शक्ति पर पूरा भरोसा था कि वे श्री राम और लक्ष्मण का अंत कर देंगे और अपने भाई रावण को उनके अंत की सूचना देकर उसकी प्रशंसा के पात्र बनेंगे।

रावण इस बात को लेकर निश्चिंत था कि दंडकारण्य में उसके दोनों भाई आर्य संस्कृति के मानने वाले किसी भी ऋषि-महर्षि, तपस्वी या राजा या राजकुमार के लिए पर्याप्त हैं। रावण को अपने दोनों भाइयों पर पूर्ण विश्वास था। इसलिए उसका गुप्तचर विभाग भी खर और दूषण के राज्य क्षेत्र में सक्रिय नहीं रहता था। क्योंकि वह मानता था कि वे जो कुछ भी करेंगे, मेरे प्रति पूरी निष्ठा रखते हुए करेंगे।

घटनाएं घटित होती जा रही थीं और निरंतर राक्षस शक्ति के लिए एक बड़ी चुनौती भी खड़ी होती जा रही थी। अब राक्षस जाति के लोगों के लिए यह आवश्यक हो गया था कि वे दंडकारण्य वन में घटित होने वाली घटनाओं की सूचना अपने राजा रावण को दें। तब अकंपन नाम का राक्षस खर और दूषण के वध की सूचना लेकर बड़े वेग से लंका के लिए दौड़ा। उसने वहां जाकर रावण को बताया कि अयोध्या के राजा दशरथ के पुत्र श्री राम के साथ हुए भयंकर युद्ध में खर और दूषण सहित हमारे हजारों सैनिक भी मारे गए हैं। मैं किसी प्रकार बचकर वहां से भागकर आने में सफल हुआ हूँ। दंडकारण्य में राक्षस जाति के अस्तित्व के लिए महासंकट खड़ा हो गया है। वहां पर राम और लक्ष्मण नाम के दो राजकुमार अयोध्या के राज्य से चलकर आए हैं। जिनके साथ एक सुंदर स्त्री भी है। यह दोनों ही राजकुमार शक्ति में अतुलित हैं। उनके बल की सीमा नहीं है।

अकंपन ने श्री राम और लक्ष्मण के बारे में चाहे जो कुछ भी अपने राजा रावण से कहा हो, पर उसे यह ज्ञात नहीं था कि भारत के सांस्कृतिक राष्ट्रवाद के प्रति गहरी निष्ठा रखने वाले श्री राम की मान्यता थी कि :--

**तुम संस्कृति और धर्म की रक्षार्थ जीवन व्रत धरो,**
**जितना भी संभव हो सके परमार्थ जीवन में करो।**
**जो लोग परमार्थ हित नित्य ही संकटों से हैं खेलते,**
**उनके पुण्य कार्यों का निरंतर तुम अनुकरण करो।।**

इस राक्षस ने रावण को बताया कि दशरथनंदन श्री राम अतुलित बलशाली हैं। उनके सामने हमारी हजारों की सेना और खर व दूषण की शक्ति भी कुछ पल में ही चूर-चूर हो गई। कहने का अभिप्राय है कि हम जिस व्यक्ति के घमंड में थे, वह शक्ति हमारी समाप्त हो गई। जिसके पश्चात असहाय होकर हम आप की शरण में आए हैं। अकंपन नाम के इस राक्षस के मुंह से ऐसे वचन सुनकर रावण अत्यंत क्रुद्ध होकर बोला कि- "ऐसा कौन व्यक्ति है जो मरने की इच्छा लेकर मेरे जनस्थान को नष्ट करने की शक्ति रखता है? ऐसा कौन अभागा है जो इस संसार में अब अधिक देर तक रहना नहीं चाहता?"

श्री राम और लक्ष्मण के विषय में सारा वृत्तांत सुनकर रावण अत्यधिक क्रुद्ध हुआ। उसने कल्पना भी नहीं की थी कि दशरथनंदन श्री राम और लक्ष्मण उसके लिए इतने बड़े सिरदर्द बन सकते हैं? उसने यह भी नहीं सोचा था कि उनके द्वारा इतनी बड़ी संख्या में राक्षसों का अंत हो सकता है?

रावण ने कहा कि मैं इन दोनों का विनाश करने के लिए स्वयं ही जनस्थान में प्रवेश करूँगा। रावण ने भी अब से पहले अनेकों बलशालियों का वध किया था। उसे अपनी शक्ति पर पूरा भरोसा था कि वह इन दोनों राजकुमारों का भी अंत कर देगा।

स्वयं चलकर श्री राम और लक्ष्मण का अंत करने की रावण की बात सुनकर अकंपन बोला "हे राजन! श्रीराम जैसे चरित्रवान, बलवान और पुरुषार्थी हैं, वह मैं कहता हूं और आप सुनिए। महाराज श्रीराम जब क्रुद्ध होकर संग्राम करते हैं, तब उनका सामुख्य करना असम्भव है। बाण विद्या में वे ऐसे निष्णात हैं कि जल से पूर्ण नदी के प्रवाह को अपने प्राणों से रोक सकते हैं। उनकी शक्ति का उस समय पार नहीं पाया जा सकता। अच्छे-अच्छे बलवान योद्धा भी उनके सामने टिक नहीं पाते। मैंने राम को युद्ध करते हुए देखा है, इसलिए मैं यह कह सकता हूं कि युद्ध में तुम राम को नहीं जीत सकते। वह युद्ध में इतने निपुण हैं कि संपूर्ण राक्षसों की सहायता से भी तुम राम पर विजय प्राप्त नहीं कर सकते। युद्ध में उनका पराक्रम देखते ही बनता है। इतना ही नहीं, वह युद्ध क्षेत्र में जिस बौद्धिक संतुलन के साथ कार्य करते हैं वह भी अपने आप में प्रशंसनीय है। श्री राम और लक्ष्मण के रूप सौंदर्य के साथ-साथ उनके अस्त्र-शस्त्र प्रेम और युद्ध कौशल के बारे में अकंपन ने रावण को बिलकुल सच-सच बता दिया कि उन्हें पराजित करना तुम्हारे लिए भी असंभव है। उसने बता दिया कि श्रीराम जब युद्ध क्षेत्र में खड़े होकर शत्रु पर वार करते हैं तो उनकी स्फूर्ति और युद्ध

कौशल देखते ही बनता है। वह जितने अपने शारीरिक सौंदर्य में आकर्षक हैं, उतने ही युद्ध नीति में भी पारंगत हैं।

**जिस राष्ट्र में हों श्री राम जैसे वीर- व्रतधारी सदा,**
**जिनका युद्ध कौशल श्रेष्ठ, अकथ्य स्फूर्ति की अदा।**
**दे सके पराजय उन्हें, कौन ऐसा शूरवीर है यहाँ,**
**सूर्यवंशी शूरमा का कोई दोष मुझको तू बता।।**

अकंपन ने कहा कि मेरे विचार में सब देव और असुर मिलकर भी श्रीराम को नहीं मार सकते। अकंपन ने रामचंद्र जी के युद्ध कौशल की भूरि-भूरि प्रशंसा करते हुए रावण को यह भी बताया कि उसके मारने का केवल एक ही उपाय है, जिसे मैं तुम्हें बताता हूं- श्रीराम की धर्मपत्नी का नाम सीता है। जो कि संसार की सभी स्त्रियों में सबसे अधिक सुंदर है। उसकी कमर पतली है। उसके शरीर का प्रत्येक अंग सुंदर और सुडौल है। यह युवती है और रतन जड़ित आभूषणों से सुभूषित है। तुम उस महावन में जा छल-कपट से जैसे भी संभव हो उसकी स्त्री को हर लो। सीता के वियोग में वह कामी राम अपने प्राण त्याग देगा।

अकंपन के द्वारा इस प्रकार के वार्तालाप से पता चलता है कि रावण को शूर्पणखा से भी पहले दंडकारण्य वन में हुई घटना की सूचना अकंपन के द्वारा ही प्राप्त हुई थी। इतना ही नहीं, शूर्पणखा से भी पहले सीता के हरण करने की योजना भी अकंपन ने ही रावण को बताई थी।

अकंपन अपने स्वामी रावण के विषय में यह भली प्रकार जानता था कि वह कामी और विलासी है। उसे जैसे ही रामचंद्र जी की पत्नी सीता जी के विषय में बताया जाएगा तो उसकी कामवासना जाग जाएगी और वह इस नीच कर्म को करने को तैयार हो जाएगा। दूसरी बात यह भी है कि जैसा स्वामी होता है, सेवक वैसे ही हो जाते हैं। यदि राजा कामी विलासी और भोगी है तो उसे ऐसा परामर्श देने वाले स्वाभाविक ही उसके साथी बन जाते हैं।

रावण अनीति, अन्याय और अधर्म का प्रतीक था। उसने अकंपन द्वारा सुझाए गए परामर्श पर तनिक भी विचार नहीं किया। उस कामी रावण को तुरंत ही अपने संदेशवाहक अकंपन के द्वारा सुझाया गया प्रस्ताव पसंद आ गया। यही कारण था कि उसने बिना आगा-पीछा सोचे तुरंत अकंपन से कह दिया कि वह सीता का हरण करके महानगरी लंकापुरी में लाएगा।

अपने इस मनोरथ को पूर्ण करने के लिए रावण ताड़का पुत्र मारीच के आश्रम में पहुंचा। जहां उसने मारीच को अपने मन की सारी बातें बताते हुए कहा कि राम ने मेरे सभी सीमा रक्षकों को मार दिया है और मेरे अजेय जनस्थान को भी युद्ध में नष्ट-भ्रष्ट कर दिया है। अब मैं राम की धर्मपत्नी सीता का अपहरण करके लाऊंगा। तुम्हें इस काम में मेरी सहायता करनी होगी। क्योंकि मैं अपमान और प्रतिशोध की अग्नि से जल रहा हूं। मैं नहीं चाहता कि राम और उसका भाई लक्ष्मण अब अधिक देर तक जीवित रहें। उन्होंने जो भी कुछ मेरे साथ किया है, मैं उसका प्रतिशोध लेना चाहता हूं।

**जो नीच कामी लोग होते, अपनाते हैं वह अधर्म को,**
**रावण ने भी अपना लिया, अकंपन के परामर्श को।**
**सीताहरण की योजना पर अब मुग्ध रावण हो गया,**
**वह भूल गया श्रीराम के धर्म और न्याय के संघर्ष को।।**

मारीच रावण की अपेक्षा बुद्धिमान तथा नीति और न्याय का पालन करने वाला व्यक्ति था। उसने जैसे ही रावण के मुंह से यह शब्द सुने कि वह सीता का अपहरण करके यहां लाना चाहता है तो इस पर उसने रावण से कहा कि तुम्हें यह विचार किसने दिया है? तनिक उसके बारे में मुझे बताओ। मैं जानना चाहता हूं कि ऐसा कौन व्यक्ति है जो संपूर्ण राक्षस वंश की कीर्ति और गौरव को नष्ट करना चाहता है? ऐसा कौन व्यक्ति है जिसका बिना बुलाए ही काल उसके सिर पर मंडरा रहा है। मैं यह भी जानना चाहता हूं कि किस व्यक्ति ने तुम्हें ऐसा परामर्श देकर राक्षस जाति के विनाश की आधारशिला रख दी है। इस निन्दित कर्म के लिए जिसने तुम्हें प्रोत्साहित किया है रावण! वह तुम्हारा मित्र नहीं अपितु कोई शत्रु है। क्योंकि वह तुम्हारे हाथ से विषधर सर्प के मुख में से विषदन्त उखड़वाना चाहता है। मारीच ने रावण को यह भी समझाया कि रामचंद्र जी की युद्ध नीति और युद्ध कौशल के सामने कोई टिक नहीं सकता। वैसे भी श्री राम नीति व न्याय में पारंगत होने के साथ-साथ धर्म युद्ध करने में भी पारंगत हैं। उनका सात्विक क्रोध तुम्हारे वंश का नाश कर देगा। जब वह युद्ध कर रहे होंगे तो हे राक्षस राज! याद रखना कि उन्हें कोई युद्ध करते हुए देख भी नहीं पाएगा, लड़ना तो दूर की बात है। इसलिए तुम्हें लंका पर कृपा करते हुए राम से शत्रुता मोल नहीं लेनी चाहिए। नीति और धर्म का तकाजा यही है कि तुम्हें श्री राम जैसे धनुर्धारी से शत्रुता मोल नहीं लेनी चाहिए। शत्रुता सदा उस व्यक्ति से लेनी चाहिए जो

तुम से कमजोर हो। अपने से बलशाली से शत्रु मोल लेने का अर्थ है अपने विनाश की योजना स्वयं ही बनाना।

आज तुम्हें अपना मनोरथ त्याग कर प्रसन्नतापूर्वक लंका लौट जाना चाहिए। तुम्हें सुमार्गगामी होकर अपनी पत्नियों के साथ रमण करना चाहिए और श्री राम को प्रसन्न होकर अपनी धर्म पत्नी के साथ विहार करने दें। इसी में देश और प्रजा का हित है। तुम्हें अपने इस नीच कर्म को त्यागना चाहिए, अन्यथा अनर्थ हो जाएगा। इस प्रकार के उपदेश से मारीच ने रावण को बता दिया कि वह पर नारी के विषय में ना सोचे। कम से कम सीता जैसी सती साध्वी स्त्री के बारे में तो बिलकुल ना सोचे, अन्यथा उसके दिए गए श्राप से वह स्वयं भस्म हो जाएगा। किसी भी राजा को अपने वंश की रक्षा करने का भी उतना ही ध्यान रखना चाहिए जितना वह अपनी प्रजा की रक्षा करने का ध्यान रखता है जो राजा किसी भी प्रकार के अहंकार में जीता है वह अपने वंश की रक्षा करने के प्रति असावधान होता है, वह निश्चय ही विनाश को प्राप्त हो जाता है।

मारीच ने उस समय रावण को जो भी उपदेश दिया, वह लोक कल्याणकारी उपदेश था। वह जो कुछ भी बोल रहा था, अपनी अंतरात्मा की आवाज से बोल रहा था। उसे साक्षात विनाश होता हुआ दिखाई दे रहा था। जिसे उसकी अंतश्चक्षु अनुभव कर रही थीं। उस विनाश को वह रावण को भी दिखा देना चाहता था। उसके उपदेश की शैली बड़ी निराली थी। वह निष्पाप और निष्पक्ष होकर रावण को सही सलाह दे रहा था। वह जो कुछ भी बोल रहा था, वह राष्ट्रहित में और प्राणी मात्र के हित में बोल रहा था। जिसने तात्कालिक आधार पर रावण को भी प्रभावित किया। यही कारण था कि रावण मारीच के उपदेशों से प्रभावित होकर अपने महलों की ओर लौट गया।

**मारीच ने उपदेश देकर रावण को यह समझा दिया,**
**निष्पाप और निष्पक्ष होकर मार्ग सही बतला दिया।**
**पापवासना दूर कर और तू चित्त अपना शुद्ध कर,**
**यदि कहीं पर चूक की तो विनाश भी दिखला दिया।।**

मारीच और रावण के उपरोक्त संवाद और मिलन के पश्चात शूर्पणखा लंका पहुंचती है। शूर्पणखा ने देखा कि रावण उस समय अपने मंत्रियों से घिरा हुआ राजा

इंद्र के समान बैठा हुआ था। तब उसने रावण के सामने अपनी व्यथा कथा रखनी आरंभ की। उसने रावण से कहा कि तू काम भोगों में लिप्त होकर मतवाला हो रहा है और राक्षस जाति इस समय घोर संकट से जूझ रही है। होना तो यह चाहिए था कि तू अपनी राक्षस जाति के दुखों के बारे में कुछ सोचता, पर लगता है कि तू पूर्णतया उसकी ओर से असावधान है। तेरे पास दूतों की भी उपयुक्त व्यवस्था नहीं है। तेरा गुप्तचर तंत्र पूर्णतया निष्क्रिय है। तुझे यह पता होना चाहिए कि जिस राजा के पास उसका गुप्तचर तंत्र बढ़िया नहीं होता, वह राजा राजा न होकर साधारण जनों की श्रेणी में आ जाता है। राजा लोग दूर देशों के समस्त वृतांत की गुप्तचरों के द्वारा जानकारी रखते हैं, पर तेरे पास ऐसी कोई व्यवस्था नहीं है।

इस प्रकार के वचनों को सुनाकर शूर्पणखा रावण के शौर्य को जगाने का प्रयास करती है। वह कहती है कि यह अत्यंत दु:ख का विषय है कि तेरा गुप्तचर विभाग पूरी तरह निष्क्रिय और निष्फल हो चुका है। क्योंकि तुझे अभी तक अपने कुटुंबियों के वध का समाचार भी ज्ञात नहीं हुआ। तेरे दो भाई खर और दूषण और उनकी 14 सहस्र सेना राम ने मार दी और तू यहां बड़े आराम से बैठा है? हे रावण! तू कामलोलुप है और पराधीन होने के कारण अपने राज्य के ऊपर आए संकट को भी नहीं समझता।

इसके पश्चात शूर्पणखा ने श्रीराम की वीरता, शौर्य, साहस और पराक्रम का यथावत वर्णन रावण के समक्ष किया। इसके साथ ही उसने रामचंद्र जी के भाई लक्ष्मण के बारे में भी बताया कि वह किस प्रकार पराक्रमी और महा तेजस्वी है? तत्पश्चात उसने सीता जी के विषय में बताया कि वह पूर्णमासी के चंद्रमा के समान मुख वाले विशाल नेत्रों वाली है।

यहां पर शूर्पणखा ने रावण को यह भी बताया कि वह नारी तुम्हारी भार्या होने के योग्य है और तुम उसके पति होने के योग्य हो। मैं उसे तुम्हारे लिए लाना चाहती थी और जब मैंने ऐसा प्रयास किया तो निर्दयी राम और लक्ष्मण ने मेरे दोनों कान और नाक काट डाली। इस प्रकार वह राक्षसी अपने वास्तविक चरित्र को छुपा गई और रावण को भड़काने के लिए उसने इन शब्दों का प्रयोग किया कि मैं सीता को तुम्हारे लिए लाना चाहती थी। बस, इसी बात पर लक्ष्मण ने मेरी नाक और कान काट दी है। अब मैं चाहती हूं कि तू स्वयं जाकर उस अबला सीता को हरण करके ले आ।

यदि शूर्पणखा अपने वास्तविक चरित्र का उल्लेख रावण के समक्ष करती तो मारीच के वचनों से शांत हुआ रावण संभवत: उसे ही डांट-डपटकर शांत कर देता।

परंतु शूर्पणखा ने अपने त्रिया चरित्र का परिचय देते हुए पानी में आग लगा दी। यदि यह घटना इस प्रकार ना हुई होती तो शायद लंका भविष्य की विभीषिकाओं से बच सकती थी। इस प्रकार सोने की लंका को आग की भेंट चढ़ाने के लिए शूर्पणखा का यह झूठ ही उत्तरदायी था।

## रावण फिर चला मारीच की ओर

अपनी बहन शूर्पणखा के इन रोमांचकारी वचनों को सुनकर रावण ने अपने मंत्रियों के साथ विचार विनिमय किया और उनसे विदा लेकर वह फिर मारीच के आश्रम की ओर चला। रावण के वहां पहुंचने पर मारीच ने फिर उससे कुशल क्षेम पूछा और वार्ता आरंभ की। तब रावण ने कहा कि राम ने मेरी 14 सहस्त्र की सेना मार डाली है। इतना ही नहीं, उसने मेरे भाई खर और दूषण को भी मार दिया है। इसके साथ ही राम ने दंडकवन में रहने वाले सभी तपस्वियों को निर्भय कर दिया है। जिस राम को उसके पिता ने अपनी राजधानी से बाहर निकाल दिया, उस क्षत्रिय कुलकलंक राम ने मेरी इतनी बड़ी सेना का इस प्रकार विनाश कर दिया है जो मेरे लिए बहुत ही अपमानजनक और दु:ख का विषय है। मैं चाहता हूं कि राम और लक्ष्मण को उनके किए का दण्ड दिया जाए, क्योंकि उन्होंने मेरी बहन की नाक और कान भी काट दी है। जिससे वह कुरूपा हो गई है। मैं अपनी बहन की इस प्रकार की सूरत को देख नहीं सकता। उसके साथ जो कुछ भी किया गया है, वह मुझे अपमान की अग्नि में जला रहा है।

**राम सजा का पात्र है किया घोर अपराध।**
**जीवित रह सकता नहीं मारूं करके घात।।**

मैं चाहता हूं कि उस घमंडी राम की पत्नी सीता को मैं उठाकर लाऊं और आप मुझे इस कार्य में सहायता प्रदान करें। क्योंकि तुम्हारे समान कोई पराक्रमी मुझे दिखाई नहीं देता। तुम मायाविशारद अर्थात् रूप और बोली बदलने में पंडित हो। (कुछ विद्वानों का यह भी मानना है कि मारीच उस समय वर्तमान मुंबई के क्षेत्र में निवास करता था। जिसे उस समय 'मोहमयी' कहा जाता था। स्पष्ट है कि इस क्षेत्र को 'मोहमयी' कहे जाने का कारण यही था की मारीच मायाविशारद था।) इसी उद्देश्य से मैं तुम्हारे पास आया हूं। अब तुम्हें मेरे इस काम में मेरी सहायता करनी ही होगी। तुम चांदी के बिंदुओं से चित्रित सोने का मृग बनकर राम के आश्रम में जाकर सीता

के समक्ष विचरने की तैयारी करो। जब तुम वहां विचर रहे होंगे तो सीता तुम्हें देखकर निश्चय ही तुम पर मुग्ध हो जाएगी और वह अपने पति और देवर को तुम्हें पकड़ कर लाने के लिए आग्रह करेगी। जब राम-लक्ष्मण तुझे पकड़ने के लिए आश्रम से दूर चले जाएंगे, तब मैं उस आश्रम में जाकर बिना किसी बाधा के सीता को बड़े आराम से उठाकर ले आऊंगा।

रावण के ऐसे वचन सुनकर मारीच का गला सूख गया। उसे अब यह आभास हो गया था कि उसका काल आ चुका है। अपना आगा-पीछा सोचते हुए मारीच ने रावण को फिर एक बार समझाने का प्रयास किया। उसने रावण को कहा कि संसार में निरंतर प्रिय बोलने वाले लोग सदा मिल जाते हैं, परंतु कहने में कठोर लेकिन वास्तव में हितकारी वचनों के कहने और सुनने वाले लोग संसार में दुर्लभ हैं। रावण! तुम महापराक्रमी श्रेष्ठ गुण संपन्न राम के बारे में कुछ नहीं जानते। उन्हें उनके पिता ने निकाला नहीं है और न ही वे लोभी हैं। वह आचारहीन भी नहीं है और क्षत्रिय कुलकलंक भी नहीं है। श्रीराम के विषय में तुम्हारी ऐसी अवधारणा वास्तव में निर्मूल है। शूर्पणखा ने जो कुछ भी तुम्हारे समक्ष प्रलाप किया है, वह तुम्हें बरगलाने के लिए किया है।

श्रीराम जितेंद्रिय हैं और धर्म की साक्षात मूर्ति हैं। सत्य पराक्रमी रामजी के विषय में तुम्हें बहुत कुछ जानने की आवश्यकता है। अपने पतिव्रत धर्म में एकनिष्ठ सीता को तुम हरण करने के बारे में सोच रहे हो, यह तुम्हारा कल्याण करने वाला विचार नहीं है। तुम यह व्यर्थ का उद्योग क्यों करना चाहते हो? यदि तुम संग्राम में श्री राम के सामने पड़ गए तो फिर जीते नहीं बच सकोगे। यदि तुम अपने राज्य को दीर्घकाल तक चाहते हो तो श्रीराम से विरोध मत करो।

रावण! तुम्हें यह ज्ञात होना चाहिए कि परस्त्री गमन से बढ़कर और कोई पाप नहीं है। अतः आप अपनी स्त्रियों से ही प्रीति करें और अपने कुल की रक्षा करें।

जब रावण ने फिर मारीच के ऐसे कल्याणकारी वचन सुने तो उसने उन वचनों को ग्रहण करने से इनकार करते हुए कहा कि हे मारीच! तूने मेरी इच्छा के विरुद्ध जो कुछ मुझसे कहा है, वह ऊसर भूमि में बीज बोने के समान है और मेरे लिए नितांत निष्फल है। जिस सीता के पति राम ने मेरे भाई खर का वध किया है, उसी सीता का मैं तेरे सामने हरण करूंगा। अब मेरे इस विचार को कोई बदल नहीं सकता। मेरा फिर तुमसे यह कहना है कि बिना कुछ सोचे-विचारे मेरे इस कार्य में मेरी सहायता करो।

यदि तुम ऐसा नहीं करोगे तो मैं तुम्हारा वध इसी क्षण कर डालूंगा। तुम्हें हर परिस्थिति में मेरे इस प्रयोजन में मेरा साथ देना होगा।

**मेरा मनोरथ श्रेष्ठ है -तुम यही कहो मारीच।**
**अपमान सह घर में रहे कहलाता महानीच।।**

मारीच रावण की बुद्धि के भ्रष्ट हो जाने से दुःखी था। उसने एक बार फिर रावण को समझाने का असफल प्रयास किया। उससे कहा कि तुझे ऐसा नीच विचार किसने दे दिया? तुझे यह पता होना चाहिए कि यदि राम से शत्रुता मोल ली तो अवश्य ही राक्षस धरती से नष्ट हो जाएंगे। मुझे इस बात का शोक है कि तुम सेना सहित राम के साथ होने वाले युद्ध में मारे जाओगे। मुझे मारकर राम तुझे भी मार डालेगा। राम के सामने जाते ही मैं मर जाऊंगा, यह निश्चित है। उसके बाद जब तू सीताहरण करने में सफल हो जाएगा तो अपने आप को और अपने परिजनों को भी मरा हुआ ही समझ। इसके बाद सारी लंका और ये राक्षस लोग नष्ट हो जाएंगे। मारीच का स्पष्ट मानना था कि अधर्म, अनीति, अन्याय और पाप कर्म व्यक्ति को गलाते हैं। उनके पापबोध से वह कभी उभर नहीं पाता। एक अच्छे व्यक्ति के लिए उचित यही है कि वह नीति और धर्म का पालन करता रहे, जैसे श्री राम करते हैं। रावण की हठधर्मिता के सामने अब मारीच निरुत्तर हो चुका था। उसे अपना काल तो स्पष्ट दिखाई दे ही रहा था, साथ ही उसे रावण के वंश का विनाश भी साक्षात दिखाई दे रहा था। अतः इतना कहकर मारीच रावण के साथ चल पड़ता है।

रावण और मारीच शीघ्र ही श्रीराम के आश्रम के पास पहुंच गए। वहां जाकर रावण ने कहा कि मारीच अब तुम्हें अपना काम आरंभ कर देना चाहिए। रावण की बात सुनकर मारीच अदभुत मृग का रूप धारण कर श्रीराम के आश्रम के द्वार पर घूमने लगा। उस समय सीता जी पुष्प तोड़ने के लिए इधर-उधर घूम रही थीं। तभी उन्हें वह अद्भुत मृग दिखाई दिया। जिसे प्राप्त करने की इच्छा उनके मन में हुई।

इसके बाद की उस घटना से हम सभी परिचित हैं जिसने सीता जी का अपहरण कराया। उस पर यहां प्रकाश डालना अधिक उचित नहीं होगा। यहां हम इतना ही कहना चाहेंगे कि राक्षस रावण अपने राक्षस कृत्य को करने में सफल हो गया। यद्यपि उसे यह ज्ञात नहीं था कि उसका यह कार्य ही उसके वंश का नाश कराने में सहायक होगा। यहां से रावण अपने विनाश की डगर पर चल पड़ा और श्रीराम के लिए वह

रास्ता खुल गया जो रावण का वध कराने के लिए बन रहा था।

हम राम रावण युद्ध पर भी यहाँ प्रकाश नहीं डाल रहे हैं। इसका कारण केवल एक ही है कि उस युद्ध के बारे में हम सबने बहुत कुछ सुना है। हमारा उद्देश्य केवल उन बिंदुओं को स्पष्ट करना था जिन पर अधिक ना तो लिखा गया है और ना ही सुना गया है। हम यह भी स्पष्ट करना चाहते थे कि रामचंद्र जी ने दंडकारण्य वन में जाते ही राक्षस संहार की अपनी योजना पर काम करना आरंभ कर दिया था। उसकी अंतिम परिणति रावण के विनाश के रूप में जाकर हुई। हमारा उद्देश्य केवल एक ही है कि श्री राम भारतवर्ष के सांस्कृतिक राष्ट्रवाद के पुरोधा हैं। जिन्होंने कदम-कदम पर भारतीय सांस्कृतिक राष्ट्रवाद के लिए महान कार्यों का संपादन किया।

अध्याय - 10

# अपनाओ श्रीराम के चरित्र को

रामचंद्र जी के विषय में जानबूझकर यह भ्रांति फैलाने का प्रयास किया गया कि वह एक काल्पनिक ग्रन्थ के काल्पनिक पात्र हैं। ऐसी मान्यता रखने वाले लोगों का कहना है कि रामायण भी अपने आप में एक काल्पनिक महाकाव्य है। जिसे किसी उपन्यास से अधिक कुछ नहीं माना जा सकता। ऐसा भ्रान्तिपूर्ण प्रचार इसलिए किया गया जिससे कि हम भारतवासियों को अपने गौरवमयी प्राचीन काल खंड से काटा जा सके और हम विदेशी शासकों और विद्वानों के चाटुकार बनकर रह जाएं।

श्री राम और उनके पूर्वजों के बारे में हमें रामायण से अलग भी इतिहास उपलब्ध होता है। विद्वानों ने उनके पूर्वजों की वंशावली को खोजने का प्रयास किया है। यद्यपि हम इस वंशावली को पूर्णतया उचित नहीं मानते, क्योंकि श्री राम के पूर्वजों की यह वंशावली बहुत लंबी है, जिसे 10-20 पीढ़ियों में नहीं समाप्त किया जा सकता। परंतु फिर भी हमें इस वंशावली से इतना तो पता चलता ही है कि श्रीराम से पहले उनके सूर्यवंश में एक से बढ़कर एक महान शासक सम्राट पैदा हुए हैं। इसीलिए सूर्यवंश की इस वंशावली को हम यहां प्रस्तुत कर रहे हैं।

श्रीराम इक्ष्वाकु वंश के थे और इस वंश के गुरु वशिष्ठ जी थे। भगवान श्री राम की वंशावली बहुत ही व्यापक और प्रभावशाली रही है। ब्रह्मा जी से मरीचि का जन्म हुआ था और मरीचि के पुत्र कश्यप थे। कश्यप के पुत्र विवस्वान और विवस्वान के पुत्र वैवस्वत मनु हुए। वैवस्वत मनु के पुत्र इक्ष्वाकु हुए और इक्ष्वाकु के पुत्र कुक्षि थे। कुक्षि के पुत्र का नाम विकुक्षि था। विकुक्षि के पुत्र बाण हुए और बाण के पुत्र अनरण्य। अनरण्य से पृथु हुए और पृथु से त्रिशंकु पैदा हुए। त्रिशंकु के पुत्र धुन्धुमार और धुन्धुमार के पुत्र युवनाश्व हुए। युवनाश्व से उनके पुत्र मान्धाता हुए और मान्धाता से सुसन्धि पैदा हुए।

सुसन्धि के दो पुत्र हुए- ध्रुवसन्धि एवं प्रसेनजित। ध्रुवसन्धि के पुत्र भरत और भरत के पुत्र असित हुए। असित के पुत्र सगर और सगर के पुत्र असमञ्ज पैदा हुए। असमञ्ज के पुत्र अंशुमान और अंशुमान के पुत्र दिलीप जन्म लिए। दिलीप के पुत्र भगीरथ और भगीरथ के पुत्र ककुत्स्थ हुए। ककुत्स्थ के पुत्र रघु पैदा हुए और रघु और रघु के पुत्र प्रवृद्ध हुए। प्रवृद्ध के पुत्र शंखण और शंखण के पुत्र सुदर्शन जन्म लिए। वहीं सुदर्शन के पुत्र अग्निवर्ण और अग्निवर्ण के पुत्र शीघ्रग का जन्म हुआ। शीघ्रग के पुत्र मरु हुए और मरु के पुत्र प्रशुश्रुक हुए। प्रशुश्रुक के पुत्र अम्बरीश पैदा हुए और अम्बरीश के पुत्र नहुष हुए। नहुष के पुत्र ययाति और ययाति के पुत्र नाभाग हुए। नाभाग के पुत्र अज और अज के पुत्र हुए राजा दशरथ। राजा दशरथ के चार पुत्र हुए श्री रामचन्द्र, भरत, लक्ष्मण तथा शत्रुघ्न। भगवान श्री रामचंद्र के दो पुत्र लव और कुश हुए।

श्री रामचंद्र जी की महानता पर प्रकाश डालते हुए आचार्य प्रेमभिक्षु वानप्रस्थ जी 'शुद्ध रामायण' - भाग 2, के पृष्ठ 451 पर लिखते हैं कि - "जैसे एक कैंडल पावर की बत्ती 5 केंडल वाली बत्ती से, 5 कंडल वाली से 10 कंडल पावर वाली श्रेष्ठ, 10 कंडल पावर वाली से 100 केंडल पावर वाली और 100 केंडल वाली पावर से 1000 केंडल पावर वाली बत्ती श्रेष्ठ होती है, इस तरह हर एक बत्ती क्रम से श्रेष्ठ मानी जाती है। उसी प्रकार मनुष्य मात्र के शरीर यद्यपि समानाकृति के होते हैं, उनके घटक द्रव्य रक्त, मांस, अस्थि, चर्म इत्यादि सब समान होते हैं। प्रत्येक शरीर में आत्मा का चैतन्यांश विद्यमान है, तथापि वह चैतन्यांश व्यक्ति मात्र के पूर्व सुकृतानुसार न्यून वा अधिक प्रमाण में होता है और उसी प्रमाण में उस व्यक्ति को श्रेष्ठत्व या कनिष्ठत्व मिलता है... इसी न्याय से श्रेष्ठ मनुष्य के सम्मुख कनिष्ठ मनुष्य का प्रभाव फीका पड़ जाता है। राजा के सम्मुख सर्वसाधारण लोग नम्र हो जाते हैं तथा उसे सर्वश्रेष्ठ मानते हैं। इसका कारण यही है कि सर्व साधारण लोगों की अपेक्षा राजा में तेजस अंश का प्रमाण अधिक ही होता है। सम्राट को राजा से श्रेष्ठ मानते हैं और सार्वभौम राजा सम्राट से भी श्रेष्ठ होता है। फिर ऐसे शतावधि सार्वभौम राजाओं से भी अनंतगुणित श्रेष्ठत्व जिनमें पाया जाता है, उन श्री रामचंद्र जी को मर्यादा पुरुषोत्तम या श्रेष्ठतम लिया जाए तो यह युक्ति ही होगा। स्पष्ट है कि मनुष्य यदि प्रयत्न करे तो उसके लिए श्री रामचंद्र जी होना असाध्य नहीं है।"

किसी श्रेष्ठतम या कनिष्ठतम व्यक्ति के मूल्यांकन की यही परंपरा व्यवहार में अपनाई जाती है। इसी के चलते अपने समकालीन सभी राजवंशी लोगों में रामचंद्र जी श्रेष्ठतम दिखाई देते हैं। इतना ही नहीं, उनके बाद की पीढ़ियों में भी वह अपनी श्रेष्ठता को यथावत बनाए रखने में सफल रहे हैं। इसीलिए उनको हमने भगवान की उपाधि से सम्मानित किया।

रामचंद्र जी की महानता पर विचार करते हुए पंडित श्रीपाद दामोदर सातवलेकर जी ने कहा है कि वह आत्मवान, नियतात्मा, अदीनात्मा थे। इन तीनों शब्दों को स्पष्ट करते हुए श्री सातवलेकर जी ने कहा है कि 'आत्मवान' वह होता है जो आत्मिक बल से युक्त होता है अर्थात् जिसने अपना अंतःकरण अपने वश में किया है। नियतात्मा शब्द की व्याख्या करते हुए वह कहते हैं कि जिसने अपना अंत:करण अपने अधीन किया है, 'अदीनात्मा' के बारे में वह बताते हैं कि असाधारण क्षत्रिय तेज से दीनतारहित अत्यंत कष्टदायक प्रसंग उपस्थित होने पर भी जिसके अंत:करण में भीति उत्पन्न नहीं होती, चंचलता नहीं होती, अथवा क्षोभ नहीं होता।

रामचंद्र जी के भीतर ये तीनों गुण हमें मिलते हैं। वह किसी भी संकट में तनिक भी घबराए नहीं। भीतिरहित होकर उन्होंने प्रत्येक संकट का सामना किया। प्राणिमात्र के प्रति समर्पित होकर उन्होंने भारत के जिस सांस्कृतिक मानवतावादी राष्ट्रवाद की प्राचीन काल में स्थापना की, वह उनका भारतीय इतिहास और सांस्कृतिक क्षेत्र में ऐसा महान योगदान है जिसकी तुलना किसी अन्य से नहीं की जा सकती। रामचंद्र जी ने अनेकों अवसरों पर यह सिद्ध किया कि वह संयमी, नीतिवान, धर्मज्ञ हैं।

संयम, नीतिमत्ता और धर्मज्ञता को उन्होंने प्रत्येक पल और जीवन के प्रत्येक मोड़ पर अपनाने का सराहनीय प्रयास किया है। उनकी मर्यादा कहीं पर भी पथभ्रष्ट होती हुई दिखाई नहीं देती। यही कारण है कि ऋषि दयानन्द जैसे लोगों ने भी उन्हें मर्यादा पुरुषोत्तम कहकर सम्मान दिया है।

**पुरुषोत्तम श्री राम जी महान गुणों की खान।**
**आन बान हैं देश की और हम सबकी शान।।**

अनिरुद्ध जोशी हमें बताते हैं कि प्रभु श्रीराम पर वैसे तो कई ग्रंथ लिखे गए लेकिन वाल्मीकि कृत रामायण ही प्रमाणिक ग्रंथ माना जाता है। यह मूल संस्कृत में लिखा गया ग्रंथ है। तमिल भाषा में कम्बन रामायण, असम में असमी रामायण,

उड़िया में विलंका रामायण, कन्नड़ में पंप रामायण, कश्मीर में कश्मीरी रामायण, बंगाली में रामायण पांचाली, मराठी में भावार्थ रामायण आदि भारतीय भाषाओं में प्राचीनकाल में ही रामायण लिखी गई। मुगलकाल में गोस्वामी तुलसीदास जी ने अवधि भाषा में 'रामचरित मानस' लिखी जो कि हिन्दीभाषा और उससे जुड़े राज्यों में प्रचलित है। विदेशी में कंपूचिया की रामकेर्ति या रिआमकेर रामायण, लाओस फ्रलक-फ्रलाम (रामजातक), मलेशिया की हिकायत सेरीराम, थाईलैंड की रामकियेन और नेपाल में भानुभक्त कृत रामायण आदि प्रचलित है। इसके अलावा भी अन्य कई देशों में वहां की भाषा में रामायण लिखी गई है।

देश-विदेश में मिलने वाले साहित्य में इतनी प्रचुर मात्रा में यदि राम पर लिखा गया है तो यह मानना पड़ेगा कि उनके व्यक्तित्व और कृतित्व से प्रभावित व्यक्तियों की संख्या आज भी संसार में करोड़ों में है।

रामचंद्र जी महाराज सज्जनों की संगति प्राप्त करने में ही आनंद की अनुभूति करते थे। दुर्जनों को उन्होंने कभी अपने पास फटकने तक नहीं दिया। उनकी ऐसी विचारधारा ही उन्हें राष्ट्रीय वृत्ति का बनाती है। परमार्थ का चिंतन रखने वाला व्यक्ति कभी भी उन लोगों से कोई समझौता नहीं करेगा जो दुर्जन प्रवृत्ति के होते हैं। दुर्जन प्रवृत्ति के व्यक्तियों से वही व्यक्ति संपर्क और संबंध बनाएगा जो संसार में निहित स्वार्थ से भरा जीवन जीता हो।

**परमारथ के कारने धारत जो निज देह।**
**दुर्जन से रहे दूर वो सुजन संग करै नेह।।**

राष्ट्रीय परिप्रेक्ष्य में हमारे राजनीतिक मनीषियों ने प्राचीन काल से ऐसे व्यक्ति को ही राष्ट्रीय माना है जो सर्वप्रजाधारणपोषण सामर्थ्य युक्त होता है। वह प्रजाहितेरत: की लोक कल्याणकारी मानसिकता में विश्वास रखता है और उसी में सर्वभूतहितेरत: की पवित्रता के साथ जीवन जीने का अभ्यासी होता है। प्रजाहित उसके जीवन का लक्ष्य होता है और जीव लोक की रक्षा करना, उसके जीवन का मनोरथ होता है। वह धर्म की रक्षा करने में अपने आपको आनंदित अनुभव करता है। वह सब लोगों का प्रिय होता है।

ऐसे गुण व्यक्ति में तभी आते हैं, जब वह अपने चरित्रबल में अत्यंत पवित्र होता है। जिसके पास चारित्रिक बल और आत्मबल होता है, वही संसार पर वास्तविक

अर्थों में शासन करता है। क्योंकि ऐसे चरित्रबल और आत्मबल के धनी व्यक्ति का लोग स्वाभाविक रूप से अनुकरण करने में आनंद की अनुभूति करते हैं।

जो राजा चरित्रबल और आत्मबल से हीन होता है, वह लोगों पर शासन करने के अयोग्य होता है। उसके शासन में प्रजा में भांति-भांति के कुविचार फैलते हैं और लोग परस्पर एक-दूसरे के धनहरण आदि का प्रयास करने लगते हैं। जब राजा स्वयं ही दूसरों का धनहरण करने वाला, लुटेरा, बदमाश, हत्यारा और दूसरों की स्त्रियों का शील भंग करने वाला होता है तो ऐसा राजा लोक में निंदा का पात्र होता है। दुर्भाग्य है कि भारत में मुगल, तुर्कों और अंग्रेजों के शासनकाल में ऐसे ही नीच शासकों को हमारे लिए पूजा की थाली में परोसकर हमारे सामने रख दिया गया। जबकि इनमें से किसी के भीतर भी ऐसा कोई गुण नहीं था जिसके कारण इन्हें महान माना जाए या एक सुयोग्य शासक माना जाए।

**गुणहीन शासक बने चरित्र से कमजोर।**
**देश धर्म की लाज को लूट रहे थे चोर।।**

रामचंद्र जी ने अपने भीतर जिन गुणों का विकास किया, वे गुण उन्हें दूसरों का धनहरण करने वाले लुटेरे, बदमाश और दूसरों की स्त्रियों का शील भंग करने वाले शासकों या समाज के प्रमुख लोगों का विरोध करने के लिए प्रेरित करते थे। चरित्रबल के माध्यम से वह भीतर से मजबूत थे, इसीलिए राक्षसवृत्ति के लोगों का वह निर्भीकता के साथ सामना कर लिया करते थे।

रामचंद्र जी को शत्रुओं का नाश करने वाला, प्रतापी, पराक्रमी अर्थात् जिसका नाम सुनने से ही शत्रु के हृदय फट जाते हैं, ऐसा विशेष पराक्रमी, शत्रुओं का पराभव करने वाला, जिसका धनुष बहुत बड़ा है, जिसके पास उत्तम से उत्तम अस्त्र-शस्त्र हैं, जिसके क्रुद्ध होने पर देव भी घबरा जाते हैं, क्रोध आने पर जो अग्नि के समान दीखता है, जो विद्वान है, ज्ञान संपन्न है, विचक्षण अर्थात् आत्मा, अनात्मा इन सब पदार्थों के तत्वों का जानने वाला है, जो बुद्धिमान है, उत्तम बुद्धि से युक्त है, स्मृतिमान अर्थात् स्मरण शक्ति से युक्त है, धनुर्वेद का उत्तम ज्ञाता है जो वीर्यवान, महावीर है, जिसका पराक्रम बहुत बड़ा है, जो पराक्रम में विष्णु के समान है, जो सत्य भाषण करने वाला है, जो उत्तम वक्ता है, जिसका शरीर बहुत सुंदर है, जो उत्तम मस्तक वाला है, जिसका ललाट बहुत अच्छा है, जो बड़े-बड़े बाहुवाला है, घुटनों तक जिसके लंबे-लंबे हाथ

हैं, जैसे विशेषणों से संबोधित किया गया है। श्रीराम के इन्हीं गुणों ने उन्हें हमारे सांस्कृतिक राष्ट्रवाद का पुरोधा बनाने में सहायता प्रदान की। इन गुणों को लेकर वह भारतीय संस्कृति और धर्म की रक्षा के लिए कार्य करते रहे। श्रीराम पर मैथिलीशरण गुप्त जी की यह पंक्तियां कौन से प्रकट होती हैं :-

**देखी मैंने आज जरा।**
**क्या ऐसी ही हो जाएगी मेरी यशोधरा?**
**क्या मिट्टी में मिल जाएगा वर्ण सुवर्ण खरा?**
**धिक! मेरे रहते जो मेरा चेतन जाए हरा।।**

जैसे विशेषण श्री राम जी के लिए उपरोक्त कथन में दिए गए हैं वैसे विशेषण किसी साधारण व्यक्ति के लिए नहीं दिए जा सकते। जिसने अपने जीवन में आतंक, आतंकवाद और आतंकवादियों को मिटाने का संकल्प लिया हो और जो समग्र भूमंडल पर शांति स्थापित करने के महाव्रत को धारण करके चलने वाला हो, ऐसे महावीर, पराक्रमी, शौर्यसंपन्न व्यक्तित्व को ही इन विशेषणों से संबोधित किया जा सकता है।

भारत की वर्तमान राजनीति में किसी भी राजनीतिज्ञ को ब्रह्मचर्यव्रतधारी, जितेन्द्रिय, वैदिक विद्वान, धार्मिक और वेदों के प्रकांड पंडित जैसे विशेषणों से नहीं पुकारा जाता है। जिसका कारण केवल एक ही है कि हमने उन लंपट, बदमाश, अत्याचारी और निर्दयी शासकों को पढ़ते-पढ़ते अपने शासकों के दिव्य गुणों को पूर्णतया विस्मृत कर दिया है जो मध्य काल में तुर्क, मुगल और बाद में अंग्रेजों के नाम से जाने गए। वर्तमान राजनीति इन्हीं मध्यकालीन शासकों को अपना आदर्श मानकर चल रही है। क्योंकि महात्मा गांधी जैसे व्यक्ति के लिए यदि इतिहास में कोई आदर्श व्यक्तित्व है तो वह मुगल बादशाह औरंगजेब है और गांधीजी वर्तमान राजनीति के आदर्श हैं।

हमारे शासकों के लिए ब्रह्मचर्यव्रतधारी, जितेंद्रिय आदि शब्द जब प्रयोग किए जाते थे तो उससे उनके व्यक्तित्व और कृतित्व दोनों का बोध होता था। वह कैसा गरिमा युक्त जीवन जीते थे?- इस बात का पता चलता था। उनकी महानता का पता चलता था। इन शब्दों की चोरी कब हो गई या भारतीय लोकतंत्र के राजपथ पर चलने वाली गाड़ी के ये शब्दरूपी पुर्जे कब ढीले हो कर कहां गिर गए? - कुछ पता ही नहीं

चला। ऐसा नहीं है कि राजनीति में आज शब्दों का टोटा है, शब्द तो आज भी हैं परंतु कोई व्यक्तित्व ऐसा नहीं है जिन पर यह शब्द पूर्णतया लागू हो जाएं।

इससे स्पष्ट हो जाता है कि वर्तमान राजनीति कितनी पतित हो चुकी है? भारतवर्ष राम के आदर्श व्यक्तित्व को अपने लिए पूजनीय तो मानता है परंतु व्यवहार में स्वीकरणीय नहीं मानता।

## मूर्ति पूजा का यही सबसे बड़ा दोष है

हमें रामचंद्र जी के जीवन का मूल्यांकन करते समय यह भी ध्यान रखना चाहिए कि वह जितने दिव्य और महान थे, उतने ही उनके माता-पिता भी दिव्य और महान थे। उनके माता-पिता ने संतान की कामना से पुत्रेष्टि यज्ञ नहीं कराया था, अपितु धीर-वीर, गंभीर, धार्मिक विद्वान और इच्छित संतान प्राप्त करने के लिए उन्होंने पुत्रेष्टि यज्ञ ऋषि श्रृंग की अध्यक्षता में संपन्न कराया था। उन्हें संतान तो बिना ऐसा यज्ञ कराये भी हो सकती थी, परंतु उस समय जिस प्रकार सूर्यवंशी राजाओं के साम्राज्य को बहुत सीमित करते हुए शत्रु राक्षस देश और भूमंडल पर अपना साम्राज्य बढ़ाते जा रहे थे, उसके दृष्टिगत उन्हें ऐसी संतान की आवश्यकता थी जो न केवल सूर्यवंश की पुरानी यशस्वी परंपरा को स्थापित कर सके बल्कि साम्राज्य को ग्रहण लगाती चली जा रही राक्षस शक्ति का अंत भी कर सके।

रामचंद्र जी की माता कौशल्या देवी को जैसे ही यह आभास हुआ कि वह गर्भवती हो चुकी हैं तो उन्होंने स्वयं को ऋषियों के संसर्ग और संपर्क में रखने के लिए राजभवनों को त्याग दिया था और वनों में जाकर सात्विक परिवेश और सात्विक खानपान के माध्यम से रामचंद्र जी जैसे सुयोग्य पुत्र और महानतम शासक महावीर को उत्पन्न किया। जिसका मूल सशक्त, समर्थ और शाश्वत होता है, उसका फल भी वैसा ही होता है। इनसे पता चलता है कि रामचंद्र जी के माता-पिता के अपने संस्कार भी ऐसे ही बन चुके थे कि वे राष्ट्र रक्षा, संस्कृति रक्षा और धर्म रक्षा करने वाली सुयोग्य संतान चाहते थे।

उस समय की परिस्थिति परिवेश में चुनौती पैदा कर रही थी। उस चुनौती को दशरथ स्वीकार कर चुके थे। उसी के दृष्टिगत उन्होंने रामचंद्र जी जैसे धर्मरक्षक, संस्कृतिरक्षक और राष्ट्ररक्षक पुत्र की इच्छा की।

**पुत्रेष्टि याग रचाकर धर्म रक्षक पुत्र उत्पन्न किए।**
**अनमोल मिले हीरे सारे मात-पिता ने पुण्य किए।।**
**स्वार्थभाव ना तनिक भी उनमें राम सभी से न्यारे।**
**मर्यादा की डोर पकड़ ली बने धर्म के प्रिय सारे।।**

संतान के निर्माण के संबंध में हमें यह बात ध्यान रखनी चाहिए कि जब संतान उत्पन्न हो जाती है तो उसके बाद माता-पिता उसे उस समय उतने संस्कार नहीं देते, जितने उसे गर्भावस्था काल में माँ के द्वारा दे दिए जाते हैं। उससे भी पहले जब गर्भाधान संस्कार होता है तो उस समय जो संस्कार दिए जाते हैं वह तो और भी अधिक प्रबल होते हैं। क्योंकि उसी समय के संस्कार बीज का निर्माण करते हैं और वह बीज ही आगे वृक्ष से महावृक्ष बनकर देश-धर्म और संस्कृति का संरक्षक बनता है। माता कौशल्या और पिता दशरथ जिस संस्कार बीज को डाल रहे थे, वह विभाजनकारी शक्तियों के विनाश के लिए डाला गया बीज था, जो संयोजन में विश्वास रखता था। वह एकीकरण के समीकरण से राष्ट्रीयकरण की प्रक्रिया को पूर्ण करने वाला बीज था। कोई आश्चर्य नहीं कि रामचंद्र जी ने जब अपने जीवन में इन्हीं महान कार्यों का संपादन किया तो उसके पीछे उनके माता-पिता के यही संस्कार प्रमुख कारण थे।

आज हमारे देश में संयोजनकारी सृजनात्मक शक्तियों का अभाव होता जा रहा है। संयोजन से सृजनशील ऊर्जा प्रवाहित होती है। जिस जीवन से संयोजन और सृजनशक्ति विनष्ट हो जाती है, वह जीवन निरर्थक हो जाता है। उसकी सार्थकता भंग हो जाती है। मनुष्य की संयोजनात्मक, सृजनात्मक और सकारात्मक शक्तियों का हनन और पतन करने में विघटनकारी शक्तियां निरंतर प्रयासशील रहती हैं। आज यही शक्तियां देश के विनाश और विभाजन के बीज निरंतर बिखेरती जा रही हैं। उन विखंडनकारी बीजों का संचयन करने वाले लोग भी तेजी से बढ़ रहे हैं अर्थात् विभाजनकारी प्रक्रिया समापन की ओर नहीं बल्कि और भी अधिक विस्तार प्राप्ति की ओर बढ़ती दिखाई दे रही है। जो कि देश के सँयोजनकारी लोगों के लिए चिंता का विषय है। ऐसी परिस्थितियों के लिए एकमात्र कारण यही है कि देश का मूल अर्थात् माता-पिता का चिंतन विकृत हो गया है।

पुत्रेष्टि यज्ञ की प्रक्रिया पूर्णतया बंद हो गई है और परिवार से लेकर राष्ट्र तक के

विभाजन की मानसिकता रखने वाले माता-पिता विभाजनकारी और विखण्डनकारी संतान को दिन-प्रतिदिन बड़ी मात्रा में पैदा करते जा रहे हैं। सर्वत्र विनाश के बीज बिखर रहे हैं और हम अपेक्षा कर रहे हैं कि हमें सुयोग्य संतान प्राप्त हो।

ऐसा नहीं है कि देश के तथाकथित बुद्धिजीवी ह्रास की इस प्रक्रिया के मूल को जानते नहीं हैं, वे सब जानते हैं, परंतु उनका उद्देश्य भारत को उसके मूल से जोड़ना नहीं है बल्कि भारत की दिशा और दशा को बिगाड़ना उनका उद्देश्य है। इसलिए भारत के मूल से जोड़ने वाली प्रक्रिया और शिक्षा प्रणाली को सांप्रदायिक शिक्षा प्रणाली कहकर उसे उपेक्षित करने के भारी षड्यंत्र रचे जाते हैं। इन षड्यंत्रों की गहरी और मोटी परतों के नीचे रामचंद्र जी और भारत का गौरवमयी अतीत कहीं दबकर रह जाता है। दशरथ और कौशल्या का त्याग, बलिदान और उनका उच्च संस्कार कहीं छुपा दिया जाता है और माता कौशल्या का राम के निर्माण में दिया गया भारी योगदान विस्मृति के गहरे गड्ढे में डाल दिया जाता है।

**राज भी गहरे,**
**दाग भी गहरे,**
**चारों ओर लगे हैं पहरे,**
**कौन समझेगा बोल मेरे?**
**कौन-कौन है कहां छिपे?**
**जटिलता में कौन घिरे?**
**देश की धड़कन बोले राम!**
**राजघाट भी कहता 'हे राम'!**

इस प्रकार की निराशाजनक परिस्थितियों के निर्माण में आज के तथाकथित राष्ट्रपिता महात्मा गांधी का महत्त्वपूर्ण योगदान है। क्योंकि उन्होंने स्वयं ने जब 1937 में भारत की भावी शिक्षा नीति का निर्माण करवाया था तो उसमें राम और उनके चरित्र को काल्पनिक मानकर पाठ्यक्रम से बाहर कर दिया था जबकि मुस्लिमों के धर्म गुरुओं को उसमें रखने की व्यवस्था की गई थी। जिनकी शिक्षा पूर्णत: सांप्रदायिक थी। उन्हें हमारे लिए पूजनीय माना गया और जिनकी शिक्षाएं मानवीय थीं। उनके सारे चिंतन और उनकी महानतम विचारधारा को हमारी नजरों से ओझल कर दिया गया। जब आतंकवाद और आतंकवादियों को ही आदर्श मानकर पढ़ाया

व समझाया जाएगा तो देश की युवा पीढ़ी आतंकवाद और आतंकवादियों को ही अपना आदर्श मानकर चलेगी। उनके अनुसार ही अपना कार्य व्यवहार निष्पादित और संपादित करेगी।

देश की आतंकवादी शक्तियां अहिंसावादी गांधी के देश में जब तलवार की बातें करती हैं तो उन्हें वीरता का प्रतीक माना जाता है और जब रामचंद्र जी की परंपरा में विश्वास रखने वाले लोग देश से आतंकवाद और आतंकवादियों के विनाश की योजनाओं पर काम करते हैं या इस प्रकार के भाषण देते हैं तो उन्हें सांप्रदायिक और देश के लिए विघटनकारी कहकर तिरस्कृत किया जाता है। रामराज्य के समर्थक रहे गांधी जी की अहिंसा भी रामचंद्र जी की वीरता को कभी स्वीकार नहीं कर सकी। वह सदा दोगली बातें करती रही और दब्बू राष्ट्र के निर्माण के लिए भाषण देती रही। किसी दोगली और छद्मवादी नीति से भारत में तथाकथित गंगा-जमुनी -संस्कृति का निर्माण करने का भ्रम पाला गया जो आज इस देश के लिए विनाश का कारण बनती जा रही है।

हमें ध्यान रखना चाहिए कि देश भक्ति के गीत गाते-गाते जो वीर क्रांतिकारी फांसी पर झूल गए, वे श्री राम के शत्रुहन्ता स्वरूप के उपासक थे। राम प्रसाद बिस्मिल जैसे अनेकों क्रांतिकारियों ने श्रीराम की इस आदर्श परंपरा का निर्वाह किया। राम प्रसाद बिस्मिल जी की देशभक्ति से परिपूर्ण ये पंक्तियां हमें बहुत कुछ बताती हैं :-

**"वो जिस्म भी क्या जिस्म है जिसमें ना हो खून-ए-जुनून।**
**तूफ़ानों से क्या लड़े जो कश्ती-ए-साहिल में है।।**

**हाथ जिन में हो जुनूँ कटते नहीं तलवार से।**
**सर जो उठ जाते हैं वो झुकते नहीं ललकार से।।**

**और भड़केगा जो शोला-सा हमारे दिल में है।**
**है लिए हथियार दुश्मन ताक में बैठा उधर।।**

**और हम तैय्यार हैं सीना लिए अपना इधर।**
**खून से खेलेंगे होली गर वतन मुश्किल में है।।"**

अब प्रश्न यह है कि यदि आज के परिवेश में श्रीराम स्वयं होते तो क्या करते? यदि इस प्रश्न पर गंभीरता से विचार किया जाए तो रामचंद्र जी के जीवन चरित्र को थोड़ा-सा समझने वाला व्यक्ति भी यह कह सकता है कि वह निश्चय ही देश की

विघटनकारी, समाजविरोधी और देशविरोधी शक्तियों का दमन पूर्ण निर्भीकता के साथ करते और उनके संहार में किसी भी प्रकार का संकोच नहीं दिखाते। वह किसी भी प्रकार की दोगली छद्म धर्मनिरपेक्षता या दोगली राजनीतिक व्यवस्था के समर्थक नहीं होते। वह स्पष्ट और राष्ट्रहित में जो भी निर्णय उचित समझते, उन्हीं को लेते और लागू करते। वह किसी भी प्रकार की गंगा जमुनी तहजीब के चक्कर में ना पड़कर भारत की सनातन संस्कृति की रक्षा के लिए काम करते।

वे भारत के विद्यालयों में ब्रह्मचर्य की रक्षा की शिक्षा दिलाने में विश्वास करते। ना कि आज की उस व्यवस्था के संरक्षक रक्षक होते जो ब्रह्मचर्य नाश को प्रोत्साहित कर रही है और इसके माध्यम से हमारी युवा पीढ़ी को नष्ट करते हुए भारत के भविष्य को भी नष्ट कर रही है। वह स्वयं गुरुकुल शिक्षा प्रणाली के अंतर्गत शिक्षित और दीक्षित हुए थे, इसलिए गुरुकुलीय शिक्षा प्रणाली के अंतर्गत दी जाने वाली संस्कार आधारित शिक्षा के समर्थक होते।

गुरुकुल की जिस शिक्षा को प्राप्त करके उन्होंने ब्रह्मचर्य का पालन किया उसी का परिणाम था कि उन्होंने अपने समय की नई पीढ़ी में क्रांतिकारी परिवर्तन कर दिया था। जिस राजा दशरथ को रावण का नाम सुनकर भी डर लगता था, वही रावण श्रीराम और लक्ष्मण के द्वारा मारा गया। उस समय रावण निसंकोच वनों में भी विचरता था और राजा दशरथ के लिए भय का कारण बना हुआ था। उसका सामना करने की बात सोचना भी उस समय लोगों के लिए संभव नहीं था। उसी रावण के विरुद्ध क्रांति का परिवेश सृजित करना और उसे समाप्त कर राक्षस राज्य का अंत करना उस समय श्रीराम के ही वश की बात थी।

रामचंद्र जी आज यदि होते तो वह गुरुकुल की उसी शिक्षा प्रणाली को लागू करते जिसमें गुरुकुल का आचार्य और प्राचार्य मिलकर उसे एक स्वतंत्र निकाय के रूप में चलाते थे। उस पर किसी भी प्रकार का राजकीय अधिकार नहीं होता था। यद्यपि वह राज्य के संरक्षण में अवश्य अपना कार्य करता था। महाभारत काल में जिस प्रकार गुरु द्रोणाचार्य को बुलाकर राजकीय गुरुकुल के अंतर्गत उन्हें शिक्षित करने का प्रबंध किया गया, वह व्यवस्था अपने आपमें दोषपूर्ण थी। क्योंकि उस व्यवस्था में आचार्य प्राचार्य को राजकीय अधिकार में रखा गया था। वह एक स्वतंत्र संस्था का संचालन करने में असमर्थ हो गए थे। उसी का परिणाम यह निकला कि

गुरु द्रोणाचार्य को उनके ही शिष्य दुर्योधन और उसके भाइयों के द्वारा कई बार अपमानित होना पड़ा। शिक्षा देने वाले शिक्षकों को स्वतंत्रता मिलनी चाहिए। उनका आत्मसम्मान भी सुरक्षित रहना चाहिए। उसी से वह आत्म सम्मानित जीवन जीने वाले समाज का निर्माण करने में समर्थ हो पाते हैं।

**शिक्षा शिक्षक देश का करते हों निर्माण।**
**उचित उन्हें सम्मान दो बने देश के प्राण।।**

आज के शिक्षक को सरकार और व्यवस्था का नौकर बनाकर उससे शिक्षा दिलवाई जाती है। जिस पार्टी की भी सरकार केंद्र या देश के किसी प्रांत में आती है, वही अपनी विचारधारा को शिक्षकों के माध्यम से बच्चों तक पहुंचाने का कार्य करती है।

जिससे शिक्षक की शिक्षा स्वतंत्र विचार प्रस्तुत करने वाली नहीं रही है। उसमें चाटुकारिता और सेवक स्वामी का संबंध स्पष्ट दिखाई देने लगा है। शिक्षा तंत्र में काम करने वाले अध्यापकों के मन मस्तिष्क पर किसी विशेष विचारधारा को हर सरकार अपने कार्यकाल में अदलती-बदलती रहती है। जिससे शिक्षकगण किसी एक सर्वस्वीकृत शिक्षा तंत्र के अधीन होकर कार्य नहीं कर पाते हैं। जिससे वे शासन में बैठे लोगों की दया के पात्र बन गए हैं। इस प्रकार की शिक्षा व्यवस्था को श्री राम निश्चय ही परिवर्तित कर देते। क्योंकि इस प्रकार की शिक्षा से संस्कारों का निर्माण नहीं होता बल्कि दबी हुई, कुचली हुई और दूषित मानसिकता का विकास होता है। जिसका विपरीत प्रभाव समाज और राष्ट्र पर पड़ता है।

श्री राम जी भारत की वर्ण व्यवस्था और आश्रम व्यवस्था के भी समर्थक होते और उसे उसी प्रकार लागू कराते जिस प्रकार वह वैदिक भारतीय समाज में लागू रही थी।

वह एक पत्नी व्रत को बहुत ही संजीदगी के साथ लागू करवाते और लोगों को ऐसे संस्कार दिलाने वाली शिक्षा की व्यवस्था करते जिसमें एक पत्नीव्रत और एक पतिव्रत निभाना समाज के लिए आवश्यक माना जाता है। पति-पत्नी दोनों चकवा-चकवी की भांति परस्पर प्रीति करने वाले हों - ऋग्वेद की इस आज्ञा को भी श्री राम भारत के दांपत्य जीवन के लिए अनिवार्य घोषित करते। जिससे समाज में शांति स्थापित होती और किसी भी प्रकार की अराजकता उग्रवाद या पारिवारिक कलह को पनपने का अवसर प्राप्त नहीं होता।

आज के समाज में जिस प्रकार अव्यवस्था और अराजकता का परिवेश बनता जा रहा है और प्रत्येक घर उसकी चपेट में आता जा रहा है, उसका एक महत्त्वपूर्ण कारण यह भी है कि लोग अपने जीवनसाथी के प्रति ईमानदार नहीं रहे हैं। यह और भी दु:ख की बात है कि देश के न्यायालय भी देश की सामाजिक व्यवस्था के बिगड़े हुए इस स्वरूप को ठीक करने में न्यायपूर्ण भूमिका नहीं निभा रहे हैं। अभी हाल ही में एक निर्णय आया है जिसमें न्यायालय ने यह कह दिया है कि विवाहेतर संबंध स्थापित करना कोई पाप नहीं है। श्री राम के रहते इस प्रकार की न्यायिक व्यवस्था जारी करने का न्यायालयों का साहस नहीं होता। क्योंकि तब न्यायालय में बैठने वाले न्यायाधीश भी संस्कारों को समझने वाले और उन्हीं के अनुसार समाज का निर्माण करने में रुचि रखने वाले होते।

**न्याय वह अन्याय है जो करता स्वेच्छाचार।**
**ऐसा न्याय नहीं दे सके लोगों के अधिकार।।**

राम अपने राज्य में ईश्वर भक्ति को भी प्रधानता प्रदान करते। प्रत्येक नागरिक के लिए अनिवार्य होता कि वह वेद-भक्ति के माध्यम से देशभक्ति सीखे, प्रत्येक व्यक्ति ईश्वर-भक्त होकर विनम्र, सहज, सरल और सौम्य रहकर समाज का सभ्य, सुशिक्षित और जिम्मेदार नागरिक बने। श्री राम स्वयं ईश्वर के प्रति अनन्य निष्ठाभाव रखते थे। उसी के कारण उन्होंने अनेकों विपत्तियों को झेला और उन पर विजय प्राप्त की। इसी प्रकार के आत्मविश्वासयुक्त जीवन का निर्माण करने में उनकी रुचि होती और प्रत्येक नागरिक को आतंक, आतंकवाद और आतंकवादियों के विरुद्ध लड़ने का वह हौसला प्रदान करते। वह स्वयं दैनिक संध्योपासना, अग्निहोत्र और स्वाध्याय के द्वारा आत्मतेज और आत्मशक्ति को बढ़ाने वाले व्यक्तित्व के स्वामी थे।

श्रीराम स्वधर्म और स्वकर्तव्य को पालने वाले महान शासक थे। इसी को वह राज धर्म मानते थे। इसी प्रकार की धर्म भक्ति और कर्तव्य भक्ति से उन्हें शक्ति प्राप्त होती थी। उन्होंने भक्ति को शक्ति का प्रतीक बनाया तथा भक्ति और शक्ति का समन्वय करके मुक्ति का मार्ग खोजा। इसी भक्ति, शक्ति और मुक्ति के मार्ग को वह अपने देशवासियों के लिए आज भी निश्चित करते। जिससे समतामूलक समाज की तो बात छोड़िए उससे भी ऊंचे 'दिव्य समाज' की स्थापना करने में भारत सफल और सक्षम होता। इस प्रकार तब समतामूलक समाज की संरचना का आदर्श हमें बहुत छोटा दिखाई देता।

राम राज्य में कोई भी व्यक्ति नित्य कर्मों के प्रति असावधानी या प्रमाद नहीं बरतता और ईश्वर भक्ति के माध्यम से अपनी समाज भक्ति और राष्ट्रभक्ति का प्रदर्शन कर दिव्य समाज की संरचना में अपनी सहभागिता सुनिश्चित करता। जिस प्रकार राम जी ने स्वयं अपने क्षात्र-धर्म का पालन करते हुए महान कार्यों का संपादन किया उसी प्रकार वह आज के क्षत्रिय समाज को भी राक्षस संहार अर्थात् आतंकवाद और आतंकवादियों के विनाश के लिए प्रशिक्षित करते। वह आज के उस क्षत्रिय समाज को इस बात के लिए लताड़ते कि वह केवल अपने अतीत की झांकियों और गौरवपूर्ण कालखंड पर इतराता मात्र है, जबकि देश के सामने खड़ी आतंकवाद की समस्या से लड़ने के लिए अपने आप को समर्पित नहीं करता है। हरिओम पवार जी ने श्री राम के आदर्श व्यक्तित्व का चरित्र चित्रण करते हुए वर्तमान संदर्भ में भी बहुत कमाल की पंक्तियां लिखी हैं :-

**राम दवा हैं रोग नहीं हैं सुन लेना**
**राम त्याग हैं भोग नहीं हैं सुन लेना**
**राम दया हैं क्रोध नहीं हैं जग वालों**
**राम सत्य हैं शोध नहीं हैं जग वालों**
**राम हुआ है नाम लोकहितकारी का**
**रावण से लड़ने वाली खुद्दारी का**

**दर्पण के आगे आओ**
**अपने मन को समझाओ**
**खुद को खुदा नहीं आँको**
**अपने दामन में झाँको**
**याद करो इतिहासों को**
**सैंतालिस की लाशों को**

**जब भारत को बाँट गई थी वो लाचारी मजहब की।**
**ऐसा ना हो देश जला दे ये चिंगारी मजहब की।।**

अध्याय - 11

# राम भगवान क्यों बने ?

रामचंद्र जी को भारत के लोगों ने अपनी श्रद्धा और आस्था का केंद्र बनाकर पूजा है। पिछले अध्यायों में हमने इस बात पर प्रकाश डालने का प्रयास किया है कि वह हमारी श्रद्धा और आस्था के केंद्र क्यों बन गए? निश्चित रूप से उनका महान व्यक्तित्व ही इसके लिए उत्तरदायी है। अब इस अध्याय में हम श्रीराम के उन महान गुणों पर चर्चा करेंगे, जिनके चलते वह हमारी श्रद्धा का केंद्र बने।

हम भारतवासियों की यह प्राचीन परंपरा रही है कि हम दिव्य गुणों और भव्य व्यक्तित्व के स्वामी महापुरुषों का ही वंदन अभिनंदन और नमन करते आए हैं। हमने किसी उस पाखंडी 'रावण' को नहीं पूजा जो वैसे तो वेदों का विद्वान था परंतु आचरण से भ्रष्ट था। हमने किसी ऐसे दुर्योधन को भी महानता का खिताब प्रदान नहीं किया जो दिखने में तो हस्तिनापुर जैसे विशाल साम्राज्य का युवराज था परंतु वैसे चरित्रभ्रष्ट और धर्म भ्रष्ट था। हमने हर उस व्यक्तित्व का पूजन किया है जिसने अपने दिव्य गुणों से संसार का उपकार किया। जिसने संसार में मानवता को स्थापित करने के लिए धर्मानुकूल आचरण करते हुए अनेकों कष्ट सहे और कभी भी धर्मभ्रष्ट नहीं हुआ।

**पूजन उसका श्रेष्ठ है जिसका श्रेष्ठ व्यवहार।**
**आर्य वही संसार में-मिटाता मिथ्याचार।।**

श्रीराम के जीवन चरित्र पर यदि प्रकाश डाला जाए तो पता चलता है कि वह मातृ-पितृ भक्ति में असीम श्रद्धा रखते थे। उनकी मातृ-पितृभक्ति आज भी संसार के प्रत्येक युवा के लिए आदर्श और प्रेरणा का स्रोत हो सकती है। शिष्ट आचरण वाले बच्चे यदि आज भी माता-पिता के प्रति वैसा ही श्रद्धा भाव रखने लगें तो समाज का स्वरूप ही परिवर्तित हो जाएगा। श्री राम ने अपने पिता के प्रति असीम श्रद्धा का

प्रकटन कदम-कदम पर किया है। चाहे कितनी भी विपरीत परिस्थिति क्यों ना हों, उन्होंने अपना प्रत्येक कार्य पिता के अनुकूल निष्पादित करने का ही कार्य किया। क्योंकि वह इस बात को भली प्रकार जानते थे कि पुत्र को पिता का ही अनुव्रती होना चाहिए। पिता के प्रति इस प्रकार की असीम श्रद्धा और समर्पण रखने वाला पुत्र ही उसका योग्य उत्तराधिकारी होता है। जो पुत्र अपने पिता की अवज्ञा करने और उसे कदम-कदम पर कष्ट देने वाला होता है उससे कभी भी यह अपेक्षा नहीं की जा सकती कि वह संसार के लिए उपयोगी हो सकता है।

श्रीराम जिस प्रकार अपने पिता के प्रति श्रद्धालु थे, उसी प्रकार वह अपनी माताओं के प्रति भी श्रद्धालु रहे। माता कैकेयी और सुमित्रा के प्रति भी उनके हृदय में उतना ही श्रद्धा भाव है, जितना अपनी माता कौशल्या के लिए है। उन्होंने कभी भी अपनी माता कौशल्या से अलग सुमित्रा और कैकेयी के प्रति कभी भी तिरस्कार या उपेक्षा का भाव प्रकट नहीं किया। यदि तीनों माताओं में से पहले चरण स्पर्श करने की बात कहीं आयी तो उन्होंने माता कौशल्या के रहते हुए भी पहले माता कैकेयी का चरण स्पर्श किया।

माता-पिता के प्रति इस प्रकार के श्रद्धाभाव से पता चलता है कि भारत के वैदिक समाज में जिस पितृ यज्ञ की प्रशंसा की गई है, उसमें श्रीराम की गहरी निष्ठा है। वैदिक आदर्श के अनुसार, उनकी इस बात में गहरी श्रद्धा है कि जीवित माता-पिता की श्रद्धापूर्वक सेवा करना ही उनका सच्चा श्राद्ध है। वह प्रतिदिन श्रद्धा पूर्वक अपने माता-पिता और गुरु के श्री चरणों में नमन करना कभी भूलते नहीं थे। उनकी सेवा सुश्रुषा और तर्पण को वे अपने यशस्वी जीवन व्यवहार से करके दिखाते थे। माता-पिता की पूर्ण तृप्ति अर्थात् संतुष्टि को ही वह उनका तर्पण मानते थे। इस प्रकार श्रीराम सनातन के नाम पर आज जिस प्रकार श्राद्ध और तर्पण की वेदविधि विरुद्ध उल्टी-सीधी मान्यताएं स्थापित हो गई हैं, उनके विरोधी होते। वह बड़ों का आशीर्वाद लेकर आयु, विद्या, यश और बल की वृद्धि करने में विश्वास रखते थे। निश्चित रूप से वह समाज में ऐसी ही व्यवस्था आज भी करते। जिससे समाज में अभिवादनशील युवाओं का निर्माण होता। ऐसे ही समाज से भरत अपनी दिव्यता और भव्यता को प्राप्त करता और संसार का मार्गदर्शन करने के लिए अपने विश्व गुरु के पद पर सहज ही सुशोभित हो गया होता।

**मर्यादा पुरुषोत्तम राम सत्य के लिए जीते रहे।**
**माता-पिता के भक्त बन सदा सोमरस पीते रहे।।**
**आयुर्विद्या यशो बलम का लूट लिया अंबार।**
**अभिवादनशील विनम्र रहे अपनाया सदाचार।।**

माता-पिता के प्रति अभिवादनशील होने का अभिप्राय है कि उनके प्रति हमेशा इस प्रकार का बर्ताव करते रहो कि वह प्रसन्न रहें। क्योंकि प्रसन्नता की अवस्था में ही उनके अंतर्मन से निकला शुभाशीर्वाद हमारे जीवन का कल्याण कर सकता है। भगवान श्रीराम जब अपने माता-पिता के सान्निध्य और सामीप्य में रहते थे तो उनकी प्रसन्नता का हर क्षण ध्यान रखते थे। इसी प्रकार वह अपने गुरुजनों के पास जब होते थे तो उनकी भी प्रसन्नता का हर प्रकार से ध्यान रखते थे। यह एक ऐसा मौलिक भाव विचार है जो बच्चों के भीतर अच्छे संस्कारों को जन्म देता है। इससे दूसरों की प्रसन्नता को अपनी प्रसन्नता समझना और उसे अपने लिए आशीर्वाद समझने की दिव्य भावना का विकास होता है। जब हम इस प्रकार का आचरण अपने माता-पिता के प्रति करते हैं तो उनके अंतर्मन का हमारे आंतरिक जगत से एक बहुत ही उत्तम श्रेणी का तारतम्य स्थापित हो जाता है। इस तारतम्य की अवस्था का हमें कभी बोध नहीं होता और भीतरी जगत का भीतरी जगत से एक ऐसा अटूट व्यापार का रिश्ता बन जाता है जिसमें बहुत बड़ा लंदन होता रहता है। पर उसकी किसी को जानकारी नहीं होती। माता-पिता के हृदय से निकले शुभाशीर्वाद को सीधे हमारा आंतरिक जगत ग्रहण करता है। ऐसी स्थिति में हम बहुत मालामाल हो जाते हैं। हमारे साथ बहुत कुछ ऐसा जुड़ जाता है जो हमें नहीं दिखता है पर हमारी आत्मा उसकी अनुभूति करती है।

इसी प्रकार जब हम माता-पिता के प्रति अवज्ञा का भाव रखते हैं या उनकी उपेक्षा कर उनका तिरस्कार करते हैं तो उस समय भी हमारा आंतरिक जगत माता-पिता के आंतरिक जगत से अपना तारतम्य स्थापित कर लेता है। यद्यपि ऐसी स्थिति में माता-पिता के उदासी के भाव हमारे आंतरिक जगत को कंगाल कर देते हैं।

माता-पिता और गुरुजनों के प्रति अभिवादनशील बने रहने की दिव्य भावना हमें दूसरों के प्रति कर्तव्यशील बनने के लिए प्रेरित करती है। ऐसी दिव्य भावना से कभी भी समाज में अधिकारों के लिए संघर्ष नहीं होता और ना ही किसी के अधिकारों का हनन और शोषण होता है।

**अदृश्य जगत का लेन-देन प्रभावित करता अंतर्मन को।**
**जो लोग समझ नहीं पाते हैं, वे जलाकर राख करें तन को।।**

जिस समय कैकेयी ने अपना त्रिया रूप दिखाकर राजा दशरथ को इस बात के लिए दबाव में लिया कि रामचंद्र जी को 14 वर्ष का वनवास और उसके पुत्र भरत को राज्य सिंहासन दिया जाए तो उन्होंने कैकेयी को बहुत समझाने का प्रयास किया। इसके उपरांत भी जब वह नहीं मानी तो राजा दशरथ इस बात को लेकर बहुत अधिक दु:खी हुए और वह लगभग मूर्च्छित होकर जमीन पर गिर पड़े। राजा दशरथ के लिए यह सब कुछ अप्रत्याशित हो रहा था। उन्होंने कभी सपने में भी नहीं सोचा था कि उनके पुत्र श्री राम को एक दिन वन भेजने की मांग, उनकी पत्नी कैकेयी कर डालेगी। वैसे भी वह श्री राम को जिन राक्षसों के संहार के लिए तैयार कर रहे थे, श्री राम के वन जाने से उन्हें अपना यह मनोरथ पूर्ण होने वाला नहीं दिख रहा था। राजा दशरथ को यह बात बहुत अधिक दुखी कर रही थी। उन्होंने जिस मनोरथ को लेकर श्रीराम का निर्माण किया था, वह अब कभी पूर्ण होने वाला नहीं है। यह अलग बात है कि श्रीराम को नियति ने अपने आप ही उस रास्ते पर डाल दिया जिसके लिए उनके पिता दशरथ के द्वारा उनका निर्माण किया गया था।

**काल बड़ा बलवान है, रचता नए विधान।**
**समझ न पाता मन मेरा, है बड़ा नादान।।**

इसके बाद कैकेयी ने श्रीराम को अपने उस कक्ष में आमंत्रित किया जिसमें राजा दशरथ मूर्च्छित हुए धरती पर पड़े हुए थे। श्री राम ने वहां उपस्थित होकर जिन शब्दों का प्रयोग किया वह उनकी मातृ-पितृ भक्ति को तो प्रकट करते ही हैं, साथ ही हमें भी बहुत कुछ शिक्षा देते हैं। उन्होंने कहा कि - "माता! मुझे पिताजी ने इस समय यहां पर क्यों बुलाया है? मुझे याद करने का उनका प्रयोजन क्या है? पिताजी को ऐसा क्या हो गया है कि वह इतने दु:खी दिखाई दे रहे हैं? क्योंकि हमने तो ऐसा कोई भी काम नहीं किया है जिससे पिताजी को इस प्रकार की पीड़ा झेलनी पड़े।"

माता-पिता के प्रति ऐसी बात कोई सुसंस्कृत पुत्र ही कह सकता है। जिसे अपने आप पर पूर्ण विश्वास होता है कि वह कोई भी ऐसा कार्य सपने में भी नहीं करेगा जो माता-पिता को दु:ख देने वाला हो। रामचंद्र जी के इन शब्दों को सुनकर कैकेयी ने कहा कि "राम! सच्चाई यह है कि तुम्हारे पिताजी तुमसे कुछ कहना चाहते हैं, पर

तुम्हारे डर के कारण वह अपने मन की बात को तुम्हारे सामने प्रकट नहीं कर पा रहे हैं।"

कैकेयी इस समय फिर चालाकी खेल रही थी। वह राजा को तो लगभग परास्त कर चुकी थी, अब श्री राम को परास्त करना उसके लिए शेष था। उसके लिए वह उपयुक्त अवसर तो खोज चुकी थी पर अब उपयुक्त शब्दों का भी प्रयोग करके उन्हें अपने अधीन कर लेना चाहती थी। बस, अपने इसी मनोरथ की प्राप्ति के लिए उसने इन शब्दों का प्रयोग किया। इस कथन को सुनकर रामचंद्र जी आवेश में आ जाते हैं। तब उन्होंने कहा कि "हे माता! मुझे धिक्कार है जो आप ऐसी संकोच और संदेह भरी बातें कहती हैं। मैं अपने पिता की आज्ञा से आग में कूदने के लिए भी तैयार हूं। हलाहल विष पीने और जीवन समाप्त कर देने वाले समुद्र में डूबने को भी मैं हमेशा तत्पर हूं। चाहे जो भी हो पिताजी मुझे जो आज्ञा करेंगे, मैं उसे अवश्य मानूंगा। माता! आप यह भी स्मरण रखें कि राम कभी दो वचन नहीं बोलता अर्थात् जो एक बार कह देता है, उसे अवश्य पूरा करता है।"

**मैं पिता की आज्ञा पाकर माता पीने को हलाहल तत्पर हूं।**
**संकोच संदेह की बातें छोड़ो - मैं दास रूप में हाजिर हूं।।**
**पिता जो भी करें आदेश मुझे, मैं सहर्ष उसी को मानूंगा।**
**यदि मृत्यु को गले लगाना पड़े तो सौभाग्य उसी को जानूंगा।।**

इस प्रकार के वार्तालाप से यह स्पष्ट हो जाता है कि रामचंद्र जी पिता की स्पष्ट आज्ञा प्राप्त करके वन नहीं गए थे, बल्कि उन्होंने पिता पर माता कैकेयी के द्वारा बनाए गए दबाव को कम करने के दृष्टिगत वन जाने का निर्णय स्वयं लिया था। उनके इस निर्णय में पिता के प्रति असीम श्रद्धा और भक्ति का भाव झलकता है। जब उनकी माता कौशल्या ने उन्हें समझाया कि तुम्हें वन नहीं जाना चाहिए तो उन्होंने अपनी माता को भी बड़ी विनम्रता के साथ जो कुछ समझाया, उससे भी पता चलता है कि वह माता कौशल्या के प्रति भी असीम श्रद्धा और भक्ति का भाव रखते थे। उन्होंने कहा था कि - "माता! मैं आपके चरणों में सिर रखकर आपसे यह प्रार्थना करता हूं कि आप प्रसन्न रहिये। मुझमें पिता के वचन टालने की शक्ति तनिक भी नहीं है। अतः मैं वन जाना चाहता हूं।"

राम के इन शब्दों में जहां पिता के प्रति असीम भक्ति है, वहीं माता के प्रति

असीम श्रद्धा भी है। उन्होंने बड़े सहज भाव से माता को यह समझा दिया कि पिता जो भी आदेश कर रहे हैं, उन्हें वह सहर्ष स्वीकार करने में ही अपना और अपने परिवार का भला देख रहे हैं। रामचंद्र जी मर्यादा के प्रतीक हैं। इसलिए उन्हें भारतीय वांग्मय में मर्यादा पुरुषोत्तम के नाम से जाना जाता है। उन्होंने कभी भी मर्यादा का उल्लंघन नहीं किया। यहां तक कि कैकेयी के प्रति भी उन्होंने कभी कोई दुर्भाव नहीं पाला और उसकी दासी मंथरा के प्रति भी सदैव सहज, सरल और विनम्र बने रहे।

जब भरत उन्हें वन से लौटाने के लिए वन में पहुंचे तो भरत ने माता कैकेयी के विरुद्ध कुछ अपशब्दों का प्रयोग किया। जिन्हें सुनकर रामचंद्र जी ने भरत को बड़े सहज भाव से समझाया - "भैया! माता कैकेयी ने जो कुछ किया, तुम उसको कभी अपने मन में नहीं लाना। मां के साथ वैसा ही व्यवहार करना जैसा पूजनीय माताओं के साथ हमको करना चाहिए।"

राम यह भली प्रकार जानते थे कि जिस माता कैकेयी ने कभी जीवन में उनके प्रति कोई दुर्भाव नहीं रखा। हो सकता है कि वह आज किसी षड्यंत्र का शिकार होकर ऐसा कुछ कर रही है जो अनपेक्षित है। इसके लिए उसे दंडित किया जाना उचित नहीं। वे यह भी जानते थे कि माता कैकेयी यदि ऐसा पुत्रमोह में भी कर रही है तो भी उन्हें घर की शांति को बनाए रखने के लिए माता की इस इच्छा का भी सम्मान करना चाहिए। वह नहीं चाहते थे कि राजगद्दी के चक्कर में भाइयों में आपस में तकरार हो और कोई सा भाई किसी दूसरे भाई की हत्या का अपराधी बन जाए। यह बहुत बड़ा गुण है, जो श्री रामचंद्र जी के व्यक्तित्व को और भी अधिक चमकदार बनाता है।

रामचंद्र जी की मर्यादा के प्रति इसी प्रकार की अटूट भावना ने उन्हें मर्यादा पुरुषोत्तम बनाया। अत्यंत विषम परिस्थितियों में भी वह कभी विचलित नहीं हुए। जिन्होंने उनके प्रति शत्रुता या घृणा का भाव रखा, उन्हें भी उन्होंने क्षमा कर दिया। उनकी शत्रुता केवल उन लोगों से थी जो संसार की व्यवस्था में किसी भी प्रकार की बाधा डालते थे अथवा राष्ट्र और समाज में लोगों का जीना कठिन करते थे। व्यक्तिगत जीवन में उन्होंने अनेकों लोगों को क्षमा किया और आगे बढ़ गए। जबकि आज उल्टा हो रहा है। लोग राष्ट्रीय जीवन के विषय में नहीं सोचते। व्यक्तिगत जीवन में आने वाली छोटी-मोटी बातों को जीवन के लिए बोझ बना लेते हैं और इसी प्रकार के बोझ को उठाते-उठाते मर जाते हैं। श्री राम यदि आज होते तो निश्चय ही इसी प्रकार

की मर्यादा का पाठ देश के नागरिकों को पढ़ाने की व्यवस्था करते जिससे वे राष्ट्र और समाज के प्रति समर्पित होकर जीवन जीने की प्रेरणा लें और व्यक्तिगत जीवन में आने वाले उतार-चढ़ाव को जीवन पर किसी प्रकार का बोझ न बनने दें।

**जीवन बोझ न बन सके करो यही उपचार।**
**देश-धर्म आगे बढ़ें और गीत गाए संसार।।**

रामचंद्र जी अपने जीवन में अपने भाइयों के प्रति असीम प्रेम भाव प्रकट करते रहे। वह निष्पाप हृदय थे। उन्होंने भाइयों के प्रति प्रेम-भाव प्रकट करने का नाटक नहीं किया अपितु उसे हृदय की गहराइयों से प्रकट किया। वह अपने प्रत्येक भाई को आत्मीय भाव से प्रेम करते थे। उनका भ्रातृ-प्रेम आज तक भारतवासियों के लिए आदर्श और प्रेरणा का स्रोत बना हुआ है। भाइयों के प्रति अपने इस प्रकार के असीम प्रेम का वह खाने-पीने की चीजों तक में भी प्रदर्शन करते थे। यदि उन्हें कोई चीज खाने-पीने के लिए मिलती थी तो उसे पहले वह अपने भाइयों को देना उचित मानते थे। जिस समय उनका राज्याभिषेक हो रहा था, उस समय उन्होंने लक्ष्मण से कहा था - "लक्ष्मण! तुम मेरे साथ पृथ्वी का शासन करो। तुम मेरे दूसरे अंतरात्मा हो। यह राजलक्ष्मी तुम्हें ही प्राप्त हुई है। सुमित्रानंदन! तुम मनोवांछित भोग और राज्यफल का उपभोग करो। मैं जीवन और राज्य तेरे लिए ही चाहता हूं।"

उन्होंने राज्य जैसी चीज को भी अपने लिए नहीं माना। इसके विपरीत उन्होंने उस पर पर अपने प्रत्येक भाई का समान अधिकार माना। अपनी इसी पवित्र भावना को प्रकट करते हुए श्रीराम ने संसार से जाने से पहले अपने राज्य को अपने पुत्र लव और कुश के साथ-साथ अपने प्रत्येक भाई के पुत्र को भी समान रूप से दे दिया था। आज जब इंच-इंच भूमि पर भाई-भाई आपस में लड़ रहे हैं, तब श्रीराम का यह आदर्श आज के सामाजिक मूल्यों की पतन की अवस्था को रोकने में बहुत अधिक सहायक सिद्ध हो सकता है।

श्री राम अपने भाई भरत के प्रति उस समय भी अत्यंत आत्मीय भाव रखे हुए थे जिस समय भरत की माता ने उन्हें अयोध्या का राजा बनवाने में सफलता प्राप्त कर ली थी। जब भरत को अपने भाई श्रीराम के वनवास की सूचना प्राप्त हुई तो वह अत्यंत दु:खी हुए। उन्होंने अपने भाई श्रीराम को वन से वापस लाने का संकल्प लिया और अपने इसी मनोरथ को पूर्ण करने के लिए वह वन की ओर चल दिए। जब विशाल सेना, अधिकारियों व अयोध्या के नागरिकों के साथ भरत वन की ओर बढ़ रहे थे तो

दूर से उनके साथ इतने लोगों की संख्या को देखकर लक्ष्मण को यह भ्रांति हो गई कि भरत के मन में घमंड आ गया है। वह श्रीराम पर हमला करने के दृष्टिकोण से अपने सैन्य बल सहित यहां पर आ रहा है। इस पर भ्रांति वश लक्ष्मण ने भरत के विरुद्ध अपशब्दों का प्रयोग करते हुए श्री राम से कहा कि भैया! निश्चय ही भरत इस समय घमंड में है और वह आप पर हमला करने के उद्देश्य से यहां पर आ रहा है। यदि उसने ऐसा किया तो आज मैं उसका वध कर दूंगा।

**भरत घमंडी हो गया चढ़ गया सिर पाखंड।**
**ऐसे अपराधी भरत को-अब दूंगा मैं दंड।।**

इस पर श्री राम ने बड़े आत्मीय भाव से जिन शब्दों को लक्ष्मण के समक्ष अभिव्यक्त किया, वह आज के लिए एक आदर्श व्यवस्था हो सकते हैं। आज रामराज्य की स्थापना यदि होती तो श्री राम के वे शब्द निश्चय ही हमारे लिए एक विधिक व्यवस्था का काम करते।

उन्होंने कहा था कि- "लक्ष्मण! मैं सच्चाई से अपने आयुध की शपथ लेकर कहता हूं कि मैं धर्म, अर्थ, काम और सारी पृथ्वी सब कुछ तुम्हीं लोगों के लिए चाहता हूं अर्थात् अपने भाइयों के आनंद और सुख के समक्ष मेरे लिए यह सब अर्थहीन है। लक्ष्मण! मैं राज्य को भाइयों की भोग्य सामग्री मानता हूँ। राज्य को उनके सुख के लिए ही चाहता हूं। इससे अतिरिक्त मेरा कोई अन्य मनोरथ नहीं है। मेरे विनयी भाई! भरत और शत्रुघ्न को छोड़कर यदि मुझे कोई भी सुख होता हो तो उसमें आग लग जाए अर्थात् तुम भाइयों की कीमत पर मुझे संसार का कोई भी सुख नहीं चाहिए। मेरे लिए सबसे पहले अपने भाई हैं। मैं समझता हूं कि मेरे वन में आने की बात कान में पड़ते ही भरत का हृदय स्नेह से भर गया है। शोक से उसकी इंद्रियां व्याकुल हो गई हैं। अतः वह मुझे देखने के लिए आ रहा है। उसके आने का कोई दूसरा कारण नहीं है।

लक्ष्मण! मुझे लगता है कि शायद तुम्हारे अपने मन में राज्य भोगने की इच्छा पैदा हो गई है। यदि तुम ऐसा सोचते हो तो मैं अपने महात्मा भाई भरत से उसके यहां पहुंचने पर कह दूंगा कि वह यह राज्य तुम्हें दे दे और तुम देखना कि वह मेरे कहने पर तुरंत ही यह राज्य तुम्हें सौंप देगा।"

**भरत महात्मा श्रेष्ठ है, निष्पापी मेरा भ्रात।**
**शक मत उस पर कीजिए, नहीं करेगा घात।।**

लक्ष्मण को अपने कहे पर पश्चाताप हुआ और उस समय तो वह वेदना और पश्चाताप की आग में पूरी तरह जलने लगा, जब उसने देखा कि भरत किस प्रकार विनयी भाव लेकर श्रीराम को वन से लौटा कर उन्हें अयोध्या के राज्यसिंहासन पर बैठाने के लिए उनसे अनुनय-विनय करने लगा। जो लोग भी उस समय राम और भरत के उस मिलाप के साक्षी रहे थे, वह इस बात पर भाव-विभोर हो रहे थे कि दोनों भाइयों ने किस प्रकार साम्राज्य को फुटबॉल बना दिया था? दोनों एक-दूसरे की ओर साम्राज्य को गेंद की भांति उछाल रहे थे।

संसार के इतिहास में ऐसे अवसर ढूंढने बड़े कठिन हैं- जब राज्य गेंद बनकर उछल रहा हो। कोई सा भाई भी राज्य पर अपना अधिकार बनाना उचित नहीं मान रहा था। दोनों धर्म और मर्यादा की डोर से बंध गए थे और एक-दूसरे से कहे जा रहे थे कि राज सिंहासन पर मेरा नहीं, आपका अधिकार है। नीति, मर्यादा, धर्म और न्याय की दुहाई दे देकर जिस प्रकार उस समय दोनों भाई तर्क-वितर्क कर रहे थे, उससे राजा जनक और गुरु वशिष्ठ जैसे लोगों के पास भी यह कहने तक के लिए शब्द नहीं थे कि कौन-सा पक्ष उचित है और कौन-सा अनुचित है? यदि इस संवाद को आज के विद्यालयों के पाठ्यक्रम में सम्मिलित कराया जाए तो निश्चय ही विद्यार्थियों के भीतर दिव्य समाज और भव्य समाजवाद के संस्कार बीज डाले जा सकते हैं। इस संवाद से आज के समाजवादियों को भी शिक्षा मिल सकती है। क्योंकि ये समाजवादी आज तक दिव्य और भव्य समाज बनाने की एक स्पष्ट रूपरेखा नहीं खींच पाए हैं। इनका दर्शन श्रीराम के चरित्र और दर्शन से बहुत छोटा है। समाजवाद के नाम पर जिस पूंजीवादी विचारधारा की कार्यशैली को अपनाकर लोग काम करते हैं, उससे यही स्पष्ट होता है कि यह भ्रष्ट और निकृष्ट लोग देश को लूटने वाले लोग हैं। श्री राम ऐसी लूट की स्थिति ही पैदा नहीं होने देते। क्योंकि जनहित उनके लिए सबसे पहले था। वह राष्ट्रहित में निर्णय लेते और जो लोग उन्हें लूट मचाते दिखाई देते, उन्हें वह राष्ट्रघाती घोषित कर उनके विरुद्ध कठोर कार्रवाई करते, फिर चाहे वह किसी भी बड़ी से बड़ी राजनीतिक पार्टी के लोग ही क्यों न होते?

**जिस समाजवाद के नाम पर लोग लूटते देश।**
**उसे राम नहीं स्वीकारते देते निकाला देश।।**

रामचंद्र जी ने अपने भ्रातृ-प्रेम का जिस प्रकार लक्ष्मण को शक्ति लगने पर प्रदर्शन किया, उसे देखकर तो पत्थर दिल भी भावुक हो उठेगा। उन्होंने उस समय

कहा था कि - "अब मुझे युद्ध से या जीवन से कोई प्रयोजन नहीं रह गया है। जब मेरा प्यारा भाई लक्ष्मण मूर्च्छित होकर रणभूमि में सो चुका है। युद्ध का भी कोई काम नहीं है अर्थात् अब तो यह युद्ध भी निरर्थक हो गया है। भाई! जिस प्रकार महातेजस्वी तुम मेरे साथ वन में आए थे, उसी प्रकार मैं भी तुम्हारे साथ परलोक में जाऊंगा। यह सदा ही मेरा प्रिय बंधु और अनुयायी रहा है। हाय! कपट युद्ध करने वाले राक्षसों ने आज इसे इस अवस्था में पहुंचा दिया।"

भाई लक्ष्मण के बिना रामचंद्र जी को अब युद्ध ही निरर्थक लगने लगा। उनका जीवन से मोहभंग हो गया। उन्हें अब अयोध्या लौटना भी उचित नहीं लग रहा था। क्योंकि उन्हें यह बात रह-रहकर याद आ रही थी कि जब अयोध्या से चला था तो माताओं को यह विश्वास और वचन देकर आया था कि जिस प्रकार भाई लक्ष्मण और सीता जी के साथ यहां से वन जा रहा हूं, उसी प्रकार दोनों को साथ लेकर लौटूंगा भी।

जब रामचंद्र जी ने लंका विजय कर ली और रावण का अंत कर दिया तो उन्होंने लंका में अनावश्यक देर तक रुके रहना उचित नहीं माना। उन्हें अब वहां से लौटने की शीघ्रता हो रही थी। क्योंकि उनके 14 वर्ष का वनवास काल अब पूर्ण हो रहा था। उन्हें यह बात भी याद आ रही थी कि यदि समय से भरत के पास नहीं लौटा तो भरत आत्मदाह कर लेगा। उन्हें यह पूर्ण विश्वास था कि भरत अपने दिए गए वचन के अनुसार इस कार्य को अवश्य कर डालेगा।

अतः भरत के पास वह शीघ्र से शीघ्र पहुंच जाना चाहते थे। अपनी इस चिंता को स्पष्ट करते हुए उन्होंने विभीषण से यह बात स्पष्ट कर दी थी कि मैं तुम्हारी बात ( विभीषण रामचंद्र जी से अभी कुछ और काल तक लंका में रुके रहने का अनुरोध बार-बार कर रहे थे) न मानूँ, ऐसा कदापि संभव नहीं। परंतु मेरा मन उस भाई भरत से मिलने के लिए अब अत्यंत व्याकुल हो चुका है जिसने चित्रकूट आकर मुझे लौटा ले जाने के लिए सिर झुका कर प्रार्थना की थी और मैंने उसके वचनों को स्वीकार नहीं किया था। मैं अब अपने उस प्राण प्यारे भाई भरत से मिलने में तनिक भी विलंब करना नहीं चाहता। इसलिए यथाशीघ्र मेरे अयोध्या पहुंचने का प्रबंध करो। मैं जानता हूं कि यदि मैंने यहां रुककर आपके साथ समय गुजारने की गलती की तो इसका परिणाम मुझे किस भयंकरता के साथ भुगतना पड़ेगा।

रामचंद्र जी के इन शब्दों से पता चलता है कि न केवल वह अपने भाई के प्रति समर्पित थे अपितु उन्हें अपने भाई भरत के आत्मीय प्रेम की भी पूर्ण जानकारी थी। वह जानते थे कि यदि भरत का दिल अब भी तोड़ा गया तो वह सदा-सदा के लिए मुझसे दूर हो सकता है।

**दीपक लेकर हाथ में ढूंढ लिया सब ठौर।**
**भरत के जैसे भाव का नहीं जगत में और।।**

भारत ने अपने पराभव के काल में ऐसे अनेकों तुर्कों व मुगलों को देखा है जिन्होंने सत्ता के लिए संघर्ष कर अपने पूरे के पूरे परिवार का नाश कर दिया। भाई-भाई के बीच तलवारें खिंच गयीं और भयंकर खून-खराबे के बाद एक भाई ने अपने सभी भाइयों और परिजनों को मार कर सत्ता प्राप्त की। इस प्रकार नीचता की सारी सीमाओं को लांघ कर सत्ता प्राप्त करने वाले वे लोग इतिहास में उस अमरता को प्राप्त नहीं कर पाए जो असीम प्रेम और आत्मीय भाव को अपनाने वाले श्री राम और भरत प्राप्त कर पाए। इससे पता चलता है कि दुनिया के लोग उसे पूजते हैं जो मानवीय गुणों में विश्वास रखता है और मानवीय दिव्य भावों के प्रचार व प्रसार को अपने जीवन का ध्येय बनाता है। जो लोग मानवीय मूल्यों की फसल में आग लगाते हैं, वे संसार के लिए पूजनीय नहीं बन सकते। उन्हें लोग समय आने पर धरती में बहुत गहरे गाड़ देते हैं।

राजनीतिक विचारधाराओं के अनेकों लोगों और जबरन सत्ता हथिया कर भारत पर देर तक शासन करने वाले विदेशी आक्रमणकारियों के अनेकों षड्यंत्रों का शिकार होकर भी श्रीराम अमरता के जिस उच्च शिखर पर हमारे बीच विराजमान हैं, वह केवल इसीलिए संभव हो पाया है कि उन्होंने भारत की सनातन संस्कृति के सनातन मूल्यों को अपनाकर उन्हें बड़ी विनम्रता, सादगी और सात्विक वीरता के भावों के साथ यथावत लागू किए रखने का अथक और सफल प्रयास किया।

**सत्य सनातन देश में अमर हुए श्री राम।**
**उजली करनी कर चले लोग भजत हैं नाम।।**

हमने श्री राम के भ्रातृ-प्रेम की यहां पर मात्र बानगी के रूप में चर्चा की है। यदि उनके भ्रातृ-प्रेम को वास्तविक अर्थों में समझना है तो हमें वाल्मीकि कृत रामायण का अध्ययन करना ही चाहिए। उनके दिव्य भावों से जन्मा अद्भुत प्रेम न केवल उनके

अपने भाइयों को उनके साथ बांधे रखने में सफल हुआ बल्कि संसार के लोगों के लिए एक आदर्श भी बना। पश्चिमी जगत के लोग आज तक भी पारिवारिक प्रेम को समझ नहीं पाए हैं। क्योंकि आधुनिक विज्ञान के युग में भी वह जंगली जीवन जी रहे हैं। भौतिकवाद की चकाचौंध में वह चाहे हमें रंग-बिरंगे कपड़ों में सजे-धजे दिखाई देते हैं परंतु वास्तविकता यह है कि उनके दिल उजड़े हुए हैं। उनके हृदय में रंग-बिरंगी दुनिया वासनात्मक दृष्टिकोण से चाहे बसती हो, परंतु शांति और सात्विक भावों से सराबोर दुनिया के लिए वे तरसते हैं। जबकि श्रीराम शांति और सात्विकता के भावों से सराबोर संसार के स्वामी थे, इसीलिए वह हमारी निष्ठा, आस्था और श्रद्धा के केंद्र बने। उन्हें अपनी श्रद्धा का केंद्र बना कर हमने संसार को यह बताया कि हम भौतिकवादी चकाचौंध में डूबे रंग-बिरंगी पोशाक पहनने वाले लोगों के पुजारी नहीं हैं। हम तो उस सात्विक विचारधारा के महापुरुषों के उपासक और आराधक लोग हैं जो संसार में सात्विकता को प्रवाहित करने के लिए आते हैं। हम अध्यात्मवाद के पुजारी हैं, भौतिकवाद के नहीं। हम मानवता के पुजारी हैं, दानवता के नहीं। हम अच्छी-अच्छी सुंदर-सुंदर पोशाकों के भीतर छुपे भेड़ियों के प्रति श्रद्धा का भाव नहीं रखते बल्कि हम उन दिव्य आप्तपुरुषों के प्रति श्रद्धा का भाव रखते हैं जो इंसान के चोले में देवता बनकर हमारे बीच आये..... और उनमें श्रीराम सर्वोपरि हैं।

अध्याय - 12

# संपूर्ण भारत को बना दो श्री राम का मंदिर

मंदिर भारतीय संस्कृति में एक विशेष पवित्र स्थल का नाम है। जहां भीतरी बाहरी पवित्रता को स्थान दिया जाता है। यह वह स्थल है जहां जाकर बाहरी दुनिया की चहल-पहल और कोलाहल सब शांत हो जाता है। व्यक्ति के भीतर का संसार मुखरित होकर उसका मार्गदर्शन करने लगता है। भीतर की असीम शांति की प्राप्ति से उसका चेहरा तेज और सात्विकता के भावों से दमक उठता है। यह आवश्यक नहीं कि ये मंदिर कहीं किसी विशेष स्थान पर ही हो, यह हमारे घर में भी हो सकता है और जब उस परमपिता परमेश्वर में लौ लग जाती है तो यह घर में भी ना होकर हमारे हृदय मंदिर में स्पष्ट दिखाई देने लगता है।

जिसने इस मंदिर में जाना आरंभ कर दिया और इसके पवित्र चिंतन के अनुसार अपने जीवन-आचरण को सुधार लिया, उसका कल्याण हो जाता है। हमारे ऋषियों ने मंदिरों की स्थापना इसीलिए की थी कि यहां जाकर व्यक्ति काम, क्रोध, मद, मोह, लोभ, ईर्ष्या, घृणा आदि से ऊपर उठकर धर्म, अर्थ, काम और मोक्ष के मार्ग पर चल पड़ता है।

वैश्विक साहित्य में सबसे पवित्र शब्द यदि कोई है तो वह धर्म है। क्योंकि यह व्यक्ति के जीवन को साधता है। मर्यादित और संतुलित करके चलने की असीम शक्ति प्रदान करता है। मंदिरों को हमारे देश में धर्म स्थल भी कहा जाता है। मंदिरों को धर्म स्थल कहे जाने का एक कारण यह है कि यहां पर धर्म चर्चा होती है और धर्म के उन 10 लक्षणों पर विचार किया जाता है जिन्हें मनु महाराज ने इस प्रकार उल्लेखित किया है :-

**धृतिः क्षमा दमोऽस्तेयं शौचमिन्द्रियनिग्रहः।**
**धीर्विद्या सत्यमक्रोधो दशकं धर्मलक्षणम्।। (मनुस्मृति ६.९२)**

अर्थात् धैर्य, क्षमा, संयम, चोरी न करना, शौच (स्वच्छता), इन्द्रियों को वश में रखना, बुद्धि, विद्या, सत्य और क्रोध न करना; ये दस धर्म के लक्षण हैं।

जहां धर्म के ये 10 लक्षण प्राप्त होते हैं, वहां शांति सुव्यवस्था अपने आप होती है। वहां ऐसा योग बनता है जिसमें भक्त अपनी भक्ति के माध्यम से अपने भगवान को प्राप्त कर सकता है। जहां धर्म के इन 10 लक्षणों के अनुसार जीवन यापन करने की स्वाभाविक प्रवृत्ति व्यक्ति के भीतर पाई जाती है वहां छल, कपट, ईर्ष्या, द्वेष आदि सांसारिक विकार ढूंढने से भी नहीं मिलते। जिस परिवार के सदस्य एक-दूसरे के साथ धर्मानुसार बर्ताव करते हैं, उस परिवार को लोग मंदिर कहकर पुकारा करते हैं।

कभी भारत 33 करोड़ लोगों की जनसंख्या के साथ 33 करोड़ देवताओं का देश था। यह तभी संभव हो पाया था जब प्रत्येक व्यक्ति उसी योग को प्राप्त कर लेता था जिसमें भक्त अपनी भक्ति के माध्यम से भगवान को प्राप्त करता है। ऐसी पवित्र स्थिति को सृजित करने में हमारी राजनीति का विशेष योगदान होता था। तब राजनीति में ऐसे लोग ही पदार्पण करते थे जो मंदिर संस्कृति को बचाने के प्रति संकल्पित होते थे। उस समय भारत की स्थिति कुछ इस प्रकार थी :-

**जब तैंतीस कोटि देवों की यह भारत भूमि होती थी।**
**भारत के रहते सारी दुनिया तब बेफिक्री से सोती थी।।**
**आलम की मस्ती न्यारी थी भारत के दुनिया गुण गाती।**
**चहुँओर शांति पसरी थी हर भोर शांति पर इठलाती।।**

धर्म के विषय में महर्षि याज्ञवल्क्य जी ने भी अपना चिंतन प्रकट किया है। उन्होंने कहा है कि :-

**अहिंसा सत्यमस्तेयं शौचमिन्द्रियनिग्रहः।**
**दानं दमो दया शान्तिः सर्वेषां धर्मसाधनम्।।**

अर्थात् अहिंसा, सत्य, चोरी न करना (अस्तेय), शौच (स्वच्छता), इन्द्रिय-निग्रह (इन्द्रियों को वश में रखना), दान, संयम (दम), दया एवं शान्ति - यह धर्म के 10 लक्षण हैं।

याज्ञवल्क्य जी के द्वारा दिए गए धर्म के इन लक्षणों पर भी यदि विचार किया जाए तो मनु महाराज और याज्ञवल्क्य जी दोनों का चिंतन एक जैसा ही दिखाई देता है। इतना गहन चिंतन हमारे ऋषियों ने मानव समाज के निर्माण के लिए किया। उनके

इस प्रकार के गहन चिंतन से ही हम समतामूलक समाज की वर्तमान अवधारणा से भी ऊंचे दर्जे के दिव्य समाज का निर्माण करने में सफल हो पाए थे। जिसमें प्रत्येक व्यक्ति अपने आप में एक देवता था। जो अपने अधिकारों के लिए संघर्ष करते हुए समाज में अफरा-तफरी नहीं फैलाता था। तब प्रत्येक मनुष्य दूसरों के प्रति अपने कर्तव्यों का निर्वाह करने में ही आनंद अनुभव करता था। यही देवता प्रवृत्ति होती है। इसी प्रकार के भाव से दिव्य समाज का निर्माण होता है।

महाभारत के महान यशस्वी पात्र महात्मा विदुर ने धर्म के आठ अंग बताए हैं -

इज्या (यज्ञ-याग, पूजा आदि), अध्ययन, दान, तप, सत्य, दया, क्षमा और अलोभ।

उनका कहना है कि इनमें से प्रथम चार इज्या आदि अंगों का आचरण मात्र दिखावे के लिए भी हो सकता है, किन्तु अन्तिम चार सत्य आदि अंगों का आचरण करने वाला महान बन जाता है।

जिस समाज और राष्ट्र में उपरोक्त उल्लेखित धर्म के इन लक्षणों का उस समाज या राष्ट्र के नागरिकगण स्वाभाविक रूप से अभ्यास करते हैं, वह समाज और राष्ट्र इहलौकिक और पारलौकिक उन्नति करता है। उसका सारा परिवेश दिव्यता के भावों से परिपूर्ण हो जाता है। हम इस बात को बड़े गर्व के साथ कह सकते हैं कि संसार के किसी अन्य देश के किसी चिंतक, समाजशास्त्री या दार्शनिक ने दिव्य समाज की ऐसी अवधारणा पर चिंतन नहीं किया है जैसी अवधारणा पर हमारे महान ऋषि पूर्वजों ने किया है।

रामचंद्र जी ने अपने जीवन में धर्म की स्थापना के लिए संघर्ष किया। जब उनके बारे में यह कहा जाता है कि उन्होंने धर्म की स्थापना के लिए संघर्ष किया तो समझो कि उन्होंने धर्म के इन्हीं दिव्य भावों को स्थापित करने के लिए लड़ाई लड़ी। जो लोग इन दिव्य भावों से अलग किसी पाशविक संस्कृति को अपनाकर समाज को आतंकित कर रहे थे, उनका विनाश करना उन्होंने अपना जीवन ध्येय बनाया। उनके अथक और गंभीर प्रयासों के चलते उस समय संपूर्ण भूमंडल दिव्य भावों से ओतप्रोत आर्य लोगों और आर्य संस्कृति का पावन मंदिर बन गया था। आज जो लोग हम पर व्यंग्य करते हैं कि भारत तो हमारे ज्ञान के कारण जीवित है, उनके विषय में तो बस इतना ही कहा जा सकता है :-

**जो लोग हमारे भारत को दिन रात कोसते ये कहकर।**
**भारत ने ज्ञान हमसे सीखा वह कैसे गर्व करे खुद पर।।**
**उन अज्ञानी पशुओं को भारत के समाज का ज्ञान नहीं।**
**दिव्य समाज के भावों का अपने अंतर में कुछ भान नहीं।।**

आज हम जब श्री राम जन्मभूमि पर अयोध्या में मंदिर बना रहे हैं तो वह मंदिर श्रीराम के अथक और गंभीर प्रयासों का प्रतीक है। जिनके चलते हमने संपूर्ण भूमंडल को ही मंदिर में परिवर्तित कर दिया था। आज उनका यह प्रतीकात्मक मंदिर अपनी भव्यता और विशालता को तभी प्राप्त कर पाएगा जब यह संपूर्ण भूमंडल से राक्षस संस्कृति को मिटाकर अर्थात् आतंकवाद और आतंकवादियों को मिटाकर 'कृण्वंतो विश्वमार्यम्' के भारत के प्राचीन लक्ष्य को प्राप्त कर लेगा।

विश्व शांति और मंदिरों की भारतीय संस्कृति का गहरा संबंध है। मंदिर 'वसुधैव कुटुंबकम' का लघु रूप है और मंदिर का विशाल रूप 'वसुधैव कुटुंबकम' है। 'वसुधैव कुटुंबकम' धरती पर धर्म की परंपरा और मान मर्यादा को स्थापित करने से बनता है और 'कृण्वन्तो विश्वमार्यम्' के फल उस पर तभी लगते हैं जब लोग संपूर्ण वसुधा को ही एक मंदिर परिवार में परिवर्तित कर लेते हैं।

संपूर्ण वसुधा को मंदिर परिवार में परिवर्तित करने के लिए जहां राम के वे गुण अपनाए जाने आवश्यक हैं, जिन पर हम पिछले अध्यायों में प्रकाश डाल चुके हैं, वहीं श्रीराम जैसी मित्रता के भावों को अपनाने से ही ऐसा हो पाना संभव है।

रामचंद्र जी ने जिस व्यक्ति को अपने जीवन में अपना मित्र मान लिया या कह दिया, उसके प्रति वह सदैव मित्र भाव से भरे रहे। उन्होंने अपने मित्रों के प्रति अतुलनीय प्रेम भाव बनाये रखा। उन्होंने मित्र भाव के प्रदर्शन के समय किसी भी व्यक्ति के सामाजिक स्तर को नहीं देखा। उन्होंने केवल उसके हृदय में रचे बसे स्नेहपूर्ण संसार को देखा और इसी संसार से प्रभावित होकर उसके प्रति सदैव उदार बने रहे। उन्होंने अपनी ऐसी मित्रता के भाव को अपने मित्र निषाद राज गुह के प्रति दिखाकर प्रकट किया। निषाद राज जैसे उनके मित्रों ने उनके लिए संपूर्ण संसार में मित्रों का ढेर लगा दिया। कहने का अभिप्राय है कि निषाद राज जैसे लोगों के प्रति श्रीराम के आदर्श और उदार व्यवहार को देखकर अनेकों लोग उनके प्रति आकर्षित हुए। जिन्हें श्रीराम ने वैसे ही गले लगा लिया जैसे एक माता अपने बच्चों को गले लगा लेती है।

**मीत जिसे हम मानते, करते दिल से प्यार।**
**सीख यही है राम की करे भव से बेड़ा पार।।**

राम की मित्रता में हाथ पकड़कर चलने का भाव था। उनकी मित्रता किसी के प्रति कपट भाव से भरी हुई नहीं थी। इसके स्थान पर वह सबके प्रति सहृदय होकर उसके उत्थान और उद्धार की कामना करते थे। जबकि उसी समय रावण जैसे राक्षस भी थे जो लोगों को मित्र बनाकर भी उनके विनाश की योजना में लगे रहते थे। जब लोगों ने रामचंद्र जी के इस आदर्श और मर्यादित व्यवहार को देखा तो स्वाभाविक रूप से उनका आकर्षण श्री राम की ओर बढ़ा। श्रीराम के हृदय में ईश्वर भक्ति, गुरु भक्ति और पितृभक्ति की त्रिवेणी बहती थी। इसी त्रिवेणी को आप उनकी वेद भक्ति, देश भक्ति और धर्म भक्ति भी कह सकते हैं। जिसमें डुबकी लगाकर पतित हृदय व्यक्ति भी पवित्र हृदय हो जाता था।

श्रीराम के हृदय में बहने वाली ईश्वर भक्ति, गुरु भक्ति और पितृ भक्ति ने उन्हें कृतज्ञता का गहरा पाठ पढ़ाया। उन्होंने जटायु को जब मृतप्राय अवस्था में देखा तो उनका हृदय भर आया। वानर जाति के उन मानव लोगों ने श्रीराम को लंका चढ़ाई में सहायता प्रदान की। उन्होंने रावण के साथ होने वाले श्रीराम के युद्ध में भी उन्हें अपना पूरा सहयोग दिया। उनके इस एहसान के प्रति रामचंद्र जी कदम-कदम पर अपनी कृतज्ञता ज्ञापित करते रहे। उन्होंने एक बार भी यह नहीं कहा कि रावण पर उन्होंने स्वयं ने अपने पराक्रम और पौरुष से विजय प्राप्त की। इसके विपरीत वे रावण पर अपनी विजय को वानर जाति के लोगों की सहायता से मिली विजय के रूप में देखते रहे। इससे उनके मित्रों की संख्या में अप्रत्याशित वृद्धि हुई।

जब श्रीराम ने लंका का राजा विभीषण को बना दिया तो उस समय उन्होंने वानर जाति के वीर योद्धाओं के प्रति अपनी कृतज्ञता को प्रकट करते हुए विभीषण को यह आदेश दिया कि - "विभीषण! इन सारे वानरों ने अभी हाल ही में संपन्न हुए युद्ध में बड़ा यत्न और परिश्रम किया है। अतः तुम नाना प्रकार के रत्न और धन आदि के द्वारा इन सब का सत्कार करो। यह वीर वानर संग्राम में पीछे नहीं हटते हैं और सदा हर्ष और उत्साह से भरे रहते हैं। प्राणों का भय छोड़कर लड़ने वाले इन वानरों के सहयोग से तुमने लंका पर विजय पाई है।"

श्री राम का जीवन एक खुली किताब है। जो हर व्यक्ति को कुछ ना कुछ

महत्त्वपूर्ण संदेश देती है। उनके जीवन से हमें यह संदेश मिलता है :-

**जो हम पर कुछ एहसान करे**
**सदा कृतज्ञ रहो उसके प्रति।**
**मत भूलो जीवन की क्षणभंगुरता**
**है मानव विधाता की अनुपम कृति।।**

श्रीराम आज के राजनीतिज्ञों की भांति अवसरवादी नहीं थे। वह बुद्धिवादी और व्यावहारिक सोच रखने वाले महान व्यक्तित्व के धनी थे। यदि आज के राजनीतिज्ञों की कार्यशैली पर विचार करें तो अपना स्वार्थ सिद्ध होते ही ये लोग उन लोगों का तिरस्कार कर देते हैं जिन्होंने इनको मंजिल तक पहुंचाने में सहयोग दिया होता है। यहां तक कि 5 वर्ष के लिए जब कोई राजनीतिज्ञ विधायक या सांसद बन जाता है तो वह अपने मतदाताओं तक को भी भूल जाता है। उसके भीतर कृतज्ञता का भाव नहीं होता। ऐसा व्यक्ति कृतघ्नता दिखाता है और अपनी सुख ऐश्वर्य की जीवन शैली के समक्ष सभी लोगों को तुच्छ समझने लगता है। राम के देश में राजनीतिज्ञों का ऐसा आचरण अपवित्र तो है ही, साथ ही निंदनीय भी है।

आज के राजनीतिक लोगों की सोच है कि स्वार्थ सिद्धि अर्थात् लक्ष्य प्राप्ति होते ही लक्ष्य के साधन अर्थात् सीढ़ी को हटा दो। जिससे कि उसी सीढ़ी का प्रयोग करके कोई दूसरा व्यक्ति उनके साथ मंजिल पर आकर खड़ा ना होने पाए। आज के अनेकों राजनीतिज्ञों ने अपने उन साथियों को या तो धोखा दिया है या उनके ऊपर उठने के सारे रास्ते बंद कर दिए हैं जिनके कंधों को सीढ़ी बनाकर इन्होंने ऊंचाई प्राप्त की है। इतना ही नहीं कई राजनीतिज्ञों पर तो ऐसे आरोप भी लगे हैं कि उन्होंने अपने किसी खास व्यक्ति की हत्या तक करा दी। कई ऐसे राजनीतिक लोग भी सुने जाते हैं जिन्होंने घर में कोठी के भीतर तालाब बनवा रखा है और उसमें मगरमच्छ पाल रखे हैं। जिनका प्रयोग वे अपने राजनीतिक विरोधी की हत्या करने तक में प्रयोग करते हैं। जिस गांधी की अहिंसा को बार-बार दोहरा कर यह लोग समाज में शांति स्थापित करने की बात करते देखे जाते हैं और जिस गांधी को राष्ट्रपिता कहते-कहते इनकी जीभ सूख जाती है उसी गांधी के देश में इतना गिरा हुआ आचरण देखकर बड़ा आश्चर्य होता है। आश्चर्य तब भी होता है जब हम श्रीराम के नाम की माला तो जपते हैं परंतु उनके चरित्र की माला नहीं जपते। 'मुंह में राम बगल में छुरी' लेकर हम चलते रहते हैं।

**आचरण पाखंड का व्यवहार छलिया हो गया।**
**चित्र रखते राम का और चरित्र दुर्बल हो गया।।**
**देश से नहीं प्यार जिनको और धर्म से भी दूर हैं।**
**नेता विवेकशून्य हैं जिनको व्यर्थ का गुरुर है।।**

यदि श्रीराम आज के राजनीतिज्ञों को देख रहे होते तो इन पर अत्यंत कुपित होते। ऐसी राजनीति और राजनीतिज्ञों को वह निश्चय ही भयंकर अग्नि को समर्पित कर देते। वास्तव में ऐसे स्वार्थी लोगों के कारण भारतीय समाज को बहुत अधिक हानि हुई है। ऐसे में इनका उपचार केवल यही है कि इन्हें अग्नि में झोंक दिया जाए। राजनीति में शुचिता की बात करने वाले लोगों को रामचंद्र जी के आदर्श व्यक्तित्व से शिक्षा लेनी चाहिए और राजनीति में मित्रता और कृतज्ञता के पवित्र भावों को हृदय की गहराइयों से निभाना चाहिए। यह बात हमारे देश के उन राजनीतिज्ञों को अवश्य अपनानी चाहिए जो 'गठबंधन' की राजनीति करते हैं परंतु वास्तव में निहित स्वार्थों की पूर्ति के लिए अपने गठबंधन को 'ठगबंधन' के रूप में परिवर्तित कर देते हैं। एक दूसरे की आंखों में धूल झोंकने का काम गठबंधन की राजनीति में विश्वास रखने वाले ऐसे राजनेता चौबीसों घंटे करते रहते हैं और इसके उपरांत भी देश के लोगों से यह अपेक्षा करते हैं कि वह सार्वजनिक और व्यक्तिगत जीवन में ईमानदार रहें। जब देश की राजनीति 'ठगबंधन' की राजनीति बन जाती है तो देश के नागरिकों पर भी उसका वैसा ही प्रभाव पड़ता है। यदि आज देश में 'ठगबंधन' की प्रक्रिया ऊपर से नीचे तक फैल गई है तो इसका कारण आज की दूषित और प्रदूषित राजनीति है। श्रीराम ऐसी राजनीति के समर्थक नहीं थे, वह निश्चय ही इस प्रकार की राजनीति और राजनीतिज्ञों को पसंद नहीं करते।

## श्रीराम की शरणागत वत्सल भावना

श्रीराम की शरणागत वत्सल भावना भी प्रशंसनीय है। उनकी शरण में जो भी आया, उसी को उन्होंने गले लगाया। यद्यपि कई लोगों ने विभीषण के उनकी शरण में आने पर आपत्ति उठाई थी और यह शंका भी व्यक्त की थी कि यह व्यक्ति क्योंकि शत्रु पक्ष से आया है, इसलिए बहुत संभव है कि छुपे हुए वेश में हमारा शत्रु हो? इसके उपरांत भी रामचंद्र जी ने विभीषण का हार्दिक स्वागत किया और उन्हें गले लगाकर अपने शिविर में शरण दी। इसके पश्चात विभीषण के प्रति श्रीराम सदैव उदार बने रहे।

इसी समय श्रीराम ने विभीषण को यह वचन भी दे दिया था कि वह रावण का अंत करके उन्हें लंका का राजा बनाएंगे। इतना ही नहीं, इसके बाद श्रीराम उन्हें लंका के राजा के रूप में ही संबोधित भी करने लगे थे। जब लक्ष्मण को शक्ति लगी तो उस समय श्रीराम को जहां अन्य कई बातों की चिंता सता रही थी वहीं एक चिंता यह भी थी कि उन्होंने विभीषण को जो वचन दिया था, अब उसका पालन कैसे होगा? शरणागत वत्सलता जहां श्री राम के भीतर कूट-कूट कर भरी थी, वहीं किसी को दिए गए वचन का पालन भी पूरा होना चाहिए, उन्हें इस बात का भी हर क्षण ध्यान रहता था। रामचंद्र जी की इस अवस्था का वर्णन करते हुए किसी कवि ने लिखा है :-

**राज छुटे कर सोच नहीं, नहिं सोच पिता सुर धाम गए को।**
**अधि अनाथ को सोच नहीं, नहिं सोच कछु बनवास भये को।।**
**सीय हरे कर सोच नहीं, नहिं सोच दशानन रारि भये को।**
**शक्ति लगे कर सोच नहीं इक सोच विभीषन बाँह गहे को।।**
**तू तो चल्यो सुरधाम सहोदर, प्रान हमार तोहि संग जहैं।**
**देवर कन्त की मृत्यु सुने सिय व्याकुल हुई समुंदर समैहैं।।**
**धीरज धारि के धीरज धुरन्धर बानन ते सब सन बुझैहैं।**
**व्याकुल होइ कहें रघुनंदन, कौन के भौन विभीषण जहैं।।**

भारत के अनेकों राजाओं ने शरणागत को शरण देने के ऐतिहासिक कार्य किए हैं। यद्यपि कालांतर में हमारी यह महान परंपरा उस समय 'सद्गुण विकृति' में परिवर्तित हो गई जब हमने शत्रु को भी शरणागत होने पर शरण दी और उसने हमें धोखा दिया। विदेशी आक्रमणकारियों के मनोभावों को समझने में चूक करने के कारण और अपने परंपरागत गुणों से अंधा होकर बंधे रहने के कारण हमारे कई राजाओं ने मुसलमानों से धोखे खाए। इसके उपरांत भी इस सद्गुण को थोड़ी देर के लिए इस प्रकार समझ लेना चाहिए कि हम धोखा खाने की कीमत पर भी शरणागत को शरण देना अपना धर्म समझते रहे हैं। यद्यपि श्री राम ने किसी भी शरणागत से धोखा नहीं खाया। इसका कारण यह भी था कि श्री राम की नजरें बड़ी पारखी थीं। धोखा देने वाले व्यक्ति को उनकी नजरें पहचान लेती थीं। आज के संदर्भ में हमें यह ध्यान रखना चाहिए कि जिस प्रकार रोहिंग्या और अन्य मुसलमान 'शरणागत' का रूप लेकर भारत भूमि पर अपने अपवित्र इरादों को हृदय में संजोकर आने का कुचक्र रच रहे हैं, उनसे आज

का राजनीतिक नेतृत्व सजग और सावधान रहे। श्रीराम के राज्य में आज भी ऐसी व्यवस्था की जाती कि जो सद्भाव लेकर शरणागत होना चाहता है, उसे शरण दो और जो ठगी के भाव से छद्म वेश धारण कर भारत में प्रवेश करना चाहता है, उसके रास्ते रोक दो।

2019 में जब धारा 370 को हटाने का प्रस्ताव लेकर वर्तमान मोदी सरकार आई थी तो उस समय देश के गृह मंत्री अमित शाह जी ने इस विषय में बोलते हुए कहा था कि शरणार्थी और घुसपैठिए दोनों में अंतर है। जो भारत भूमि को अपनी भूमि मानकर शरण लेना चाहता है, उसे शरण देना हमारा धर्म है और जो ठगी के भाव से देश को तोड़ने के इरादे लेकर भारत में प्रवेश करना चाहता है, उसका रास्ता रोकना भी हमारा धर्म है।

वास्तव में ऐसी ही पारखी नजर और राष्ट्रवादी सोच नेतृत्व की होनी चाहिए। तभी हम वास्तव में 'रामराज्य' स्थापित कर पाएंगे। 'शरणागत' और 'घुसपैठिये' में अंतर समझकर काम करने की आवश्यकता है। किसी भी मानवीय मूल्य की अपनी सीमा होती है, उस सीमा के अंतर्गत ही उसे स्वीकार करना चाहिए। जब वह मूल्य हमारे लिए घातक बन जाए तो उस समय उसे छोड़ना ही उचित होता है। श्रीराम ने कभी भी किसी व्यक्ति से धोखा नहीं खाया तो इसका अभिप्राय यही था कि वह पूर्ण सजग होकर निर्णय लेते थे।

निर्णय लेते समय सरकारों का जागरूक रहना बहुत आवश्यक है। देश की आजादी के बाद की बनी सरकारें कई निर्णय सोते-सोते ले गयीं। जिनमें भारत के संविधान में अनुच्छेद 35ए और धारा 370 को स्थापित कराने के निर्णय तो सम्मिलित थे ही, देश को धर्मनिरपेक्ष बनाकर हिंदू विनाश की योजना पर काम करने का निर्णय भी ऐसा ही निर्णय था। जिससे देश का अहित हुआ। अब से पहली सरकारें शरणागत हिन्दू को भगाती रहीं और रोहिंग्या आदि मुस्लिम 'घुसपैठियों' को शरण देती रहीं। यद्यपि उन सरकारों के यह समझने के पर्याप्त कारण थे कि किसी भी देश से भारत आने वाला 'हिंदू' (जिनमें सिक्ख भी सम्मिलित हैं) यदि वहां की सरकारों या समाज से उत्पीड़ित होकर यहां आ रहा है तो वह भारत को अपना देश मानकर आ रहा है। जिसे शरण देना अनिवार्य है। इसके विपरीत कोई गैर हिंदू अर्थात् मुसलमान यदि बाहर से शरणागत का नाटक करते हुए भारत में प्रवेश कर रहा है तो वह देश में

आकर आग ही लगाता रहा है। उससे देश में अराजकता और आतंकवाद को फैलने में मदद मिली है।

**यदि नींद में निर्णय लिए तो वंदना किस काम की?**
**वंदना तभी सार्थक है जब प्रेरणा हो श्रीराम की।।**
**स्वदेश हित शासन यदि कुछ काम कर सकता नहीं।**
**निजाम है किस काम का जो 'नाम' कर सकता नहीं?**

वास्तव में रामचंद्र जी ने 'स्वराज्य' के साथ-साथ 'सुराज्य' की भी आराधना की। उन्होंने अपने पूर्वजों के काल के अपने विशाल साम्राज्य को प्राप्त करने में तो सफलता प्राप्त की ही साथ ही सुव्यवस्थित शासन प्रणाली स्थापित करके 'सुराज्य' भी लोगों को प्रदान किया। आधुनिक काल में ऐसे बहुत से तथाकथित 'राजनीतिक मनीषी' हैं जो स्वराज्य को ही स्वाधीनता का प्रतीक मान लेते हैं। जबकि यह आवश्यक नहीं कि स्वराज्य प्राप्त होने पर 'सुराज्य' भी स्थापित हो सकता है। स्वराज्य की आराधना एक अलग चीज है और 'सुराज्य' स्थापित करने की साधना एक अलग चीज है। यद्यपि यह भी सत्य है कि जो अपने शुद्ध अंतःकरण से स्वराज्य के लिए संघर्ष करता है, वही सुराज्य स्थापित कर सकता है। जैसा कि रामचंद्र जी ने करके दिखाया। उन्होंने शुद्ध अंतःकरण से 'स्वराज्य' की आराधना की तो समय आने पर 'सुराज्य' भी स्थापित करके दिखाया। इसी सुराज्य को आज रामराज्य के नाम से जाना जाता है।

यदि आज के भारत की बात करें तो आजादी से पहले जो लोग शुद्ध अंतःकरण से स्वराज्य की आराधना कर रहे थे, वह सत्ता हस्तांतरण के समय 15 अगस्त, 1947 को सत्ता से दूर कर दिए गए थे। उस समय देश का राज उन लोगों को दे दिया गया जो स्वराज्य (अर्थात् स्वभाषा, स्वधर्म, स्वदेश, स्वसंस्कृति, स्वभूषा, स्वराष्ट्र आदि) का अर्थ तक नहीं समझते थे। अब क्योंकि उनकी सोच के मूल में स्वराज्य की आराधना नहीं थी तो यही कारण रहा कि स्वतंत्र भारत में वे सुराज्य भी स्थापित नहीं कर पाए। उन्होंने देश में अनेकों वाद पैदा करके लोगों के बीच जातिवाद और संप्रदायवाद को बढ़ावा देने वाली नीतियां बनाईं। इतना ही नहीं, देश में भाषावाद, प्रांतवाद, क्षेत्रवाद आदि को भी प्रोत्साहित कर लोगों के बीच दूरियां पैदा कर दीं।

श्री राम यदि आज होते तो सारी समस्या की जड़ पर प्रहार करते। वे उन सारे

वादों को देश से समाप्त करने का गंभीर प्रयास करते जिनके कारण हम निरंतर बंटते व टूटते चले जा रहे हैं।

श्री राम सारे भारतवर्ष को एक मंदिर बनाने का अनुकरणीय और सराहनीय कार्य करते। अपने इस मंदिर रूपी राष्ट्र में वे प्रत्येक व्यक्ति को 'पूजा का अधिकार देते' अर्थात् लोगों को मौलिक अधिकार प्रदान कर धर्म को उनके लिए इतना पवित्र बना देते जो उनकी इहलौकिक और पारलौकिक उन्नति का माध्यम बन जाता। आज की भांति मजहब को लेकर होने वाले लड़ाई-झगड़े तो तब पूर्णतया समाप्त हो गए होते। श्रीराम लोगों को व्यक्तिगत पूजा के लिए भी स्वतंत्रता प्रदान करते। इसके साथ-साथ श्रीराम मौलिक कर्तव्यों का भी विधान-प्रावधान करते और उनका इतनी कठोरता से पालन करवाते कि व्यक्ति दूसरों के अधिकारों का उल्लंघन करने की सोच भी नहीं पाता। आज इसके उलट हो रहा है। शासन स्तर पर हो या सामाजिक स्तर पर हो, लोग अधिकारों के लिए तो संघर्ष कर रहे हैं परंतु कर्तव्यों के निर्वाह के प्रति पूर्णतया उदासीन हैं।

**मंदिरों को धर्म स्थल कहना नहीं तब व्यर्थ है।**
**जब प्रेय इनसे दूर हो और श्रेय ही अभीष्ट है।।**
**राष्ट्र उन्नत होता तभी जब धर्म का ही राज हो।**
**जब न्याय देना तोलकर - राज का ही धर्म हो।।**

हमारे इस राष्ट्र रुपी मंदिर के उपासक मुसलमानों को भी बनना चाहिए। उन्हें यह पता होना चाहिए कि भारत के इसी राष्ट्र रुपी मन्दिर में उन्हें शांति प्राप्त हो सकती है। भारत के अधिसंख्य मुसलमान आज इस षड्यंत्र में सम्मिलित हैं कि मंदिर संस्कृति समाप्त कर भारत को इस्लामिक राष्ट्र बनाकर शांति स्थापित की जाए। इसके संदर्भ में उन्हें यह भी पता होना चाहिए कि 1946 में इस्लामी देशों की कुल संख्या 6 थी। आज यह संख्या बढ़कर 57 हो चुकी है। 6 से 57 तक का सफर तय कर लिया पर शांति प्राप्त नहीं हुई। क्योंकि प्रत्येक मुस्लिम देश में इस समय खून-खराबा अपने चरम पर है। यदि यही शांति है तो फिर नरक क्या होगा? शांति की खोज में शांति को ही खो दिया। किसी भी अनुसंधान की, खोज की या तलाश का यदि परिणाम यही आता है कि जिस चीज को खोजने चले थे, उसके उल्टे परिणाम हाथ लगे तो इससे बड़ी विडंबना कोई नहीं हो सकती।

इस्लाम को 'शांति का मजहब' कहने वाले लोगों को यह समझना चाहिए कि पाकिस्तान में, अफगानिस्तान में, सीरिया में, मुसलमानों की हत्या कौन कर रहा है? यमन, इराक, लीबिया, मिस्र, सोमालिया, बलूचिस्तान आदि में भी इस्लाम के मानने वालों पर अमानवीय अत्याचार कौन कर रहा है? कौन उनका हत्यारा है? और कौन उनका भक्षक बन चुका है? इन लोगों को यह भी पता होना चाहिए कि जब इन देशों में कभी वैदिक धर्म का डंका बजा करता था तो यहां पर वास्तविक अर्थों में शांति हुआ करती थी। शांति के उपवन को आग लगाकर हाथ सेंकने वाले लोग ही झूठा भ्रम फैला रहे हैं कि देखो! हमने शांति स्थापित कर दी। शांति रहस्यमय रूप से गायब है....!! अफगानिस्तान, इराक, सीरिया, लेबनान, यमन और मिस्र को क्या बजरंग-दल या हिन्दू-महासभा ने बर्बाद किया है? या वहां दंगा करने के लिए आर.एस. एस. के लोग गए थे?

इस प्रश्न पर हमारे देश के उन सभी सेकुलरिस्टों को भी चिंतन करना चाहिए जो देश में दंगा-फसाद और उपद्रव के लिए केवल हिंदूवादी दलों को कोसते रहते हैं और प्रत्यक्ष या अप्रत्यक्ष रूप से मुस्लिम दंगाइयों का समर्थन करते हैं।

हमें साथ चलने के लिए हाथ तो मिलाना पड़ेगा पर हाथ मिलाने से पहले भी दिलों को मिलाना पड़ेगा। इसके लिए संपूर्ण राष्ट्र को शांति का प्रतीक बनाने के लिए इसे मंदिर में परिवर्तित करना ही पड़ेगा।

अध्याय - 13

# अपना लो श्रीराम की उदारता

किसी भी शासक की महानता और उसके शासन की उत्तमता की कसौटी केवल यह मानी गई है कि उसके राज्य में प्रजा सुखी रहे। यदि प्रजा किसी शासक के शासन में दु:खी है तो उसके शासन को उत्तम नहीं माना जा सकता। प्रजा शांतिपूर्वक सुखानुभूति करते हुए अपना जीवन यापन करे और परस्पर सभी प्रजाजन प्रेमपूर्ण व्यवहार करें, ऐसी सुव्यवस्था देना ही उत्तम शासक का धर्म होता है।

मैक्यावाली के अनुसार आदर्श शासक वह है जो किन्ही भी उपायों से राज्य की शक्ति, सम्मान और गौरव को बढ़ता है, जो राज्य का विस्तार कर उसे सम्मान के शिखर तक पहुँचाता है! उसका मानना है कि मनुष्य मानवता और पशुता के अंशों से मिलकर बनता है, अतः राजा को इन दोनों के समान कार्य करना चाहिए। लोमड़ी की चालाकी और शेर की शूरता रखते हुए राजा को अपने उद्देश्यों पर बढ़ते जाना चाहिए! उसे देश हित में कुछ भी करना चाहिए! दूसरी शिक्षा के तौर पर मैक्यावाली कहता है कि शासक को दयालु होते हुए भी इस बात पर ध्यान रखना चाहिए कि कोई उसकी क्षमाशीलता का अनुचित लाभ न उठाये! आवश्यकता पड़ने पर उसे क्रूर होने में संकोच नहीं करना चाहिए! अतः उसका कर्तव्य है कि वह छल, कपट, हिंसा आदि का प्रयोग करते हुए भी ऐसे कार्य करे जिनसे उसकी महानता, उत्साह, गंभीरता और सहनशीलता प्रकाश में आये तथा वह एक सज्जन और धर्मपरायण व्यक्ति की ख्याति अर्जित करे!

भीष्म जी ने महाभारत में शासक के प्रमुख कर्तव्यों को निरूपित करते हुए कहा है कि प्रजा की सम्पन्नता, सुख-शांति और समृद्धि ही राजा का एक मात्र लक्ष्य है! शासक का प्रत्येक कार्य प्रजा की प्रसन्नता और उसके कल्याणार्थ ही होना चाहिए! उस राजा को सर्वश्रेष्ठ कहना चाहिए जिसके राज्य में प्रजा पिता के घर, पुत्र की भाँति निर्भय विचरती है! भीष्म जी ने ये भी प्रतिपादन किया है कि योग्य और अत्याचारी राजा का जनता विरोध व सशस्त्र विरोध भी कर सकती है!

**चालाकी में हो लोमड़ी-सा और शूरता में हो शेर सा।**
**सही अर्थों में राजा है वही अनोखी जिसकी वीरता।।**
**शक्ति का प्रतीक बन जो निज देश का सम्मान हो।**
**गौरव बढ़ाएं राज्य का और राष्ट्र का अभिमान हो।।**

राजा के इन्हीं आदर्शों का ध्यान रखते हुए श्रीराम अपनी प्रजा को पुत्र से भी अधिक प्रेम करते थे। उनके बारे में कहा जाता है कि "आयसु मांगि करहिं पुर काजा। श्रीराम ने जीवन भर अपने इसी भाव और भावना के वशीभूत होकर प्रजाहित में कार्य किया। बचपन से ही रामचंद्र जी के भीतर प्रजा के प्रति अच्छे भाव थे। यही कारण था कि जब राजा दशरथ ने अपना उत्तराधिकारी बनाने के संबंध में प्रजा का मत लेना चाहा तो सभी लोगों ने सर्वसम्मति से श्रीराम को ही अपना राजा स्वीकार किया। जब रामचंद्र जी को 14 वर्ष का वनवास हो जाता है तो उस समय प्रजाजनों में गहरी निराशा छा जाती है। क्योंकि रामचंद्र जी को वनवास के लिए भेजना लोकमत की अवहेलना थी।

लोकमत का स्वागत और सम्मान करते हुए ही महात्मा भरत ने सभी प्रजाजनों को यह विश्वास दिलाया था कि आप निश्चिंत रहें, आपको मैं उसी राजा को देना चाहूंगा जिसे आप अपना राजा स्वीकार कर चुके हैं। क्योंकि मैं स्वयं भी इसी मत का हूं कि अयोध्या के राजा श्री राम ही बनें।

जब रामचंद्र जी वनवास के लिए जा रहे होते हैं तो वह इस बात का हर संभव प्रयास करते हैं कि अयोध्या में किसी भी प्रकार का विवाद या वैमनस्य पैदा ना हो। अपने घर में जो भी कुछ घटित हो चुका था, उसे भी वह किसी को सुनाना तक नहीं चाहते थे। जो कुछ भी हुआ था या हो रहा था, उसे वह नियति का परिणाम मानते थे। इसके लिए उन्होंने किसी को भी दोषी नहीं माना। वन जाते हुए उन्होंने अपने प्रजाजनों को अयोध्या के होने वाले राजा भारत के प्रति भी वैसा ही प्रेम और समर्पण दिखाने का आग्रह किया जैसा उन लोगों ने स्वयं उनके प्रति दिखाया था। श्री राम का आदर्श कुछ इस प्रकार था :-

**अयं निजः परो वेति गणना लघु चेतसाम्।**
**उदारचरितानां तु वसुधैव कुटुम्बकम्।**

अर्थात् : यह मेरा है, यह उसका है; ऐसी सोच संकुचित चित्त वाले व्यक्तियों की होती है। इसके विपरीत उदारचरित वाले लोगों के लिए तो यह सम्पूर्ण धरती ही एक परिवार जैसी होती है।

श्रीराम के इस प्रकार के आचरण में उनकी उदारता दिखायी देती है। साथ ही उनका दूरदर्शी स्वभाव भी स्पष्ट झलकता है। उन्होंने अपने वनगमन की घटना को बहुत छोटी-सी घटना के रूप में चित्रित किया और अपने भाई भरत के प्रति जनता के मन में अच्छे भाव पैदा करने का भी हरसंभव प्रयास किया।

श्रीराम के मन में उस समय किसी भी प्रकार की चिंता, दुश्चिंता या बौखलाहट का भाव नहीं था। वह बहुत ही शांतमन से वन गमन करते हैं। इस समय उन्हें यह भी पूर्ण विश्वास था कि यदि अयोध्या के राजा भरत भी बनते हैं तो वह भी प्रजा पालन में किसी प्रकार का प्रमा नहीं करेंगे। श्रीराम को वनगमन के समय इस बात का कोई दु:ख नहीं था कि उन्हें वन क्यों भेजा जा रहा है? इसके विपरीत उन्हें इस बात की प्रसन्नता है कि अयोध्या का भावी राजा भाई भरत भी प्रजावत्सलता के भावों से भरा हुआ है। ऐसे में यदि उन्हें वनवास हो भी रहा है तो इससे किसी भी प्रजाजन का अहित होने वाला नहीं है। जिस समय श्रीराम वन को चले, उस समय उनकी स्थिति कुछ इस प्रकार थी :-

**नैराश्य भाव था नहीं, जब राम वन को थे चले।**<br>
**सहजता से छोड़ दिए जिनकी गोदियों में थे पले।।**<br>
**निज आत्मा की मूर्ति घोषित किया अनुज भरत को।**<br>
**प्रजाजनों से कह दिया पूरा सम्मान देना भरत को।।**

तुलसीदास जी ने कहा है कि - "कोऊ नृप होई हमें का हानि" अर्थात् राजा कोई भी हो, हमें कोई हानि होने वाली नहीं है। तुलसीदास कृत रामचरितमानस की इस सूक्ति का लोगों ने गलत अर्थ निकाल लिया। इसका अर्थ कुछ इस प्रकार किया गया जैसे कि लोग राजा और राजकीय व्यवस्था के प्रति उस समय पूर्णतया उदासीन रहते थे। जबकि सच यह है कि प्रजाजन भी इस बात को लेकर आश्वस्त रहते थे कि राजा चाहे कोई भी हो जाए, उन्हें वह किसी भी प्रकार से हानि करने वाला नहीं होगा।

इस प्रकार का भाव उस समय की भारतीय लोकतांत्रिक व्यवस्था की उत्कृष्टता को प्रतिबिंबित करता है। रामचंद्र जी इस लोकतांत्रिक व्यवस्था के प्रतीक पुरुष हैं। उनकी उदारता और प्रजा के प्रति वात्सल्य भाव आज के शासकों के लिए भी अनुकरणीय हो सकता है।

जिस समय भरत और शत्रुघ्न अपनी ननिहाल से अयोध्या पहुंचकर वहां अपनी अनुपस्थिति में घटी सारी घटनाओं से परिचित होते हैं तो रामचंद्र जी की उदारता का उल्लेख करते हुए भरत अपने भाई शत्रुघ्न से कहते हैं कि - स्त्रियां अवध्य होती

हैं। यदि ऐसा नहीं होता तो मैं पापी दुष्टाचारिणी माता कैकेयी को मार देता। यदि मुझे धार्मिक राम निन्दित ना करें। पर राम यदि इस कुब्जा के भी मारने को सुन लेंगे तो निश्चय मुझसे वह बोलेंगे नहीं।"

भरत के इन शब्दों में श्रीराम का औदार्य प्रकट होता है। भरत उस समय कोई भी निर्णय ले सकते थे, परंतु उनके प्रत्येक निर्णय पर उस समय भी श्रीराम की मर्यादा की तलवार लटक रही थी। यदि भरत की अपनी चलती तो वह अपनी माता के साथ कुछ भी कर सकते थे। कुब्जा का भी अंत कर सकते थे, परंतु उन्होंने उदारमना श्रीराम के भय के कारण ऐसा कुछ भी नहीं किया जो अनुचित और अमर्यादित कहा जा सके।

वास्तव में बड़ा वह नहीं होता जो आयुवृद्ध होता हो, बड़ा वही होता है जिसके उपस्थित या कई बार अनुपस्थित होने पर भी लोग उसे अपने सम्मुख खड़ा मानकर किसी भी गलत व निन्दित कार्य को करने से भय खाते हैं। उसका आभामंडल इतना विस्तृत होता है कि पापी से पापी व्यक्ति भी उस आभामंडल में प्रवेश कर अपने निजी स्वभाव को भूल जाता है। उस आभामंडल में प्रवेश करते ही वह उस आभामंडल के स्वामी या धनी व्यक्ति के अनुसार अपने कार्य करने लगता है। ऐसे आभामंडल के धनी व्यक्ति ही परिवार, गांव, समाज, क्षेत्र, राष्ट्र और कभी-कभी संपूर्ण भूमंडल का नेतृत्व करते हैं। वे अपने संकेत से या आत्मबल से बने आभामंडल के आधार पर संपूर्ण भूमंडलवासियों को जैसे चाहे वैसे नचा देते हैं। यद्यपि इस अवस्था तक पहुंचने के लिए उन्हें कई परीक्षाओं के दौर से गुजरना पड़ता है। श्रीराम ने अपने जीवन काल में ऐसी अनेकों परीक्षाएं उत्तीर्ण कीं, जिनसे उनका आभामंडल इतना प्रबल बना कि संपूर्ण भूमंडलवासी उनके संकेत पर नृत्य करने लगे।

जब भरत श्रीराम को वन से पुनः अयोध्या लाने के लिए चित्रकूट पहुंचे तो राम भरत मिलाप के उन क्षणों का वर्णन किसी कथाकार ने बड़े सुंदर शब्दों में किया है। वह कहता है कि राजकुमार भरत अपने बड़े भाई राम से मिलने को आतुर हैं और इसी कारण वे अपनी सेना में सबसे आगे चल रहे हैं और उनके साथ तीनों माताएँ, कुल गुरु, महाराज जनक और अन्य श्रेष्ठी जन भी हैं। ये सभी मिलकर प्रभु श्री राम को वापस अयोध्या ले जाने के लिए आये हैं। जैसे ही राजकुमार भरत अपने बड़े भाई श्री राम को देखते हैं, वे उनके पैरों में गिर जाते हैं और उन्हें दण्डवत प्रणाम करते हैं, साथ ही साथ उनकी आँखों से अविरल अश्रुधारा बहती है।

भगवान राम भी दौड़ कर उन्हें ऊपर उठाते हैं और अपने गले से लगा लेते हैं, दोनों ही भाई आपस में मिलकर भाव-विह्वल हो उठते हैं। अश्रुधारा रुकने का नाम ही

नहीं लेती और ये दृश्य देखकर वहाँ उपस्थित सभी लोग भी भावुक हो जाते हैं। तब राजकुमार भरत पिता महाराज दशरथ की मृत्यु का समाचार बड़े भाई श्री राम को देते हैं और इस कारण श्री राम, माता सीता और छोटा भाई लक्ष्मण बहुत दुखी होते हैं।"

**भाव-विह्वल दोउ भये बह चली अश्रुधार।**
**छुप-छुप आंसू पोंछते प्रजा के नर-नार।।**

संसार में बड़े-बड़े क्रूर बादशाह, शासक और सम्राट हुए हैं जिन्होंने अपने संकेत पर संसार को नचाने का हर संभव प्रयास किया, परंतु संसार ने उनके संकेत पर नृत्य किया नहीं। यहां पर नृत्य से हमारा अभिप्राय है- आह्लाद और आनंद का वह शंखनाद जो सर्व-मंगल-कामना के गीत गा रहा हो और जिसमें सबके मन का मोर स्वाभाविक रूप से नाच रहा हो। याद रहे कि मन का मोर तभी नाचता है जब आंतरिक जगत में स्वाभाविक आनंद का स्रोत फूटता हो। आनंद का यह स्रोत तभी फूटता है जब शासक लोग अपनी प्रजा पर वात्सल्य भाव रखते हैं। राम राज्य में प्रजा आनंदित और आह्लादित रहती थी। इसका कारण केवल एक ही था कि रामचंद्र जी ने उनके आह्लाद और आनंद में वृद्धि करने का हर संभव प्रयास किया।

तुलसीदासजी राम राज्य का सार प्रस्तुत करते हुए कहते हैं कि :-

**बरनाश्रम निज-निज धरम निरत बेद पथ लोग**
**चलहिं सदा पावहिं सुखहि नहि भय सोक न रोग**

जब प्रत्येक व्यक्ति अपने वर्ण एवं आश्रम के धर्म के अनुसार जीवन व्यतीत करता है अथवा जब प्रत्येक व्यक्ति जीवन के विभिन्न वर्णों के अनुसार अपने निहित कार्य अर्थात् अपने-अपने कर्तव्य धर्म का उसी प्रकार पालन करता है जैसा कि वेदों में परिभाषित है, जब कहीं भी किसी भी प्रकार का भय ना हो, दु:ख ना हो तथा रोग ना हो – वही राम राज्य है।

श्रीराम ने अपने सबसे बड़े शत्रु रावण को भी उसकी मृत्यु के पश्चात महात्मा कहकर सम्मानित किया था। वास्तव में यह श्रीराम की उदारता का ही प्रमाण है कि उन्होंने शत्रु के साथ भी उस समय शत्रुता विस्मृत कर दी जब वह संसार में नहीं रहा।

देश के इतिहास में सल्तनत काल, मुगल काल और ब्रिटिश काल में हमने ऐसे अनेकों उदाहरण देखे हैं जब शासकों ने अपने प्रतिद्वंद्वी या शत्रु के अंत पर उसकी मिट्टी को भी अपमानित करने का कार्य किया। वास्तव में जो लोग किसी की मृत देह को भी अपमानित करते हैं, वह बहुत ही पतित होते हैं।

भारत की यह परंपरा अभी कुछ समय पहले तक गांव देहात में भी बनी रही कि किसी भी शत्रु या प्रतिद्वंद्वी की मृत्यु के बाद लोग उससे अपनी शत्रुता भूल जाया करते थे। भारत की यह परंपरा निसंदेह रामचंद्र जी और उनके भी पूर्वजों के काल से चली आ रही थी। लोगों के द्वारा इस परंपरा के पालन करने से पता चलता है कि भारत के लोग कितने युगों के बाद भी अपने पूर्वजों की डाली गई परंपराओं का पालन करने में कुशल रहे हैं?

यदि आज की राजनीति की बात करें तो वर्तमान में ऐसे कई राजनीतिक दल और उनके कई नेता हैं जो अपने सिद्धांतों और नीतियों में विश्वास न रखने वाले लोगों को उनकी मृत्यु के दशकों बाद भी घृणा की दृष्टि से देखते हैं। क्रांतिवीर सावरकर जी, नेताजी सुभाष चंद्र बोस, सरदार पटेल, लाल बहादुर शास्त्री जी इसके सर्वोत्कृष्ट उदाहरण हैं। इस प्रकार की सोच आज के राजनीतिक लोगों की घटिया मानसिकता को प्रदर्शित करती है। इसे भारत की राजनीति का मूल्य नहीं कहा जा सकता और ना ही लोकतंत्र का मूल्य कहा जा सकता है। भारत की राजनीति और लोकतंत्र का मूल्य तो वही है जो श्री राम अपने आचरण और व्यवहार से प्रकट कर रहे हैं। अपने प्रतिद्वंद्वी या शत्रु के भी बड़ों का सम्मान करना राजनीति का ही नहीं, सामाजिक क्षेत्र में काम करने वाले लोगों का भी गुण होना चाहिए।

हनुमान सीता जी से ( वा. रा. सुंदरकांड) कहते हैं, हे माता! राम संपूर्ण लोक के और चारों वर्णों के रक्षक हैं। लोक की मर्यादाओं का स्वयं आचरण करने वाले श्री राम दूसरों से भी ऐसा ही आचरण करवाने वाले हैं।" श्रीराम की महानता रावण के वध करने में उतनी नहीं है जितनी उनकी उस शिष्ट भाषा से प्रकट होती है जिसमें वह रावण को महात्मा कहकर संबोधित करते हैं।

**संपूर्ण लोक और वर्णों के रक्षक श्रीराम हुए।**
**उनकी मर्यादा के कारण पवित्र सारे धाम हुए।।**
**नीच-अधर्मी-पापी के संहारक श्रीराम हुए।**
**धर्मशील मानवजन के उद्धारक भी श्रीराम हुए।।**

धर्म भारतीय जन-गण में आज भी बहुत सम्मान प्राप्त करता है। जब कोई व्यक्ति किसी गलत कार्य में फँसता या फँसाया जाता है तो लोग उसको धर्म की सौगंध उठाकर अपना पक्ष प्रस्तुत करने के लिए कहते हैं। यदि ऐसा व्यक्ति धर्म की सौगंध उठाकर अपनी बात कह देता है तो लोग उसे क्षमा कर देते हैं। भारत की इस परंपरा को समझने से पता चलता है कि भारत के सांस्कृतिक राष्ट्रवाद में धर्म की उपस्थिति

बहुत ही अनिवार्य और महत्त्वपूर्ण है। उसके बिना भारतीय सांस्कृतिक राष्ट्रवाद की कल्पना तक नहीं की जा सकती। श्री राम ने धर्म के इसी अनिवार्य और महत्त्वपूर्ण भाव को अपने जीवन में उतारकर भारतीय सांस्कृतिक राष्ट्रवाद की नींव को मजबूत किया।

हनुमान जी सीता जी से कहते हैं कि :- "जिस राम में धर्म चलायमान नहीं होता, जो धर्म का अतिक्रमण नहीं करता, वेदवेत्ताओं में श्रेष्ठ है, वह ब्रह्म अस्त्र को जानता है।"

राम धर्म की मूर्ति थे। उनसे धर्म के अतिक्रमण की अपेक्षा ही नहीं की जा सकती। क्योंकि वह तो स्वयं धर्म बनकर लोगों को धर्म मार्ग पर चलाने की प्रेरणा देने वाले प्रेरणा पुंज थे। उन्होंने ब्रह्मास्त्र जैसे अस्त्रों को अपने पास रखा या विशेष विद्या प्राप्त कर उनका ज्ञान प्राप्त किया तो उन्होंने ऐसा सृष्टि के कल्याण के लिए ही किया था। कोई भी निरपराध व्यक्ति उन्होंने कभी सताया नहीं। निरपराध और शांतिप्रिय लोगों की रक्षा के लिए शस्त्र की रक्षा होती है। उसी दृष्टिकोण से उन्होंने अपने पास ब्रह्मास्त्र भी रखा। वैसे भी उस समय जिस प्रकार राक्षस शक्ति का प्राबल्य हो रहा था, उसके विनाश के लिए ऐसे अस्त्रों की ही आवश्यकता थी। अपने जीवन में पूर्णतया आस्तिक, धार्मिक और निश्चयात्मक रहे श्रीराम मर्यादावान हो सकते थे, उससे अलग ऐसा कुछ भी नहीं कर सकते थे जिससे लोक का अकल्याण होता।

**लोकहित को त्याग कर और नहीं स्वीकार।**
**मर्यादा चलती रहे चले पुण्यों का व्यापार।।**

राम हमारे राष्ट्रीय गौरव के प्रतीक थे, प्रतीक हैं और प्रतीक रहेंगे। अपने समय में उन्होंने जो कुछ भी किया, वह निहित स्वार्थ के लिए नहीं किया, वरन एक सच्चे राष्ट्र पुरुष के रूप में राष्ट्र गौरव की वृद्धि के लिए किया। उन्होंने जितने भी राक्षसों का संहार किया, वह अपने लिए न करके ऋषि समाज के कल्याण के लिए किया। ऐसा करके उन्होंने संसार को मर्यादा का पाठ पढ़ाया और यह संदेश दिया कि जो लोग संसार में आकर विघ्न पैदा करने का काम करते हैं, उन्हें जीवन जीने का अधिकार नहीं। क्योंकि वह दूसरों के जीवन को बाधित और व्यथित करके अपने जीवन के जीने का अधिकार खो चुके होते हैं।

उन्होंने रावण के साथ सीता जी को लेकर युद्ध किया, इसे केवल यहीं तक सोचना व समझना रामचंद्र जी के व्यक्तित्व के साथ अन्याय करना होगा। क्योंकि सीता जी तो उस युद्ध की केवल निमित्त मात्र थीं। सच्चाई यह थी कि रामचंद्र जी

को रावण जैसे आततायी और दुष्ट शासक का अंत करना ही था। क्योंकि वह संपूर्ण वसुधा को निशाचरों से मुक्त कराने की प्रतिज्ञा बहुत पहले ले चुके थे। एक प्रकार से उन्होंने अपना जीवन इसी प्रतिज्ञा की पूर्ति के लिए समर्पित कर दिया था। यदि वह अपने सुख की चाहत करते हुए जीवन जीते तो जिस समय उन्होंने निशाचरों के विनाश का संकल्प लिया था, उस समय वे ऐसा संकल्प न लेकर उनके साथ मित्रता कर लेते। वनों में रहकर ऋषि -मनीषियों को उसी प्रकार उत्पीड़ित करने लगते जिस प्रकार निशाचर जाति के लोग कर रहे थे। तब उनका शूर्पणखा से विवाह भी हो गया होता और वह रावण के साथ मित्रता भी कर चुके होते। यदि श्रीराम ऐसा कर गए होते तो तब वह हमारे लिए मर्यादा पुरुषोत्तम नहीं बन पाते। मर्यादा पुरुषोत्तम बनने के लिए तो शिवसंकल्प लेकर शिवव्रती होना बहुत आवश्यक होता है।

**यदि राम धर्म से गिर जाते तो समझो फिर क्या होता?**
**धरा पर त्राहिमाम मची होती और सर्वत्र अंधेरा होता।।**
**राक्षसों की प्रबलता से सज्जन शक्ति धरा से मिट जाती।**
**शिवसंकल्पी राम नहीं होते तो जीवन से मर्यादा हट जाती।।**

राम शिव संकल्प शक्ति के धनी थे। क्योंकि उन्होंने नकारात्मक संकल्प शक्ति का प्रयोग न करके सकारात्मक संकल्प शक्ति का प्रयोग किया अर्थात् लोक कल्याण के लिए व्रत धारण किए और उन्हें निभाने का प्राणपण से कार्य किया। अपने व्यक्तित्व की इसी विशेषता के कारण श्री राम राष्ट्रीय गौरव के प्रतीक बने।

यह एक बहुत ही आश्चर्यजनक सत्य है कि श्री राम अब से लाखों वर्ष पहले स्वदेशी और स्वराज्य के संस्थापक बने। उन्होंने प्रत्येक ऐसी विचारधारा का विरोध किया जो वैदिक संस्कृति के प्रतिकूल थी।

वास्तव में श्रीराम ने अपने काल में एक महान क्रांति को जन्म दिया, जिसमें राक्षस लोगों का विनाश करके उन्होंने विजयश्री प्राप्त की। स्वदेशी, स्वभाषा, स्वराज्य, स्वसंस्कृति का पाठ यदि किसी एक व्यक्तित्व से हमें पढ़ने की इच्छा हो तो उसे पढ़ाने वाले सृष्टि के सबसे पहले महान व्यक्तित्व श्रीराम हैं।

**स्वदेशी, स्वसंस्कृति, स्वभाषा का बोध कराया था।**
**स्वराष्ट्र बने सामर्थ्यवान हमसे ऐसा शोध कराया था।।**
**स्वराज्य और सुराज्य का मंत्र महान दिया हमको।**
**स्वसंस्कृति का सूर्योदय कर दूर किया था तम को।।**

आज श्रीराम को हमें इसी प्रकार के क्रांतिकारी श्री राम के रूप में समझने की आवश्यकता है। क्योंकि आज भी हमारे लिए स्वदेशी, स्वभाषा, स्वराज्य, स्वसंस्कृति और स्वधर्म पर चारों ओर से खतरे मंडरा रहे हैं। बहुत बड़ी संख्या में देश के भीतर ऐसे झाड़-झंखाड़ पैदा हो गए हैं जो हमारी निजता को, हमारे देश की संप्रभुता को और राष्ट्र की एकता व अखंडता को तार-तार करने की गतिविधियों में लगे हुए हैं। ये वही लोग हैं जो भारतीय सांस्कृतिक राष्ट्रवाद को क्षत-विक्षत कर देना चाहते हैं। जिस सांस्कृतिक राष्ट्रवाद की पवित्र भावना को भारत ने युग-युगों से सहेज कर रखा है और जिसकी रक्षा के लिए अनेकों बलिदान दिए गए हैं, उस सांस्कृतिक राष्ट्रवाद के लिए इस समय अभूतपूर्व संकट की स्थिति पैदा हो चुकी है। इस सांस्कृतिक राष्ट्रवाद के पुरोधा श्री राम के अस्तित्व पर प्रश्नचिन्ह लगाने वाले लोग बड़ी तेजी से बढ़ते जा रहे हैं जो राम की वैदिक संस्कृति का विनाश करना अपना सर्वोपरि कर्तव्य घोषित कर चुके हैं।

आज हमें उन सबको राष्ट्र का, हमारी निजता का और स्वसंस्कृति का शत्रु मानकर उनके साथ युद्ध करने के लिए तैयार होना चाहिए। हमें यह ध्यान रखना चाहिए कि हमारी निजता और राष्ट्रीय संप्रभुता के शत्रु बने ये लोग हमारे विरुद्ध युद्ध की घोषणा कर चुके हैं। कहने का अभिप्राय है कि देशविरोधी शक्तियां एकपक्षीय युद्ध आरंभ कर चुकी हैं। हमारी ओर से उनके विरुद्ध औपचारिक युद्ध की घोषणा करना शेष है। जिसके लिए हमें कमर कस लेनी चाहिए। यह अत्यंत दुर्भाग्यपूर्ण तथ्य है कि देश की आजादी के 75 वर्ष पूर्ण होने से पहले ही देश फिर एक गृहयुद्ध की ओर धकेला जा रहा है। स्वाधीनता के पश्चात की कई सरकारें जाने-अनजाने में देश विरोधी शक्तियों के सामने घुटने टेकती रही हैं। उनकी 'घुटने टेक नीति' को देखकर देश-विरोधी शक्तियां और भी तेजी से अपना विस्तार करने लगीं।

फलस्वरूप चुनौतियों के बादल गहराते चले गए और आज हम देख रहे हैं कि बहुत बड़ा संकट हमारे सामने आ खड़ा हुआ है।

इस युद्ध में विजय प्राप्त करने के लिए हमें रामचंद्र जी की नीतियों का पालन करना होगा। बहुत ही गहराई से परिस्थितियों, तथ्यों और देश-विरोधी शक्तियों की शक्ति का अनुमान लगाकर उनके विरुद्ध युद्ध में उतरना होगा। देश के कथित राष्ट्रपिता की 'चरखा नीति' को त्यागकर देश के वास्तविक राष्ट्रपिता की 'बरखा (बाण वर्षा) नीति' ही काम करेगी। देश की एकता और अखंडता के लिए चरखा नीति ना तो किसी देश ने अपनायी है और ना ही इस प्रकार की नीति को अपनाकर

वे अपना अस्तित्व बचा पाए हैं।

देश-विरोधी शक्तियों का संहार युद्ध के मैदान में होता है। जो शासक देश-विरोधी शक्तियों के सामने घुटने टेक जाते हैं या उन्हें बढ़ने का अवसर प्रदान करते रहते हैं, उनकी पुचकारने की ऐसी नीति कभी सफल नहीं हो पाती है। क्योंकि देश विरोधी शक्तियों को पुचकारने की नहीं, दुत्कारने की आवश्यकता होती है। मजबूत इच्छाशक्ति के साथ ब्रह्मास्त्र लेकर राम की भांति शत्रु संहार को निज धर्म जानकर जब कोई शासक सत्ता संभाल लेता है, तभी देश-विरोधी शक्तियों का सफाया हो पाता है।

कथित राष्ट्रपिता की पार्टी ने भी 1984 में जब देखा कि देश अब टूटने वाला है और खालिस्तान अस्तित्व में आने वाला है तो उसने भी अपने आदर्श नायक की 'चरखा नीति' को त्यागकर रामचंद्र जी की 'बरखा नीति' को अपनाया और देश को टूटने से बचाया। वैसे तो सही ढंग से यदि देखा जाए तो 1962 में जब नेहरू की 'चरखा नीति' के कारण देश चीन के हाथों पराजित हुआ तो उसके पश्चात शास्त्री जी ने 'चरखा नीति' के स्थान पर 'बरखा नीति' को अपनाकर पाकिस्तान के विरुद्ध भारत को विजय श्री दिलाई। इसके पश्चात इंदिरा गांधी ने भी 'चरखा नीति' को ही अपनाना उचित नहीं माना। श्रीमती गांधी ने इसको मजबूती के साथ आगे बढ़ाने के लिए 'बरखा नीति' का अनुसरण किया और 1971 में पाकिस्तान को दो टुकड़ों में बांटने में सफलता प्राप्त की। इस सबके उपरांत भी कांग्रेस औपचारिक रूप से कभी यह नहीं कर पाई कि अब हम 'चरखा नीति' को त्यागकर 'बरखा नीति' को अपना रहे हैं। वह गांधी की तथाकथित अहिंसा के गीत गाती रही और देश को मजबूत इच्छाशक्ति देने में पूर्णतया असफल रही।

**'चरखा नीति' देश का कर न सकी उपकार।**
**'बरखा नीति' अपनाइए जो चाहो उद्धार।।**

इस्लाम ने यदि संसार के 57 देशों पर अपना झंडा फहराने में सफलता प्राप्त की है तो समझ लीजिए कि या तो उन देशों के मूलनिवासी 'चरखा नीति' को अपनाने का प्रमाद करते रहे या किसी भी कारण से असावधान होकर अपना अस्तित्व समाप्त कर गये। भारत को इन सभी देशों से शिक्षा लेनी चाहिए और अपने अस्तित्व की रक्षा के लिए श्री राम की नीति का पालन कर राक्षसों का संहार करने के लिए कमर कसनी चाहिए।

हमें यह ध्यान रखना चाहिए कि राष्ट्र रक्षा राष्ट्रपुरुष महात्मा जनों के जीवन

चरित्र को पढ़ने और उनकी कार्य नीति को अपनाने से होती है। जिन लोगों ने राष्ट्र का विरोध किया और राष्ट्र की हत्या के लिए देश पर जबरन शासन किया, उन लोगों के जीवनचरित पढ़ने से राष्ट्र के प्रति प्रमाद और अकर्मण्यता का भाव पैदा होता है। अतः हमें अपने मर्यादा पुरुषोत्तम श्रीराम के जीवन का ही अनुकरण, अनुशीलन और अध्ययन करना चाहिए। जिन्होंने अब से लाखों वर्ष पहले स्वदेशी और स्वराज्य का उद्घोष किया था। संसार में मनोरथ उन्हीं के सफल होते हैं जो कथनी और करनी में समन्वय स्थापित कर लेते हैं। जो देश अपने आदर्शों का गुणगान और सम्मान नहीं कर पाते, वे संसार की प्रतियोगिता में अपना अस्तित्व बचाने में भी असफल हो जाते हैं।

**जो देश अपने आदर्श का कभी गुणगान भी ना कर सकें।**
**जीवन उनका व्यर्थ है जो आदर्श का मान भी ना कर सकें।।**
**सफलता संदिग्ध सदा उनकी रही जो करने की डींग हांकते।**
**मनोरथ व्यर्थ उनके रहें और वही धूल जंगलों की फांकते।।**

श्री राम के आदर्श जीवन चरित्र पर विचार प्रकट करते हुए प्रेमभिक्षु जी लिखते हैं :- "सीता हरण के महाशोक के क्षणों में भी वे अपने संतुलन को नहीं खोते। श्रीराम की दूरदर्शिता और उद्भट राजनीतिमत्ता का परिचय सुग्रीव की मित्रता और बाली वध के प्रसंग में मिलता है। विभीषण शरणागति के प्रसंग में श्रीराम की राजनीति और क्षात्र तेज दोनों देखे जा सकते हैं। आगे लंका युद्ध में तो मानो मूर्तिमान काल बनकर ही राक्षस सेना का संहार करते हैं और अंत में दुर्धर्ष रावण को मारकर 'क्षत्रिय शिरोमणि' के पद को पा लेते हैं। जुल्मों से सहमी धरती माता चैन की सांस लेती है और धर्मराज राम राज्य अथवा 'सांस्कृतिक आर्य साम्राज्य' की शुभ चांदनी सब ओर फैल कर अपूर्व सुख-शांति का विस्तार करती है। वर्णाश्रम धर्म या वैदिक धर्म की शीतल छांव में एकत्रित विश्व भर के नर-नारी एक स्वर से पुकार उठते हैं - 'वैदिक धर्म (वर्णाश्रम धर्म) की जय, राजा रामचंद्र की जय।"

वास्तव में रामचंद्र जी का यह सांस्कृतिक आर्य साम्राज्य ही भारत का सांस्कृतिक राष्ट्रवाद है। जिसमें राक्षसों, अनार्यों या मानव जाति के शत्रु बने लोगों के अस्तित्व के लिए कोई स्थान नहीं है। जिसमें सर्वत्र शांति ही शांति हो, शांति के लिए ही क्रांति हो उसे ही सांस्कृतिक आर्य राष्ट्रवाद कहते हैं और उसी को भारत का सांस्कृतिक राष्ट्रवाद कहा जा सकता है।

अध्याय - 14

# सिंहावलोकन : हमने क्या सीखा ?

श्रीराम को भारतीय सांस्कृतिक राष्ट्रवाद की चेतना का एक महत्त्वपूर्ण स्रोत कहा जा सकता है। ऐसा नहीं है कि श्रीराम ही इस चेतना के एकमात्र स्रोत हैं। क्योंकि भारतीय चेतना का यह स्रोत तो सृष्टि के आदि से प्रवाहित होता चला आ रहा है। इसके महत्त्वपूर्ण संरक्षक के रूप में श्रीराम हमारे लिए बहुत महत्त्वपूर्ण हैं। उनसे पहले के उनके पूर्वजों ने इस दिशा में बहुत ही गंभीर और सार्थक कार्य किया। जिसे हम अपनी नजरों से ओझल नहीं कर सकते। उनके काल तक आते-आते जिस प्रकार राक्षसी शक्तियों का वर्चस्व संपूर्ण भूमंडल पर बढ़ गया था और उस राक्षस शक्ति का जिस प्रकार श्रीराम ने संहार किया, उससे उनका कद अपने पूर्वजों की अपेक्षा कहीं अधिक बढ़ गया।

हम यह भी कह सकते हैं कि श्री राम से पहले भारतीय सांस्कृतिक राष्ट्रवाद की प्रवाहमान गति के लिए कोई विशेष संकट या चुनौतियां उत्पन्न नहीं हुई थीं। जिससे सब कुछ सामान्य चलता रहा। जब कुछ असामान्य या असाधारण घटित हो जाता है, तभी उस असामान्यजनित चुनौती का जो लोग सामना करते हैं, वही इतिहास में सम्मानित स्थान प्राप्त करते हैं। श्रीराम के समय की परिस्थितियां कुछ इस प्रकार की बन गई थीं कि उनमें सर्वत्र चुनौती ही चुनौती दिखाई देती थी। उन चुनौतियों से श्री राम ने लोहा लिया और सफलतापूर्वक उन पर विजयश्री प्राप्त की।

**खास घटित जब होय है बदले जग प्रवाह।**
**महापुरुष पाले रखें संघर्ष करन की चाह।।**

प्रदीप जैन बनाम भारत संघ 1984 के केस में निर्णय देते हुए उच्चतम न्यायालय के मुख्य न्यायाधीश जस्टिस पीएन भगवती और अमरेंद्र नाथ तथा जस्टिस रंगनाथ मिश्र ने कहा था- "यह इतिहास का रोचक तथ्य है कि भारत का राष्ट्र के रूप में अस्तित्व बनाए रखने का कारण एक समान भाषा या इस क्षेत्र में एक ही राजनैतिक शासन का जारी रहना नहीं है, बल्कि सदियों पुरानी चली आ रही एक समान संस्कृति

है। यह सांस्कृतिक एकता है, जो किसी भी बंधन से अधिक मूलभूत और टिकाऊ है, जो किसी भी देश के लोगों को एकजुट करने में सक्षम है और जिसने इस देश को एक राष्ट्र के सूत्र में बांध रखा है।"

जस्टिस महोदय अपने इस निर्णय में बहुत अच्छी बात कह रहे हैं। सच्चाई यही है कि भारत की समान संस्कृति ने ही हमें सदियों से नहीं बल्कि युग-युगों से एक सूत्र में बांधे रखा है। इस एक समान संस्कृति का निर्माण हमारे वेदों, उपनिषदों, स्मृतियों, रामायण, महाभारत आदि आर्य ग्रंथों के योगदान से हुआ है। इस प्रकार हमारी संस्कृति एक सतत प्रवाहमान सरिता है। जब-जब यह सरिता किसी भी कारण से प्रदूषित हुई है तो इसे प्रदूषण मुक्त करने के लिए अनेकों भागीरथ समय-समय पर उत्पन्न होते रहे हैं। इन्हीं भागीरथों में से एक भागीरथ श्रीराम हैं।

हमें यह ध्यान रखना चाहिए कि संस्कृति अपने मूल में केवल एक ही होती है। अनेकों संस्कृतियां नहीं हो सकतीं। समाज में या संसार में जो लोग संस्कृति को इस्लामिक संस्कृति, ईसाई संस्कृति, भारतीय संस्कृति या अमुक मजहब, वर्ग, संप्रदाय, देश की संस्कृति के रूप में उद्धरित करते हैं तो वे अपने अज्ञान का ही प्रदर्शन करते हैं। जैसे धर्म के टुकड़े नहीं हो सकते, वैसे ही संस्कृति के भी तो टुकड़े नहीं हो सकते। धर्म अपने आप में एक अखंड सत्ता है। वैसे ही संस्कृति भी अपने आप में अखंड सत्ता और शक्ति का केंद्र है। जैसे मानव का धर्म एक है, वैसे ही मानव की संस्कृति भी एक है। जैसे मानव के धर्म को संप्रदाय या मजहब खंडित-विखंडित, दूषित-प्रदूषित करता है, वैसे ही संस्कृति को भी अन्य संस्कृतियां प्रदूषित करती हैं।

**जैसे धर्म अखंड है, तोड़ सके ना कोय।**
**संस्कृति भी एक है, जाने बिरला कोय।।**

जब संस्कृति को मत, पंथ, संप्रदाय, वर्ग, जाति, भाषा या प्रांत आदि की संकीर्ण भावनाएं प्रभावित करती हैं तो संस्कृति का स्रोत सूखने लगता है। जिससे राष्ट्र विखंडित होता है और उसे भारी हानि उठानी पड़ती है। जब तक एक समान संस्कृति में विश्वास रखने वाले लोगों का बहुमत होता है, तब तक राष्ट्र खंडित नहीं होता बल्कि 'एक' बना रहता है और 'नेक' भी बना रहता है। जैसे ही कोई दूसरी संस्कृति अपसंस्कृति के रूप में इस मूल संस्कृति के साथ अपने आपको मिलाने की कोशिश करती है, वैसे ही द्वन्द्वभाव आरंभ हो जाता है। देर-सवेर यह द्वंदभाव किसी-न-किसी प्रकार की टूटन या बिखराव में परिलक्षित होता है।

हमें इस संदर्भ में यह भी ध्यान रखना चाहिए कि एक समान संस्कृति भी एक

धर्म से ही विकसित होती है। मूल रूप में धर्म वह स्रोत है जो हम सबकी सामूहिक चेतना का मूलोद्गम कहा जा सकता है। जब धर्म से उद्‌भुत संस्कृति अपने व्यापक स्वरूप में आती है तो वह अपने मानने वालों के बीच एक ऐसी सूक्ष्म, पवित्र परन्तु अदृश्य भावना का निर्माण करती है जो राष्ट्र के रूप में हमें आभासित और प्रकाशित करने लगती है। यह पवित्र भावना हमें आंतरिक जगत में एक-दूसरे के साथ समन्वित करती है। एक ही माला के मोती बनाकर पिरो देती है। हमें एक साथ चलने, एक साथ सोचने और एक साथ कुछ बेहतर करने की प्रेरणा हमारे आंतरिक जगत में व्याप्त ज्योति के रूप में देने लगती है। राष्ट्र की इसी भावना का लोग केवल आभास या एहसास करते हैं। उसे देख नहीं पाते। परंतु यह आभास इतना गहरा होता है कि सब एक ही सामूहिक चेतना से अपने आपको बंधे हुए अनुभव करते हैं। सामूहिक चेतना का यही भाव सांस्कृतिक राष्ट्रवाद कहलाता है। इस प्रकार सांस्कृतिक राष्ट्रवाद अपने आप में एक सामूहिक गान है, एक ऐसा सामूहिक नृत्य है, एक सामूहिक चेतना है। जो हमें राष्ट्रगत मनोभावों से भरकर एक साथ एक धुन पर नृत्य करने के लिए प्रेरित करता है।

**राष्ट्रवाद एक गीत है-मस्ती भीतर देय।**
**खामोश रहे भीतर सदा आनंद भारी देय।।**

कुछ लोगों की दृष्टि और दृष्टिकोण में राष्ट्रवाद एक आधुनिक 'पद' है। ऐसी अवधारणा में विश्वास रखने वाले लोगों का मानना है कि आधुनिक राष्ट्र-राज्य की अवधारणा फ्रांस की क्रांति (1789) के बाद विकसित हुई। जिन लोगों ने इस धारणा में विश्वास व्यक्त करते हुए यह कहा है कि आधुनिक राष्ट्र राज्य की अवधारणा फ्रांस की क्रांति के बाद विकसित हुई, उन्होंने भारत के सांस्कृतिक राष्ट्रवाद को या तो समझा नहीं या फिर समझकर भी उन्होंने नासमझ बने रहने का नाटक किया। इस प्रकार की मानसिकता के चलते हमें अपने आप को समझने और अपने पूर्वजों के त्याग, तपस्या और साधना से विकसित हुए सांस्कृतिक राष्ट्रवाद को सही संदर्भों और सही अर्थों में स्वीकार करने में कठिनाई आई है।

वैसे यदि एक बार यह मान भी लिया जाए कि आधुनिक संसार में वास्तव में ही फ्रांस की क्रांति के बाद राष्ट्रवाद की अवधारणा विकसित हुई है तो यह राष्ट्रवाद की अवधारणा हमारे सांस्कृतिक राष्ट्रवाद की अवधारणा की अपेक्षा बहुत तुच्छ है। इसका कारण केवल यह है कि आधुनिक राष्ट्रवाद की यह अवधारणा संपूर्ण भूमंडलवासियों और प्राणीमात्र के अधिकारों के प्रति आज तक गंभीर नहीं हो पाई

है। यहां तक कि मानव, मानव के प्रति भी वह एक ऐसा संबंध स्थापित नहीं कर पाई है जो संपूर्ण वसुधा पर प्रेम ही प्रेम की सृष्टि करने में सक्षम हो।

पश्चिमी जगत की जितनी भर भी राजनीतिक, सामाजिक और आध्यात्मिक अवधारणाएं हैं, वे सारी की सारी समतामूलक समाज की संरचना की बात करती हुई तो दिखाई देती हैं परंतु व्यवहार में वे ऐसा कुछ भी नहीं कर पाईं जिससे मानव सुख-शांति के साथ जीवन यापन कर सके।

कुल मिलाकर वह संसार को एक सुव्यवस्थित व्यवस्था देने में पूर्णतया असफल सिद्ध हो चुकी हैं। उसने सामाजिक विषमताओं और विसंगतियों को जन्म दिया है। राजनीतिक चिंतन के आधार पर पश्चिमी जगत की सारी अवधारणाओं ने इस्लामिक अवधारणाओं के समनुरुप कार्य करते हुए संसार में विखंडन ही विखण्डन पैदा किया है। आज भी ईसाई जगत और इस्लामिक जगत के रूप में संसार को ये दोनों राजनीतिक अवधारणाएं बाँटकर देखने का काम करती हैं। इस प्रकार कहा जा सकता है कि इनके राजनीतिक चिंतन में विखंडन के अतिरिक्त और कुछ भी नहीं है। इनका आध्यात्मिक चिंतन भी विखंडन का ही है। इस प्रकार अपने आंतरिक जगत में बिखराव के भूचालों के अतिरिक्त इनके पास और कुछ नहीं है। उसी का परिणाम है कि सारा संसार बिखराव के भूचालों से जूझ रहा है।

**मजहब बिखराव बिखेरता लाता है भूचाल।**
**धर्म सभी को बांधकर कर दे सीधी चाल।।**

जबकि भारत का सांस्कृतिक राष्ट्रवाद दिव्य और भव्य समाज की अवधारणा पर आधारित है। इसने एक समय ऐसे दिव्य और भव्य समाज का निर्माण करके भी दिखाया था। यदि आज भी संसार को ऐसे ही दिव्य और भव्य समाज की इच्छा है तो वह निसंदेह भारतीय सांस्कृतिक राष्ट्रवाद की अवधारणा से ही प्राप्त हो सकता है।

उनका राष्ट्रवाद अपने देशवासियों के लिए होता है और कभी-कभी तो वह देशवासियों में भी न्याय नहीं कर पाता। वहां भी जिस संप्रदाय या मजहब के मानने वाले लोगों का वर्चस्व होता है, सामान्य रूप से वे दूसरे वर्ग या संप्रदाय के लोगों के अधिकारों का अतिक्रमण करते देखे जाते हैं। इस प्रकार के राष्ट्रवाद को हम कभी भी 'सांस्कृतिक राष्ट्रवाद' नहीं कह सकते। हां, इसे हम लंगड़ा लूला और गूंगा-बहरा राष्ट्रवाद अवश्य कह सकते हैं। सांस्कृतिक राष्ट्रवाद तो सबको समान अवसर उपलब्ध कराता है। बिना किसी भेदभाव के सबके बीच न्याय करता है। वह व्यक्ति का ना तो मजहब पूछता है, ना लिंग पूछता है, ना जाति पूछता है, ना निवास

का क्षेत्र पूछता है, ना ही प्रांत पूछता है और ना ही भाषा पूछता है। वह हर व्यक्ति के भीतर एक ही चेतना की ज्योति को प्रज्जवलित होते हुए देखता है और सोचता है कि जैसे मैं स्वयं एक ही चेतन सत्ता से चेतनित हूं वैसे ही उसी चेतन सत्ता से चेतनित यह व्यक्ति भी है। इसलिए इसे मैं न्याय दूँ।

राजनैतिक विचारक एंथोनी डी. स्मिथ ने राष्ट्र को कुछ इस तरह परिभाषित किया है, "मानव समुदाय जिनकी अपनी मातृभूमि हो, जिनकी समान गाथाएं और इतिहास एक जैसा हो, समान संस्कृति हो, अर्थव्यवस्था एक हो और सभी सदस्यों के अधिकार व कर्तव्य समान हों।"

यदि एंथोनी के इस कथन पर विचार किया जाए तो भारत के आर्य / हिंदू लोग ही संसार में एकमात्र ऐसे राष्ट्र के निवासी हैं जिनकी अपनी मातृभूमि है, जिनकी अपनी समान गाथाएं हैं, जिनका अपना गौरवपूर्ण इतिहास है, जिनकी संस्कृति समान है, अर्थव्यवस्था एक है और सभी सदस्यों के अधिकार और कर्तव्य भी जहां समान हैं। जब भारत के वर्णाश्रम धर्म में प्रत्येक व्यक्ति के कर्तव्य कर्म पहचाने, समझे और पढ़े जाते हैं तो पता चलता है कि वह सारे के सारे कर्तव्य कर्म एक दूसरे का सम्मान बढ़ाने और एक-दूसरे के अधिकारों की रक्षा के लिए निर्धारित किए गए हैं। इसी को आप भारत की धार्मिक व्यवस्था कह सकते हैं। हमारा धर्म हमें एक-दूसरे के प्रति समर्पण के भाव से देखने के लिए प्रेरित करता है। हम एक-दूसरे के विकास में सहयोगी होते हैं ना कि विनाश में। जो लोग स्वाभाविक रूप से इस धार्मिक व्यवस्था का पालन करते हैं, उन्हें 'धार्मिक जन' कहा जा सकता है। इन धार्मिक जनों को ही राष्ट्र की व्यवस्था में विश्वास रखकर चलने वाले सभ्य जन या नागरिक कहा जा सकता है।

**श्रद्धा, समर्पण धर्म से मिलते हैं भरपूर।**<br>**मन कोमल रहता सदा पाप से भागे दूर।।**

आर्य वही हो सकता है जो सभ्य हो, विद्वान हो और धार्मिक हो। इस प्रकार धर्म और धार्मिक व्यवस्था, ये दोनों ही राष्ट्र का निर्माण करने में महत्त्वपूर्ण भूमिका निभाती हैं। भारत ने अपने इसी वर्णाश्रम धर्म के कर्तव्य कर्मों को अपनाकर संसार को एक ऐसी उत्कृष्ट सांस्कृतिक विरासत प्रदान की जिस पर संपूर्ण विश्व गर्व और गौरव कर सकता है। इस प्रकार भारत का सांस्कृतिक राष्ट्रवाद भारत की सीमाओं तक बंधा हुआ नहीं है। भारत का सांस्कृतिक राष्ट्रवाद तो संपूर्ण भूमंडल के निवासियों और प्राणीमात्र के लिए है। इतना ही नहीं, वनस्पति जगत के लिए भी इसमें ऐसी व्यवस्था की गई है जिससे चराचर जगत सब एक साथ मस्ती के संगीत में नाचता हुआ दिखाई देता है।

भारतीय सांस्कृतिक राष्ट्रवाद की मस्ती वह सोमरस है जिसे पीकर हमारे ऋषिगण मस्त हो जाया करते थे। यह वही सोमरस है जिसे पीकर हमारे क्रांतिकारियों ने देश की आजादी की जंग लड़ी और विदेशियों को अपनी मातृभूमि से खदेड़ कर ही दम लिया। यह वही सोमरस है जो हमें एक-दूसरे के प्रति आत्मीय भाव से समर्पित होकर जीवन जीने की प्रेरणा देता है। इस प्रकार भारत के सांस्कृतिक राष्ट्रवाद में जहां ऋषियों की आध्यात्मिक क्रांति अंतर्निहित है, वहीं राष्ट्रीय स्वराज्य की अवधारणा को विकसित करने की राजनीतिक क्रांति भी समाविष्ट है। यह भौतिकवाद और अध्यात्मवाद दोनों का सम्मिश्रण है। इस पवित्र सम्मिश्रण ने ही हमारी समन्वित सामासिक संस्कृति का निर्माण किया है।

राष्ट्रीय स्वयंसेवक संघ के द्वितीय सरसंघचालक श्री गुरुजी ने राष्ट्र-जन के विभिन्न घटकों का उल्लेख किया है: "समान इतिहास, समान परंपरा, शत्रु-मित्रता का भाव समान, भविष्य की आकांक्षा समान ऐसी भूमि का पुत्र संबंध समाज राष्ट्र कहलाता है।"

वास्तव में भारत में राष्ट्र की यह परिभाषा प्राचीन काल से रही है। हमने धरती को माता कहा है और अपने आपको उसका पुत्र कहलाने में गौरव की अनुभूति की है। जब-जब भारत माता पर किसी भी प्रकार का संकट आया है, तब-तब हमने उसके लिए अपना प्राणोत्सर्ग करने में भी किसी प्रकार का संकोच नहीं किया। यही हमारा तेजस्वी राष्ट्रवाद है। यही हमारा गौरवमयी राष्ट्रधर्म है। यही हमारा राष्ट्र रक्षा का सर्वोत्कृष्ट भाव है। हमारे इसी भाव से तेजस्वी राष्ट्रवाद की लौ प्रज्ज्वलित होती है, जो हम सबको समान रूप से अपने प्रकाश से नहला देती है। इस तेजस्वी राष्ट्रवाद की रोशनी से नहाते हुए हम सब एक जैसी गौरवमयी भावना से प्रेरित होते हैं। इसी को संस्कृति बोध कहते हैं।

**राष्ट्र बने तेजोमयी-है यही धर्म का सार।**
**तेज के पूजक जन रहें हो भव से बेड़ा पार।।**

भारत ने संसार को आध्यात्मिक राष्ट्रवाद की अवधारणा अपने प्राचीन ऋषियों-अग्नि, वायु, आदित्य, अंगिरा के माध्यम से प्रदान की। हमारा यह आध्यात्मिक राष्ट्रवाद हमारी सांस्कृतिक चेतना का वह मूल बिंदु है जो हमें आंतरिक जगत से पवित्र निर्मल और स्वच्छ किए रखता है। हमारे अंदर एक-दूसरे के प्रति तनिक भी वैर भाव को पनपने नहीं देता। इस आध्यात्मिक राष्ट्रवाद की पवित्र भावना ने ही हम सब राष्ट्रजनों को 'आर्य' शब्द दिया। आर्य अर्थात् जो वैर विरोध में विश्वास नहीं करता।

जिस राष्ट्र के जन अथवा निवासी स्वाभाविक रूप से एक दूसरे से वैर-विरोध में विश्वास नहीं रखते और स्वाभाविक रूप से प्रेम-प्रीति के साथ रहने के अभ्यासी होते हैं वही राष्ट्र विश्व गुरु हो सकता है। जब रामचंद्र जी अपने काल में संस्कृतिनाशकों का विनाश कर रहे थे तो वह हमारे राष्ट्र के इन सभी पवित्र मूल्यों की रक्षा के लिए ही ऐसा कर रहे थे।

यह सर्वमान्य सत्य है कि संसार में मानव समाज के लिए आध्यात्मिक चेतना बहुत दूर तक अर्थात् जब तक यह सृष्टि कार्य करती रहेगी, तब तक के लिए अपना कार्य करती रहेगी। हमारा मानना है कि आध्यात्मिक चेतना एक ऐसी मिसाइल है जो सृष्टि के आदि से अन्त तक की दूरी की मारक क्षमता रखती है अर्थात् सृष्टि के आदि से अंत तक के बीच की दूरी को नाप सकती है। यद्यपि उसकी यह मारक क्षमता संहारकारी नहीं होती, इसके विपरीत वह सृजनात्मक शक्तियों से भरपूर होती है। संसार में जितने भर भी प्राणी हैं, वे सभी किसी एक ही पिता की संतानें हैं - यह भी एक सांस्कृतिक मूल्य है। वे सब परस्पर प्रेम भाव से रहें, यह भी एक सांस्कृतिक मूल्य है। पर वे सब एक ही पिता की संताने हैं और उन्हें परस्पर प्रेम भाव से रहना चाहिए, इस दिव्य भाव को जगाने वाला तत्त्व आध्यात्मिक चेतना है।

इस मूल्य की रक्षा प्रत्येक वह संवेदनशील और गंभीर व्यक्ति करना अपना धर्म समझता है जो यह मानता है कि प्रत्येक प्राणी एक ही परम पिता परमेश्वर की संतान है।

बस, भारत का सांस्कृतिक राष्ट्र भी इसी अवधारणा पर खड़ा हुआ है कि परमपिता परमेश्वर की प्रत्येक संतान की रक्षा करना, प्रत्येक संवेदनशील और गंभीर व्यक्ति का पुनीत कर्तव्य है। जो लोग संसार में आकर उस परमपिता परमेश्वर की संतानों के अधिकारों का अतिक्रमण करते हैं या हनन करते हैं, उनको स्वयं ही जीने का कोई अधिकार नहीं रहता। ऐसी परिस्थितियों में प्रत्येक ऐसे व्यक्ति का क्षत्रियों या शासक वर्ग के द्वारा विनाश करना भी एक पवित्र कार्य है जो परमपिता परमेश्वर की व्यवस्था में विश्वास रखकर जीने वाली उसकी संतानों के अधिकारों का अतिक्रमण या हनन करते हैं।

**अत्याचारी दुष्ट जन जो पाप करें दिन-रात।**
**शासक को अधिकार है, उनका करे विनाश।।**

ऐसे में हम जब भारत के किसी महापुरुष का आंकलन या मूल्यांकन करते हैं तो यह देखते हैं कि उसने भारत की संस्कृति के इन दोनों मूल्यों की रक्षा के प्रति कैसा दृष्टिकोण अपनाया? उनका कितना पालन किया और कितना नहीं? यदि किसी

व्यक्ति ने इन दोनों मूल्यों का यथावत और सही संदर्भ में पालन नहीं किया है तो उसे भारतीय सांस्कृतिक राष्ट्रवाद की अवधारणा में किसी भी दृष्टिकोण से महापुरुष नहीं माना जा सकता। जिसने इन दोनों सांस्कृतिक मूल्यों की रक्षा के लिए संकल्प लिया और उसे जीवन भर निभाते रहने का भी महान कार्य किया, हम उसे ही महापुरुष मानते हैं। यदि इसी बात को श्री राम के जीवन के संदर्भ में देखें तो उन्होंने तो जीवन में पग-पग पर सांस्कृतिक राष्ट्रवाद की रक्षा के लिए महान कार्य किया। इसलिए वह तो महापुरुष से भी आगे बढ़कर हमारे लिए भगवान बन गए।

सांस्कृतिक राष्ट्रवाद की पवित्र भावना के उन्नायक भारत के विषय में 'विष्णु पुराण' में कहा गया है :-

**उत्तरम् यत् समुद्रस्य हिमाद्रे चैव दक्षिणम्**
**वर्षम् तद् भारत नाम भारती यत्र संतति।**
**आसिन्धु सिन्धु पर्यन्ताः यस्य भारत भूमिका**
**पितृभुः पुण्यभूश्चेव स वै हिन्दुरिति स्मृतः।।**

जो समुद्र के उत्तर में और हिमालय के दक्षिण में स्थित है, उसका नाम भारत है और भारतीय उसकी संतान हैं। हिमालय से लेकर समुद्र तक जो भारत भूमि को अपनी पितृभूमि और पुण्य भूमि समझता है, वही हिंदू है।

हमारा मानना है कि जिस व्यक्ति का भारत के सांस्कृतिक राष्ट्रवाद में विश्वास है और जो उसके प्रति पूर्णतया समर्पित और निष्ठावान है, वह मूल रूप में आर्य संस्कृति का उपासक है। क्योंकि वह भारत भूमि को धरती का मात्र एक टुकड़ा नहीं मानता। वह भारत भूमि के प्रति आत्मिक और आध्यात्मिक दृष्टिकोण से अपने आपको जुड़ा हुआ अनुभव करता है। वह 'धरतीपुत्र' है। क्योंकि वह धरती को अपनी माता मानकर उसके प्रति श्रद्धा और सम्मान के भाव से भरा हुआ है। धरती को अपनी माता मानने से वह संसार में खून-खराबा करना उचित नहीं मानता। वह धरती के प्रत्येक प्राणी के भीतर उसी आध्यात्मिक चेतना को देखता है जो स्वयं उसके भीतर है।

वह स्वयं आर्य है और सारे संसार को आर्य बनाने के लिए संकल्पित है। हिंदू इसी आर्य का उत्तराधिकारी है। इस प्रकार हिंदू, सत्य सनातन वैदिक संस्कृति का सबसे उत्तम प्रहरी सिद्ध होता है। जो उसके गहरे ज्ञान सागर में गोता खा-खाकर राष्ट्रवाद के मोतियों को चुनता है।

इस प्रकार हिंदू वह है जो सत्य सनातन वैदिक धर्म के मौलिक स्वरूप में आस्था रखता है और उसी के प्रति निष्ठावान होकर जीवन जीने में आनंद अनुभव करता है।

**जो सत्य सनातन धर्म में नित रखता विश्वास।**
**वही सनातन हिंदू है पाखंड का करे विनाश।।**

हिंदू से अलग भारत भूमि किसी अन्य की 'पितृभूमि' और 'पुण्य भूमि' हो भी नहीं सकती। इसका कारण यह है कि हिंदू से अलग किसी अन्य मजहब को मानने वाले लोग भारत भूमि के प्रति वह सम्मान भाव नहीं रखते जो हिंदू रखता है, अर्थात् मां बेटे का रिश्ता बनाना उनकी दृष्टि में हेय है। भारत भूमि को पवित्र माता मानना पत्थर पूजा नहीं है। यह तो अपनी कृतज्ञता ज्ञापित करने का एक सर्वोत्तम माध्यम है। कृतज्ञता ज्ञापित करना भी हर किसी व्यक्ति, समाज और राष्ट्र के वश की बात नहीं है। जो व्यक्ति, समाज और राष्ट्र आध्यात्मिक चेतना के एक ही मूल स्रोत से जुड़े होते हैं और जो उसके संगीत की मधुर ध्वनि को अपने भीतर गुंजित अनुभव करते हैं, वही इस बात की अनुभूति करते हैं कि जिस धरती पर खड़े होकर वह ऐसा अनुभव कर रहे हैं, वह उनकी माता है।

यद्यपि यहां पर पुराणकार ने देश-काल-परिस्थिति के अनुसार किसी ऐसे व्यक्ति को भी हिंदू मान लिया है जो अपना मतान्तरण करने के पश्चात किसी अन्य मत में चला गया है, परंतु इसके उपरांत भी वह भारत भूमि को अपनी पुण्य-भूमि और पितृ भूमि हृदय से स्वीकार करता है। हम भी ऐसा मान लेते हैं कि जो व्यक्ति भारत भूमि को अपनी पुण्य-भूमि और पितृभूमि मानता है, वह हिंदू है। अब चाहे वह किसी भी मजहब, पूजा पद्धति या संप्रदाय को मानने वाला ही क्यों ना हो?

हमारा यह भी मानना है कि हिंदू वही व्यक्ति हो सकता है जो भारत के प्राचीन गौरव में विश्वास रखता है। जो वृहत्तर भारत को अपना देश मानता है। जिसके हृदय में वृहत्तर भारत की तस्वीर रहती है और जो अखंड भारत के निर्माण का शिवसंकल्प धारण करके चलता है, जो अपने महान पूर्वजों की संतान होने पर गर्व और गौरव की अनुभूति करता है। जो अपने धर्म पर इतराता है, अपनी संस्कृति पर इठलाता है। जो भारत को फिर से विश्व गुरु बनाने के लिए कार्य करता है - वह हिन्दू है।

हिंदू वह भी है जो धैर्य, क्षमा, दम, अस्तेय, अपरिग्रह, धीः, विद्या, सत्य और अक्रोध में विश्वास रखता है। जो अहिंसा को जीवन का भूषण मानता है। हिंदू वह भी है जो भारत के चार वर्णों की व्यवस्था और उनके धर्म का पालन करना अपने लिए अनिवार्य मानता है। हिंदू वह भी है जो 16 संस्कारों को जीवन का आधार मानकर चलता है और हिंदू वह भी है जो अष्टांग योग के माध्यम से जीवन को मोक्ष तक ले जाने की पगडंडी का निर्माण करता है।

**अतीत गौरवमय रहा वर्तमान जिसके हाथ में।**

**भविष्य उज्जवल भी रहेगा शाम में प्रभात में।।**

**जो पितृ-भूमि पुण्य-भूमि मानता निज देश को।**
**हिंदू सदा कहते उसे-अपनाये किसी वेश को।।**

**मजहब पूजा पद्धति जिसको ना हिला सकती कभी।**
**तलवार मजहब की जिसे नहीं रुला सकती कभी।।**

**निज पूर्वजों के देश का सम्मान दिल से जो करे।**
**सदा हिंदू के हृदय में ही ऐसे भाव भक्ति के भरे।।**

**जो अखंड भारत की साधना करता रहे दिन-रात ही।**
**जो दिव्य भारत की मूर्ति को रखता है अपने साथ ही।।**

**रखकर वेद में विश्वास उनका करता रहे प्रचार भी।**
**'आर्य' हिंदू है वही जो योग का करता रहे प्रसार भी।।**

उपरोक्त श्लोक में अप्रत्यक्ष रूप से रामचंद्र जी जैसे हमारे सभी महान पूर्वजों को पुराणकार ने नमन किया है और उनके उन महान कार्यों का अभिनंदन किया है जिनके द्वारा भारत के सांस्कृतिक राष्ट्रवाद का निर्माण हुआ है। तभी तो पुराणकार ने यह स्पष्ट किया है कि जो व्यक्ति अपने महान पूर्वजों के प्रति आस्थावान होकर इस भारत भूमि को अपने पूर्वजों की पवित्र भूमि मानता है, वही हिंदू है। भारत की भूमि पुण्यभूमि इसलिए नहीं है कि यहां बहुत अच्छी हवा और बहुत अच्छा पानी उपलब्ध है बल्कि इसलिए पुण्य भूमि है कि यहां पर अनेकों महान ऋषियों ने तप किया है। उनके तप और साधना ने भारत भूमि को पुण्य भूमि बनाया है। उनकी संतान के रूप में हमें अपनी इस पुण्य भूमि का ऋणी होना चाहिए। जिस पर हमें जन्म लेने का सौभाग्य मिला है। इस पुण्य भूमि की पावन रज में खेलकर अनेकों ऐसे क्षत्रिय महारथी बड़े हुए हैं जिन्होंने अपने महान कार्यों की सुगंध संपूर्ण भूमंडल पर बिखेरी है। उन सभी तपस्वी क्षत्रियों के शिरोमणि श्री राम हैं।

भारत के सांस्कृतिक राष्ट्रवाद की महानता इसी में निहित है कि भारत भूमि को पुण्य भूमि व पितृ भूमि बनाने में श्रीराम का महत्त्वपूर्ण योगदान है। उस योगदान को भारत का सांस्कृतिक राष्ट्रवाद अपनी मौलिक चेतना का एक महत्त्वपूर्ण और अजस्र स्रोत मानता है। श्री रामचंद्र जी के योगदान को भारत की पुण्य भूमि और पितृभूमि बनने के दीर्घकालिक यात्रा पथ से यदि निकाल दिया जाए तो वह निष्प्राण हो

जाएगी। वास्तव में वेदों ने जिस राष्ट्र की अवधारणा को हमारे पूर्वजों को सृष्टि प्रारंभ में प्रदान किया था, उस पर भव्य भवन बनाने का काम रामचंद्र जी जैसे महानायकों ने ही किया है।

**निर्माता हैं राष्ट्र के नाव के खेवनहार।**
**राष्ट्रदेव सम पूज्य है नमन है बारंबार।।**

जब हम भारत माता कहकर अपनी भारत भूमि का वंदन अभिनंदन करते हैं तो हम किसी मिट्टी के ढेले को भारत माता नहीं कहते हैं, यदि ऐसा है तो इसे तो निरी अज्ञानता ही कहा जाएगा। इसके विपरीत हम भारत माता उसे कहते हैं जिसके साथ हमारे ऋषि पूर्वजों के अनेकों संस्मरण जुड़े हुए हैं और जिसके साथ हमारे अनेकों राष्ट्रभक्त तपस्वी क्षत्रियों के तेजस्वी राष्ट्रवाद के महान किस्से जुड़े हुए हैं। जिसने ऋषि और कृषि की भारत की पवित्र संस्कृति को अपने अंक में विकसित होने का सौभाग्य प्रदान किया है। जिसके साथ हमारी वेदों की वाणी, उपनिषदों का गहरा आध्यात्मिक ज्ञान, स्मृतियों का महान मार्गदर्शन और ऐसे ही आर्षग्रंथों की महानता एकाकार है।

इन जैसी अनेकों पवित्र भावनाओं ने भारत माता की एक भावनात्मक तस्वीर हमारे अंत:करण में अंकित की है। उसी तस्वीर को हमने राष्ट्र के रूप में पूजा है।

जैसे हमारे अंतःकरण में कोटि-कोटि जन्मों के संस्कार बीज रूप में पड़े रहते हैं वैसे ही हमारे अंतःकरण में बनी इस तस्वीर के साथ कोटि-कोटि महापुरुषों के तप, त्याग और बलिदान की गाथाएं जुड़ी हुई हैं, उनका ज्ञान-विज्ञान रचा-बसा है। जैसे अंतःकरण अदृश्य है, वैसे ही यह तस्वीर भी अदृश्य है। पर यह जब अपने बाह्य रूप में प्रकट होती है तो विस्तार पाकर अति विशाल बन जाती है। इसी विस्तृत भारत माता की लोगों ने शेरों पर सवारी करते हुए तस्वीर बना दी है। यह लौकिक तस्वीर है। इसे शेरों के साथ जोड़कर दिखाने का अभिप्राय केवल एक ही है कि भारत माता उन शेरों की माता है जिन्होंने राक्षस संहार को अपने जीवन का व्रत बनाया। यदि भारत माता के शेरों का सरदार श्री राम को मान लिया जाए तो कोई अतिशयोक्ति न होगी। जैसे शेर का शूरत्व इसी में है कि वह जीवित प्राणी को मार कर ही खाए, मरे हुए का मांस भक्षण ना करे। वैसे ही मां भारती के शेरों की भी यह विशेषता है कि वे भी राक्षसों का संहार करते हैं। मां भारती उस समय चंडी बन जाती है, राक्षसों के रक्त से स्नान करती है अर्थात् राक्षसों के संहार पर प्रसन्नता प्रकट करती है। लौकिक और भौतिक अर्थ में शेरों पर सवारी करने वाली देवी को चाहे हम कुछ भी मानें, पर इसका आध्यात्मिक

और वैज्ञानिक अर्थ केवल यही है कि हमारी भारत माता राक्षसों से मुक्त समाज और राष्ट्र की स्थिति पर ही प्रसन्न होती है। राक्षस और दुष्टों के संहार के लिए वह अपनी संतान को शेरों के रूप में पालती है, जो समय आने पर अपना शौर्य दिखाते हैं और धरती को राक्षसों से मुक्त करते हैं। वास्तव में मां भारती की शेरों पर सवारी का एक रहस्य यह भी है कि यह अपने शक्ति प्रदर्शन को संसार में शांति व्यवस्था कायम करने के लिए प्रकट करती है। किसी से उसका कोई वैर भाव नहीं है।

**करे सवारी शेर की और मांगे सबकी खैर।**
**भारत माता ना रखे किसी से दिल में बैर।।**

रामायण कालीन राजनीतिक अवस्था पर विचार करते हुए लाला लाजपत राय जी अपने ग्रंथ 'भारतवर्ष का इतिहास' में लिखते हैं :- "हमारे पास यह कहने के लिए यथेष्ट प्रमाण हैं कि आर्य शासन पद्धति में राजा कभी स्वेच्छाचारी नहीं था। उसका कर्तव्य था कि वह पंचायत के निर्णय और राजनियम के अनुसार कार्य करे। आर्य शासन प्रणाली में कानून बनाने का अधिकार कभी राजा को नहीं दिया गया। कानून सदैव राजा से ऊपर समझा जाता था। वह श्रुतियों और स्मृतियों के आधार पर ब्राह्मणों और आम लोगों के निर्णयों के रूप में जारी होता था।

राजा के कर्तव्य ऐसे कठिन होते थे कि यदि उसके राज्य में कोई मनुष्य युवावस्था में मर जाए या दुर्भिक्ष या महामारी फैल जाए तो उसका उत्तरदाता राज्य को समझा जाता था। वरन यहां तक लिखा है कि प्रजा जो पाप करे, उसका भी किसी कदर दायित्व राजा पर है।"

भारतीय सांस्कृतिक राष्ट्रवाद की यह भी एक अनोखी परंपरा है कि राजा को प्रजा के पापों के लिए भी जिम्मेदार माना जाता था।

यह बात दिखने में तो अटपटी-सी लगती है, परंतु इसका भी वैज्ञानिक आधार है। बड़ी मोटी-सी कहावत है कि जहाँ बड़े बुजुर्ग गलत रास्ते पर चलने वाले होते हैं, वहाँ संतान का ऐसा ही हो जाना स्वाभाविक है। इसलिए यदि किसी राज्य की प्रजा पापाचरण में संलिप्त है तो माना जाएगा कि वहां का राजा भी ऐसे ही पाप कार्यों में संलिप्त होगा। श्री राम ने भारतीय सांस्कृतिक राष्ट्रवाद के इस मौलिक तत्व को समझकर अपने आपको हर जगह पाप के ताप से दूर रखने का सराहनीय प्रयास किया।

पंकज कुमार झा सांस्कृतिक राष्ट्रवाद के संदर्भ में बड़े पते की बात कहते हैं:- "संस्कृति और राष्ट्र के संबंधों को एक सरल प्रश्न के द्वारा समझने की कोशिश। एक राष्ट्र के रूप में भारत आखिर कितना पुराना है? क्या कोई भी व्यक्ति यह कहेगा कि

भारत मात्र 66 ( जिस समय श्री झा ने यह लिखा, उस समय देश को आजाद हुए 66 वर्ष हुए थे) वर्ष पुराना राष्ट्र ही है? तो आज़ादी से पहले अलग-अलग राज्यों में बंटा ढेर सारे आक्रमणकारियों द्वारा अलग-अलग कब्जाये गए ढेर सारे भू-खंड कैसे भारत के रूप में जाने जाते रहे हैं? मेरे दादा जी जिस भारत में रहते थे, वह भारत आखिर क्या था और कैसे वह मद्रास और आसाम के साथ कनेक्ट था? जबाब मिलता है कि 'संस्कृति' ही वह आधार था जिस पर केरल के किसी कालडी गाँव का युवक शंकर भी मिथिला तक को अपना ही देश मानते हुए हिंदुत्व का जयघोष करने निकल पड़ता है।

ऐसे ही कोई बंगाली युवक नरेन्द्र जब शिकागो पहुंचता है तो वह किसी बंगाल देश का प्रतिनिधि नहीं बल्कि भारत का सांस्कृतिक दूत ही होता है। किसी खेतरी के राजा का आतिथ्य भी वह 'भारतीय' के रूप में ही प्राप्त करता है तो उस समय भी खेतरी को नरेन्द्र से जोड़ने वाला एकमात्र कारक 'संस्कृति' ही था न? यह भारत ही है न जिसकी 'संस्कृति के चार अध्याय' दिनकर ने लिखे और नेहरू ने जिसकी प्रस्तावना लिखकर उस पर मुहर लगाई थी? इसके अलावा हुड नेहरू जिस 'भारत की खोज' करने निकले थे, वह भी उस राज्य की खोज तो बिलकुल नहीं कर रहे थे न जो 1947 में अस्तित्व में आना था...है न? तो सांस्कृतिक राष्ट्रवाद का आशय यही है कि राष्ट्र का आधार संस्कृति ही होना चाहिए।"

इस संस्कृति की रक्षा करने में रामचंद्र जी जैसे मर्यादा पुरुषोत्तम का विशेष योगदान है। अतः यह भी मानना पड़ेगा कि उन्होंने भारतीय सांस्कृतिक राष्ट्रवाद के निर्माण में भी महत्त्वपूर्ण योगदान दिया।

**शीतल-मंद-समीर है, राष्ट्रवाद की बयार।**
**जो भी इसे अनुभव करे पाता खुशी अपार।।**

'सांस्कृतिक राष्ट्रवाद और समसामयिक वातावरण' विषय पर बोलते हुए डॉ. विवेक कुमार निगम (इलाहाबाद विश्वविद्यालय प्रयागराज) ने कहा : - "भारत में राष्ट्र की संकल्पना यूरोप के राष्ट्र की संकल्पना से व्यापक भी है और भिन्न भी है। इसकी भिन्नता का मूल कारण है- सांस्कृतिक तत्त्व का महत्त्व या सांस्कृतिक तत्त्व की भूमिका। यदि हम संस्कृति के स्वरूप पर विचार करें तो हम देखते हैं कि पश्चिमी देशों में कल्चर और सिविलाइज़ेशन का घालमेल कर दिया गया है, किन्तु संस्कृति इससे कहीं अधिक गहरी और प्रभाव रखने वाली है।

संस्कृति सृजित नहीं होती अपितु स्वत: विकसित होती है। संस्कृति आत्मा तत्त्व

है, जिसके विकास की प्रक्रिया में खान-पान के तरीके, पहनावा, भाषाएँ, सामाजिक –आर्थिक व्यवस्थाएं, राजनीतिक प्रणालियाँ सन्निहित हैं और इस विकास की प्रक्रिया में यह आवश्यक है कि सबके बीच सौहार्द बना रहे, स्नेह का भाव हो, करुणा तत्त्व प्रभावी हो। हम यह कह सकते हैं कि विकास की प्रक्रिया में जो उत्तम नवनीत छन कर आता है, वह संस्कृति के रूप में दिखाई देता है। उदाहरण के तौर पर प्राचीन भारत में अनेक राज्य एवं जनपद थे किन्तु इन सभी में एक ही मूल तत्त्व स्वीकार किया जाता था- 'सर्वं खल्विदं ब्रह्म'। सृष्टि के कण-कण में ईश्वर को देखने की जो संस्कृति विकसित हुई, वह जनपद या राज्य की सीमा से बंधी नहीं थी। लोगों में परस्पर भ्रातृभाव भारत की संस्कृति का मूल चिन्तन रहा है।"

डॉक्टर निगम के वक्तव्य से भी इसी बात को बल मिलता है कि भारत का सांस्कृतिक तत्त्व ही भारत की वह मौलिक चेतना है जो हमें प्रत्येक प्रकार के संकट से उबार कर बाहर लाने में सहायक होती है। यही सांस्कृतिक चेतना प्रत्येक विपरीत परिस्थितियों में हमारे भीतर एकता का भाव पैदा करती है। इसी सांस्कृतिक विरासत के कारण हम एक राष्ट्र के रूप में स्थापित रह सके और जब देश अनेकों भागों में बंटा हुआ था, तब भी हम एक राष्ट्र के रूप में अप्रत्याशित रूप से जीवित रहने और अपने अस्तित्व को बचाए रखने में सफल रहे। यदि श्रीराम हमें संस्कृति विनाशकों और राष्ट्र के शत्रुओं से लड़ने की प्रेरणा न देते तो हम इतनी देर तक और इतनी दूर तक अपने राष्ट्र की रक्षा करने में सफल ना हुए होते।

अपने व्याख्यान को आगे बढ़ाते हुए डॉ. निगम ने यह भी कहा कि- "राष्ट्रवाद की अवधारणा के सम्बन्ध में एक और बात ध्यान रखने की है कि भारत में 'वाद' जैसे तत्त्व का बोध न था, न कराया गया अपितु यह तो पश्चिम से आया है। लेकिन चूँकि राष्ट्रवाद एक लोकप्रिय शब्द बन गया जिसे हम भी गृहीत कर लेते हैं किन्तु भारत में राष्ट्र के सम्बन्ध में जो समझने की बात है वह है- 'राष्ट्रतत्त्व'। यह राष्ट्रतत्व सबको साथ लेकर चलने वाला है, यह विश्व मानवता के कल्याण की चिंता करने वाला है। यही कारण है कि भारत में राष्ट्र की जो संकल्पना है, उसमें एकत्वदृष्टि है, वह टकराव को कभी जन्म नहीं देती है। भारत का राष्ट्र चिंतन भारत के सांस्कृतिक चिंतन के अनुरूप रहा है। भारत के सांस्कृतिक चिंतन में जो "एकं सद् विप्रा: बहुधा वदन्ति'' की भावना रही है जिसका यह प्रभाव रहा कि यहाँ आक्रमणप्रधान पाश्चात्य राष्ट्रचिंतन के विपरीत समन्वय एवं सौहार्द का प्रसार किया गया है। भारतीय राष्ट्रतत्त्व के चिंतन में सम्पूर्ण विश्व के विकास की संकल्पना है।

इस समन्वयवादी चिन्तन की कालान्तर में हुई दुर्गति पर चिन्ता जाहिर करते हुए

डॉ. निगम ने कहा कि दुर्भाग्य यह रहा है कि लम्बे ब्रिटिश शासन के कारण भारत के राष्ट्र एवं सांस्कृतिक चिंतन तथा शिक्षापद्धति में प्रयासपूर्वक विकृतियां उत्पन्न की गई। जिसका असर यह रहा कि हमारा मूल चिन्तन अगली पीढ़ियों के मन-मस्तिष्क से विलुप्त होता गया या उसका प्रभाव क्षीण होता गया।"

ऐसी परिस्थितियों में भारत के परंपरागत सांस्कृतिक राष्ट्रवाद की पुनः व्याख्या किए जाने की आवश्यकता है। इसमें आए किसी भी प्रकार के दोगलेपन को समाप्त किया जाना आवश्यक हो गया है। यदि कोई राष्ट्रवाद स्वसंस्कृति, स्वधर्म, स्वराष्ट्र, स्वराज्य की रक्षा नहीं कर सकता तो उसे राष्ट्रवाद नहीं कहा जा सकता। जो लोग भारत के सांस्कृतिक राष्ट्रवाद में किसी भी प्रकार की सांप्रदायिकता देखते हैं, केवल उन्हें खुश करने के लिए अपने पैरों पर कुल्हाड़ी मारना किसी भी दृष्टिकोण से उचित नहीं कहा जा सकता। धर्मनिरपेक्षता की गलत परिभाषा के चलते हमने अपने सांस्कृतिक राष्ट्रवाद को खोखला कर दिया है। इससे बड़ी विडंबना और कोई हो नहीं सकती। जितना शोर इस बात को लेकर मचाया जाता है कि हम सबको साथ लेकर चलेंगे, उतना प्रयास यदि इस बात पर किया जाए कि जो लोग सबके साथ चलने के अभ्यासी नहीं हैं और अपना ढाई चावल अलग पकाने के आदी हो चुके हैं, उन्हें साथ चलना पड़ेगा। यदि ऐसा होता है तो भारत के सांस्कृतिक राष्ट्रवाद का रंग अपने पूरे निखार पर होगा।

स्वाधीनता के पश्चात हमने यह बहुत बड़ी गलती की है कि जो लोग अपना ढाई चावल अलग पकाने के आदी हैं, हमने अपने सांस्कृतिक राष्ट्रवाद को उन्हीं के चरणों में ला पटका है। इतना ही नहीं, हमने उनसे यह भी कह दिया है कि इसे आप जितना भी दोगला कर सकते हो, कर लो। हमें कोई आपत्ति नहीं है, पर हमारे साथ चलो। हम सोच रहे थे कि इस प्रकार के आत्मसमर्पण के चलते इन लोगों का हृदय परिवर्तन होगा। पर हमारे इस आत्मसमर्पण के भाव ने उल्टे हमको अपने साथ लगाने का काम करना आरंभ कर दिया। जिससे रामचंद्र जी की परंपरा, उनकी मान्यता और उनके द्वारा सांस्कृतिक राष्ट्रवाद के लिए किए गए महान कार्य हमसे दूर होते चले गए। हमने रामचंद्र जी को अपनी पाठ्य पुस्तकों, साहित्य और राजनीति सहित समाज के प्रत्येक क्षेत्र से दूर कर केवल मंदिरों तक सीमित कर दिया। इसके साथ ही यह मान्यता भी रूढ़ हो गई कि रामचंद्र जी और रामायण सब काल्पनिक हैं। किसी कवि ने कितना सुंदर कहा है :-

**"आजादी के संग्राम का अब तांडव मचाने आया हूँ।**
**खाली हाथ नहीं आया साथ कफन भी लाया हूँ।।**

**मंद हवा थम चुकी अब तूफान आने को है**
**सब्र का बांध टूट चुका सैलाब आने को है**
**दिल दहला देने वाला मंजर खड़ा कर दूंगा**
**और इंतजार नहीं अब इंकलाब आने को है।"**

सचमुच जिन लोगों ने स्वाधीनता के पश्चात हमारे सांस्कृतिक राष्ट्रवाद को दोगलेपन की चादर ओढाई है, वे सभी पाप के भागी हैं। क्योंकि दोगलेपन की इस चादर ने राष्ट्र का बहुत भारी अहित कर दिया है। दु:ख इस बात का है कि सब कुछ समझकर भी अनेकों राजनीतिक दल और राजनेता अभी भी सच को समझने के लिए तैयार नहीं हैं। यद्यपि वह सब कुछ जानते हैं कि उन्होंने जिस दिशा में आगे बढ़ना आरंभ किया था, वह दिशा गलत सिद्ध हो चुकी है। इसके उपरांत भी वह गलत दिशा में बढ़ते चले जा रहे हैं।

अब हमें इस दोगलेपन को समझना ही होगा कि गांधीजी जिस गीता को हाथ में लेकर अहिंसा की बात करते थे और जिसके बारे में वह हमें यह समझाते रहे कि गीता अहिंसा का उपदेश देती है, उस गीता का वास्तविक उपदेश क्या था? गीता के वास्तविक उपदेश को समझने के लिए हमें इस बात पर ध्यान देना होगा कि इसे समझ व सुनकर ही शत्रुओं के विनाश के लिए अर्जुन युद्ध के लिए सन्नद्ध हुआ था। गीता शांति, सद्भाव, प्रगति और उन्नति का संदेश देती है तो उसका यह संदेश तभी सार्थक सिद्ध हो पाता है जब अर्जुन शत्रुओं के शरसंधान के लिए सन्नद्ध हो उठता है और उसमें सफलता भी प्राप्त कर लेता है।

जब तक शत्रुओं के शरसंधान नहीं होते, तब तक शांति, उन्नति और प्रगति का मार्ग प्रशस्त नहीं होता।

हमें श्री महेंद्र प्रताप सिंह उप वन संरक्षक उत्तर प्रदेश के इस कथन पर भी विचार करना चाहिए। उन्होंने अपने एक बहुत ही शानदार और तथ्यात्मक आलेख में सांस्कृतिक राष्ट्रवाद के पुरोधा श्री राम के प्रकृति प्रेमी होने की भावना पर भी प्रकाश डाला है। वह कहते हैं कि- "उस समय लोग प्रकृति के विभिन्न अवयवों को परिवार की सीमा के अन्तर्गत ही मानते थे। इस सम्बन्ध में एक उदाहरण चित्रकूट में राम भरत मिलन के समय मिलता है। श्री राम अपने दुखी भाई भरत से पूछते हैं कि उनके दु:खी होने का क्या कारण है? क्या उनके राज्य में वन क्षेत्र सुरक्षित हैं? अर्थात्

वन क्षेत्रों के सुरक्षित न रहने पर पहले लोग दुखी एवं व्याकुल हो जाया करते थे। वाल्मीकि रामायण में वर्णित उदाहरण निम्न प्रकार है-

**कच्चिन्नागवनं गुप्तं कच्चित् ते सन्ति धेनुकाः।**
**कच्चिन्न गणिकाश्वानां कुन्जराणां च तृप्यसि।। (2/100/50)**

जहाँ हाथी उत्पन्न होते हैं, वे जंगल तुम्हारे द्वारा सुरक्षित हैं न? तुम्हारे पास दूध देने वाली गायें तो अधिक संख्या में हैं न? (अथवा हाथियों को फँसाने वाली हथिनियों की तो तुम्हारे पास कमी नहीं है?) तुम्हें हथिनियों, घोड़ों और हाथियों के संग्रह से कभी तृप्ति तो नहीं होती? अनेक स्थानों पर वाल्मीकि जी ने पर्यावरण संरक्षण के प्रति संवेदनशीलता को रेखांकित किया है। श्री भरत जी अपनी सेना एवं आयोध्यावासियों को छोड़कर मुनि के आश्रम में इसलिए अकेले जाते हैं कि आस-पास के पर्यावरण को कोई क्षति न पहुँचे।

**ते वृक्षानुदकं भूमिमाश्रमेषूटजांस्तथा।**
**न हिंस्युरिति तेवाहमेक एवागतस्ततः।। (2/91/09)**

वे आश्रम के वृक्ष, जल, भूमि और पर्णशालाओं को हानि न पहुँचाएं, इसलिए मैं यहाँ अकेला ही आया हूँ। पर्यावरण की संवेदनशीलता का यह एक उत्कृष्ट उदाहरण है।

रामराज्य पर्यावरण की दृष्टि से अत्यन्त सम्पन्न था। मजबूत जड़ों वाले फल तथा फूलों से लदे वृक्ष पूरे क्षेत्र में फैले हुए थे।

**नित्यमूला नित्यफलास्तरवस्तत्र पुष्पिताः।**
**कामवर्षी च पर्जन्यः सुखस्पर्शे मरुतः।। (6/128/13)**

श्री राम के राज्य में वृक्षों की जड़ें सदा मजबूत रहती थीं। वे वृक्ष सदा फूलों और फलों से लदे रहते थे। मेघ प्रजा की इच्छा और आवश्यकता के अनुसार ही वर्षा करते थे। वायु मन्द गति से चलती थी, जिससे उसका स्पर्श सुखद जान पड़ता था।"

उपरोक्त वर्णित तथ्यों से स्पष्ट होता है कि श्रीराम का सांस्कृतिक राष्ट्रवाद एकांगी ना होकर बहुआयामी है। उन्होंने जीवन और जगत के प्रत्येक क्षेत्र में कीर्तिमान स्थापित किए। इसीलिए वह मर्यादा पुरुषोत्तम के रूप में हमारे लिए समादरणीय बने।

❑❑❑

# लेखक परिचय

अभी तक की अपनी 60 पुस्तकों के लेखक डॉ. राकेश कुमार आर्य का जन्म 17 जुलाई, 1967 को ग्राम महावड़ जनपद गौतमबुद्ध नगर उत्तर प्रदेश में एक आर्य समाजी परिवार में हुआ। श्री आर्य के पिता का नाम श्री राजेंद्रसिंह आर्य और माता का नाम श्रीमती सत्यवती आर्या है। विधि व्यवसायी होने के साथ-साथ डॉ. आर्य एक प्रखर वक्ता भी हैं।

श्री आर्य द्वारा साहित्य के क्षेत्र में प्रथम पग 1999 में रखा गया। जब उनकी प्रथम पुस्तक 'भारतीय क्षात्र धर्म और अहिंसा' प्रकाशित की गई। उसके पश्चात अब तक डॉ. आर्य ने अब तक 57 पुस्तकें लिखी हैं। जिन्होंने देश के राष्ट्रवादी लोगों को हृदय से प्रभावित किया है।

डॉ. आर्य गौरक्षा , धर्म रक्षा व राष्ट्र रक्षा सम्मेलनों में देश के विभिन्न अंचलों में जा जाकर जन जागरण का महत्त्वपूर्ण कार्य कर रहे हैं। इसके लिए आपका 'उगता भारत ट्रस्ट' भी महत्त्वपूर्ण योगदान कर रहा है।

इसी ट्रस्ट के माध्यम से आप 'भारतीय इतिहास पुनर्लेखन समिति' संचालित कर रहे हैं। जिसका लक्ष्य भारत के राष्ट्रीय इतिहास का पुनर्लेखन किया जाना है। इस दिशा में आपने भारत के 1235 वर्ष के स्वाधीनता संग्राम को सन 712 ईसवी से लेकर 1947 तक 6 खंडों में प्रकाशित किया है। इस महत्त्वपूर्ण कार्य में 'डायमंड पॉकेट बुक्स' का विशेष सहयोग रहा है।

श्री आर्य को उत्कृष्ट लेखन के लिए राजस्थान के राज्यपाल श्री कल्याण सिंह द्वारा विशेष रूप से 22 जुलाई, 2015 को राजभवन राजस्थान में सम्मानित किया गया। इसके अतिरिक्त केंद्र सरकार के मानव संसाधन विकास मंत्रालय की ओर से 12 मार्च, 2019 को केंद्रीय हिंदी निदेशालय द्वारा उनकी शोध कृति "भारत के 1235 वर्षीय स्वतंत्रता संग्राम का इतिहास" को वर्ष 2017 के राष्ट्रीय पुरस्कार से सम्मानित किया गया है। डॉ. आर्य के राष्ट्रवादी लेख विभिन्न पत्र-पत्रिकाओं/वेबसाइट पर प्रकाशित होते रहते हैं।

इतिहास संबंधी शोधपूर्ण कार्य पर उन्हें अंतर्राष्ट्रीय आर्य विद्यापीठ के अध्यक्ष व दो बार पद्मश्री विजेता प्रोफेसर (डॉ.) श्यामसिंह शशि और संस्कृत में प्रथम ज्ञानपीठ पुरस्कार विजेता प्रोफेसर डॉक्टर सत्यव्रत शास्त्री के द्वारा डॉक्ट्रेट की मानद उपाधि विगत 17 जुलाई, 2019 को उनके 53वें जन्म दिवस के अवसर पर दिल्ली में होटल अमलतास इंटरनेशनल में प्रदान की गई।

श्री आर्य को उनके उत्कृष्ट लेखन कार्य के लिए विभिन्न विश्वविद्यालयों व सामाजिक संस्थाओं से भी सम्मानित किया गया है। मेरठ के चौधरी चरणसिंह विश्वविद्यालय सहित कई विश्वविद्यालयों में उनके लेक्चर विजिटर प्रोफेसर के रूप में आयोजित किए गए हैं। वर्तमान में डॉ. आर्य राष्ट्रवादी समाचार पत्र 'उगता भारत' का संपादन कार्य कर रहे हैं। वह नरेंद्र मोदी विचार मंच द्वारा संचालित राष्ट्रीय प्रेस महासंघ के राष्ट्रीय अध्यक्ष, भारतीय इतिहास पुनर्लेखन समिति के राष्ट्रीय अध्यक्ष भी हैं। अंतरराष्ट्रीय आर्य विद्यापीठ रोहिणी नई दिल्ली सहित लगभग 40 संगठनों के राष्ट्रीय महासचिव हैं। डॉ. आर्य को केंद्रीय शिक्षा मंत्रालय द्वारा शिक्षा पुरस्कार सम्मान 2017 से भी सम्मानित किया गया है।

इसके अतिरिक्त भारतीय संस्कृति के संदर्भ में अमेरिका स्थित एन. आर. आई. एसोसिएशन के द्वारा उनके व्याख्यान भी प्रसारित कराए गए हैं। इसके अतिरिक्त इतिहास पर उनके अनेकों व्याख्यान यूट्यूब पर उपलब्ध हैं। इस प्रकार डॉक्टर आर्य एक विशेष प्रतिभा के धनी हैं, जिस पर समाज को गर्व है।

**निवास :** सी. ई. 121, अंसल गोल्फ लिंक
तिलपता चौक , ग्रेटर नोएडा, जनपद गौतमबुध नगर
उत्तर प्रदेश
पिन 201309
चलभाष : 9911169917

## डॉ. राकेश कुमार आर्य द्वारा लिखी गई पुस्तकों की सूची

1. भारतीय क्षात्र धर्म और अहिंसा
2. भारतीय संस्कृति में साम्यवाद के मूल तत्व
3. इस्लाम संदेहों के घेरे में
4. भारतीय मुसलमानों के हिंदू पूर्वज मुसलमान कैसे बने ?
5. मूर्ख बनाओ - मौज उड़ाओ , भाग - 1
6. मूर्ख बनाओ - मौज उड़ाओ , भाग - 2
7. मूर्ख बनाओ - मौज उड़ाओ , भाग - 3
8. स्वातंत्र्य वीर सावरकर : व्यक्तित्व चिंतन
9. वर्तमान भारत में वैधानिक राजनीतिक षड्यंत्र : दोषी कौन ?
10. हिंदू महासभा और कांग्रेस का तुलनात्मक इतिहास
11. राष्ट्र की चुनौतियां और उनके समाधान
12. राष्ट्र चिंतन के राजपथ पर
13. भारत में मानव अधिकार इतिहास और स्वरूप
14. मजहब ही तो सिखाता है आपस में बैर रखना
15. इतिहास कुछ ऐसा है
16. सुनो राष्ट्र की पुकार
17. भारत में आतंकवाद के कारण और निवारण
18. भारतीय पर्व और त्योहार
19. भारतीय संविधान के कुछ आपत्तिजनक अनुच्छेद
20. वेद, महर्षि दयानंद और भारतीय संविधान
21. राष्ट्रीय संस्कार
22. क्या यह वही देश है
23. भारत के 1235 वर्षीय स्वतंत्रता संग्राम का इतिहास, भाग - 1 'वह थमे नहीं हम रुके नहीं'
24. भारत के 1235 वर्षीय स्वतंत्रता संग्राम का इतिहास, भाग - 2 'वह रुके नहीं - हम झुके नहीं'
25. भारत के 1235 वर्षीय स्वतंत्रता संग्राम का इतिहास, भाग - 3 घोड़ों पर घोड़े टूट पड़े तलवार लड़ी तलवारों से
26. भारत के 1235 वर्षीय स्वतंत्रता संग्राम का इतिहास, भाग - 4 शिवा बैरागी का प्रताप बना मुगलों का संताप
27. भारत के 1235 वर्षीय स्वतंत्रता संग्राम का इतिहास, भाग -5 अंग्रेजों का दमन चक्र और हमारा सुदर्शन चक्र
28. भारत के 1235 वर्षीय स्वतंत्रता संग्राम का इतिहास, भाग - 6 अंधकार बीत गया और भारत जीत गया
29. हमारी राष्ट्रभाषा हिंदी

30. वैदिक धर्म में गौ माता
31. महिला सशक्तिकरण और भारत
32. इतिहास के झरोखे से
33. बुलंद भारत मोदी जी की नीतियां
34. अतीत की छाया में वर्तमान
35. महर्षि मनु और भारतीय राज्य व्यवस्था
36. स्वातंत्र्यवीर सावरकर
37. हिंदू धर्म
38. भारत की राजनीति और लोकतंत्र
39. यज्ञ रूप प्रभु हमारे
40. राष्ट्र चिंतन की आवश्यकता
41. गांधी सावरकर
42. विश्वगुरु के रूप में भारत
43. गीता का सांस्कृतिक राष्ट्रवाद
44. लोकतंत्र और स्वस्तिवाचनम
45. चुनावी घोषणा पत्र और लोकतंत्र
46. हिंदवी स्वराज्य के संस्थापक शिवाजी और उनके उत्तराधिकारी
47. अफगानिस्तान का हिंदू वैदिक अतीत
48. मनु और भारत की जातिवादी व्यवस्था
49. हिंदू राष्ट्र स्वप्नदृष्टा : बंदा वीर बैरागी
50. हिंदुत्व की चेतना के स्वर
51. इतनी शक्ति हमें देना दाता ...
52. इतिहास पर गांधीवाद की छाया
53. भारतीय इतिहास के कुछ स्वर्णिम पृष्ठ
54. गुर्जर वंश का गौरवशाली इतिहास
55. 'जय भीम - जय मीम' और बाबा साहेब
56. भारत की विदेश नीति
57. राष्ट्रनायक राजा दाहिर सेन
58. हिन्दू 'स्थान' में हिंदू का अस्तित्व (प्रकाशनाधीन)
59. है बलिदानी इतिहास हमारा (प्रकाशनाधीन)
60. सांस्कृतिक राष्ट्रवाद के पुरोधा भगवान श्रीराम